"十三五"高职院校财经精品系列教材

新编统计基础

（第二版）

主　编◎祝　刚　　陈秀丽

副主编◎赵占平

西南财经大学出版社
Southwestern University of Finance & Economics Press

中国·成都

图书在版编目(CIP)数据

新编统计基础/祝刚,陈秀丽主编.—2版.—成都:西南财经大学出版社,2018.11

ISBN 978-7-5504-3828-6

Ⅰ.①新… Ⅱ.①祝…②陈… Ⅲ.①统计学—高等职业教育—教材 Ⅳ.①C8

中国版本图书馆 CIP 数据核字(2018)第 251753 号

新编统计基础(第二版)

主　编　祝　刚　陈秀丽

副主编　赵占平

责任编辑:刘佳庆

封面设计:何东琳设计工作室

责任印制:朱曼丽

出版发行	西南财经大学出版社(四川省成都市光华村街55号)
网　　址	http://www.bookcj.com
电子邮件	bookcj@foxmail.com
邮政编码	610074
电　　话	028-87353785　87352368
照　　排	四川胜翔数码印务设计有限公司
印　　刷	郫县犀浦印刷厂
成品尺寸	185mm×260mm
印　　张	14.5
字　　数	350千字
版　　次	2018年11月第2版
印　　次	2018年11月第1次印刷
印　　数	1—2000册
书　　号	ISBN 978-7-5504-3828-6
定　　价	36.00元

1. 版权所有,翻印必究。

2. 如有印刷、装订等差错,可向本社营销部调换。

3. 本书封底无本社数码防伪标识,不得销售。

编写说明

　　教材作为教学的主要工具,既是联系教与学的有效途径,也是专业与课程建设的重要组成部分,更是专业与课程改革发展成果的凝结与体现。

　　对于高等职业教育来讲,教材建设历来是高职院校基本建设任务之一。高质量的教材是实施专业教学方案的主要载体、培养高质量的职业人才的基本保证和实现高等职业教育培养目标的重要手段。大力发展高等职业教育,培养和造就适应社会生产、建设、管理,服务质量和技术水平一流的高素质、应用型人才,需要我们高度重视高等职业教育的教材改革和建设,编写和出版体现高等职业教育特色的优秀教材。本系列教材正是在这一宏观背景下诞生的。

　　职业教育是就业准备教育、生活准备教育、职业生涯教育,即对劳动者的终身教育。为了实现这一目标,我们在教材的建设中形成了"宽基础、精专业、多岗位"的基本思路,构建了"基础模块、专业模块、拓展模块",以实现"一年打基础、两年通专业、三年上岗位"的财经商贸类职业人才的培养目标。

　　"宽基础"是指在专业文化基础课教材的建设中,科学调整课程目标,推进此类教材的改革。在价值取向上坚持专业文化基础是培育学生综合素质的必备课程,避免单纯为保就业的技能要求而冲淡专业文化基础课的教学,削弱后劲;在内容上贴近学生、贴近专业、贴近生活,着重培养学生对知识的学习能力和迁移能力、对问题的分析和解决能力、对职业环境的适应能力以及一定的创新能力。

　　"精专业"是指在专业教材建设中,从培养学生专业核心能力和职业岗位能力两个方面入手,将专业基本知识与职业岗位基本要求进行有机整合,既考虑到了学生的"就业导向",又更好地关注了学生的职业生涯发展。

　　"多岗位"是指为满足学生就业需要,针对财经商贸类典型职业岗位的基本要求而编写具有很强实战性的实训教材。这部分教材一般具有较为明显的时效性、新颖性和操作性,在教材内容中及时融入现时职业岗位的新技术、新技能、新方法、新规程的要求,目的就是把学生引入行。由于学生的就业具有较大的不确定性,所以在实训教材的构建中,选择了"多岗位"的设计来满足学生对不同岗位实训的需求。

　　采用"宽基础、精专业、多岗位"教材建设模式最大的优点就是可以有效地构建以专业人文素养、专业基础能力、典型职业岗位能力为主线的教材体系,使学生基础厚、专业强、就业好。

　　在继承原有教材建设成果的基础上,充分吸取近年来高职高专院校在探索培养高等技术应用型专门人才和教材建设方面取得的成功经验,本系列教材的编写特点是:

1. 加大实训教材开发力度

实训教材是站在专业的最前沿,紧密结合职业要求,与生产实际紧密相连,与相关专业的市场接轨,突出专业特色,渗透职业素质培养内容的载体。为了更好地体现高职教育特色,在本系列教材中我们加大了实训教材的开发力度。采取的主要方法是:对财经商贸类公共文化基础教材,采取加大练习和训练的方式来提升学生对知识的掌握能力;对专业性、实务性较强的课程,采取分步练习、强化训练、综合实训等方式进行学习,使学生既有较为扎实的专业理论基础,又有熟练的操作技能。

2. 组建"双师型"编者团队

在这套系列教材建设中,为了更好地实现加大实训教材开发、完善的目的,我们一方面增加了"双师型"编者的比例,另一方面采取邀请财经战线的一线技术专家审稿的措施,较好地体现了教材的实用性、先进性和技术性。在强调"双师型"作者比例的同时,我们还特别注意挑选一些具有一定教学经验、懂得教学规律、文字功底深厚的编写者,以保证教材的编写质量。

3. 方便教学的系统性设计

本系列教材在选题上强调系统性和配套性,所选教材绝大多数是财经商贸类专业的常用教材。在这批教材中,除了在主辅教材的配备上考虑了教学的实用性,更为教师的教学提供了很多附加信息,如教学课件(PPT)、相关制度及政策参考资料、练习的参考答案等,为教师在备课、授课、辅导等方面提供了诸多方便。

随着高等职业教育日益发展、壮大,高职教育教学改革必将结出丰硕的成果。我们将在教材的建设过程中不断吸取改革成果的精华,使教材能更好地服务于教学,向学生传递先进的、科学的职业知识。

值此系列教材出版之际,我们要特别感谢经济科学出版社和西南财经大学出版社的全力支持和热情扶持,感谢出版社各位编校同志为教材的顺利出版付出的辛勤劳动,感谢他们对财经高职教育教材建设做出的重要贡献。

高职高专财经商贸类教材建设是一个漫长的过程,我们才刚刚起步。在我们的教材中必定存在诸多不当和错误之处,恳请读者不吝赐教,以备修订、更正。

"十三五"高职院校财经精品系列教材编委会

2018 年

QIAN YAN 前言

　　本书是全国高等职业教育"十三五"规划精品教材。

　　统计学是一门收集、整理和分析统计数据的方法论科学,是非常重要的分析工具。统计的方法已经被广泛地应用到自然科学和社会科学,以及生产、经营管理和人们的日常生活中。各行各业的活动都离不开统计知识,它有十分重要的应用价值。统计学广泛的适用性,使之成为财经类各专业的核心课程之一。本书是为了适应高等职业教育的需要,组织部分院校优秀教师编写的高职高专"十三五"规划精品系列教材之一,它可以作为高职高专院校经济类、工商管理类各专业的教材或参考书,也可作为企业营销管理人员、市场调研人员的培训教材。

　　本书定位明确,力求符合高职高专教育的人才培养特色,严格贯彻"以应用为目的,以必需够用为度"的原则,理论浅显精练,突出实用的方法和学科的前沿成果,从形式到内容力求有所突破和创新。

　　本书以课程教学需要为线索,以应用能力为主干,通过知识、能力的分支延伸和实践性教学环节内容的扩展,构建本书的体系框架,努力探索培养学生职业能力的新型教学模式。在编写体例上,本书作了如下安排:

　　教学目的:既是教师教学的依据,又是学生学习的重点。

　　教学内容:主要阐明统计学的基本概念、基本原理、基本程序、基本技术与方法。

　　本章小结:简要概述本章内容,便于学生掌握本章的重点、难点。

　　案例分析:根据每章的学习目标,选择有针对性的案例进行分析。这是一种使理论联系实际、拓展视野的训练方式。

　　思考题:按照每章教学目的和要求,于每章后置若干思考题,便于学生复习与思考,作为本章教学内容的延伸。

　　全书共分为十个项目,包括统计认知、数据采集、数据整理、综合指标分析、时间数列分析、统计指数应用、相关与回归分析、抽样推断技术、国民经济统计概述、SPSS 应用与统计分析。教师在使用本书时，可以根据学生的情况，进行一定的取舍。

本书由四川财经职业学院祝刚老师担任主编，陈秀丽老师主持编写大纲和最终修改定稿，昆明冶金高等专科学校李柏村老师担任主审。具体分工如下：项目五、六、七、八、十由四川财经职业学院陈秀丽老师编写；项目九和项目二由黄淮学院经济与管理学院的赵占平老师编写；项目一、三、四由四川财经职业学院祝刚老师编写。在本书的编写过程中，我们参考了国内外同行的许多文献和著作，在此一并表示感谢。

教材是体现教学内容的知识载体，是进行教学的基本工具，更是人才培养质量的重要保证。因此，在本书编写过程中，我们不敢稍有懈怠，但由于编写时间仓促和作者水平所限，书中疏漏之处仍难避免，欢迎广大读者批评指正，以便我们进一步修改和完善。

编 者

2018 年

MU LU 目录

項目一　**统计认知**

本章教学要点概览

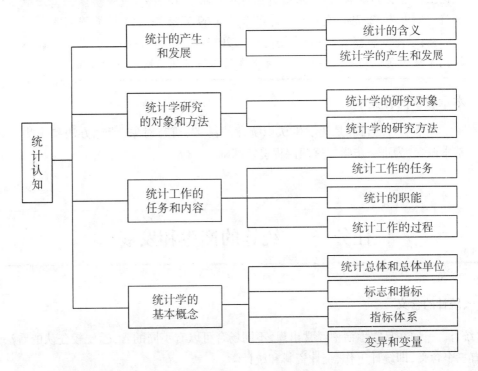

【情境导入】

2017 年,各地区各部门在以习近平同志为核心的党中央坚强领导下,按照中央经济工作会议和《政府工作报告》的部署,坚持稳中求进的工作总基调,坚定不移贯彻新发展理念,坚持以提高发展质量和效益为中心,统筹推进"五位一体"总体布局和协调推进"四个全面"战略布局,以供给侧结构性改革为主线,统筹推进稳增长、促改革、调结构、惠民生、防风险各项工作,经济运行稳中有进、稳中向好,经济社会保持平稳健康发展。

初步核算,全年国内生产总值 827 122 亿元,比上年增长 6.9%。其中,第一产业增加值 65 468 亿元,增长 3.9%;第二产业增加值 334 623 亿元,增长 6.1%;第三产业增加值 427 032 亿元,增长 8.0%。

年末全国内地总人口 139 008 万人,比上年末增加 737 万人。全年出生人口 1 723 万人,出生率为 12.43‰;死亡人口 986 万人,死亡率为 7.11‰;自然增长率为 5.32‰。

年末全国就业人员 77 640 万人,其中城镇就业人员 42 462 万人。全年城镇新增就业 1351 万人,比上年增加 37 万人。年末城镇登记失业率为 3.90%,比上年末下降 0.12 个百分点。

供给侧结构性改革扎实推进。全年全国工业产能利用率为 77.0%,比上年提高 3.7 个百分点。年末商品房待售面积 58 923 万平方米,比上年末减少 10 616 万平方米。

新动能新产业新业态加快成长。全年规模以上工业战略性新兴产业增加值比上年增长 11.0%。高技术制造业增加值增长 13.4%,占规模以上工业增加值的比重为 12.7%。全年新能源汽车产量 69 万辆,比上年增长 51.2%。

注:以上资料摘自《中华人民共和国 2017 年国民经济和社会发展统计公报》,是通过收集资料、整理资料、分析资料等统计活动所取得的成果。

本章教学内容提示

本章学习的目标是使学生认识统计的涵义、研究对象、研究方法和一些基本概念,为进一步学好这门课程奠定基础。

任务一　统计的产生和发展

一、统计的含义

"统计"一词在日常生活中经常出现,不同场合可以有不同的含义。比较公认的看法是,统计有三个含义,即统计工作、统计资料和统计学。

(一)统计工作

统计工作又称统计活动、统计实践,它是根据统计研究的问题和目的,对统计资料的收集、汇总、整理、分析的全部工作过程,也是通常所说的统计实践的几个阶段。社会经济统计工作则是指收集、整理、分析和提供关于社会、政治、经济、文化等现象的数字资料的总称。

(二)统计资料

统计资料是指统计实践活动过程所取得的各项数字资料及与之相关的其他资料的总和,包括观察、调查的原始资料和经过整理、加工的系统资料。例如,各种新闻媒体中常说的"据统计",就是指统计的数字资料。

(三)统计学

统计学是关于认识客观现象总体数量特征和数量关系的科学。它是指统计理论和统计科学,即对统计实践活动的理论概括、总结和提高,所得到的统计工作规律性的原理和方法,并用以指导统计实践的一门科学。

《不列颠百科全书》的定义是:统计学是收集、分析、表述和解释数据的科学。

统计的三种含义有着密切的联系:

首先,统计工作与统计资料的关系是统计活动与统计成果的关系。一方面,统计资料的需求支配着统计工作的布局;另一方面,统计工作又直接影响着统计资料的数量和质量,统计工作的现代化关系是向社会提供资料丰富的统计信息,提高决策的可靠性和工作效率的问题。

其次,统计工作与统计学的关系是统计实践和统计理论的关系。一方面,统计理论是统计工作经验的总结,只有当统计发展到一定程度,才可能形成独立的统计学;另一方面,统计工作的发展又需要统计理论的指导,统计学研究可促进统计工作水平的提高。

二、统计学的产生和发展

统计发展的历史可以追溯到远古的原始社会,当时的结绳记事就是统计的萌芽。进入资本主义社会以后,随着生产力的发展,对于统计数据资料的需求增多,开始出现了专业的统计机构和统计组织。到了17世纪中叶,统计学才应运而生,距今只有300多年的历史。

(一)统计学的萌芽期

统计学的萌芽期为17世纪中叶至18世纪中末叶,当时主要有国势学派和政治算术学派。

1. 国势学派

统计学最初在当时欧洲经济发展较快的意大利孕育良久,但最终却在17世纪的德国破土萌芽。这个时期的代表人物是康令(H. Conring,1606—1681)、阿亨瓦尔(G. Achenwall,1719—1772)等。他们在大学中开设了一门新课程,最初叫"国势学",我们把从事这方面研究的德国学者称为国势学派。他们所做的工作主要是对国家重要事项进行记录,因此又被称为记述学派。这些记录记载着关于国家组织、人口、军队、领土、居民职业以及资源财产等事项,几乎完全偏重于品质的解释,而忽视了量的分析。严格地说,这一学派的研究对象和研究方法都不符合统计学的要求,只是登记了一些记叙性材料,借以说明管理国家的方法。国势学派对统计学的创立和发展做出的最大贡献是:为统计学这门新兴的学科起了一个至今仍为世界公认的名词"统计学"(Statistics),并提出了至今仍为统计学者所采用的一些术语,如"统计数字资料""数字对比"等。

2. 政治算术学派

统计理论在英国与德国几乎同时产生,由于两国的社会背景、经济水平和思想渊源的不同,其统计理论亦各具特色。在英国,当时从事统计研究的人被称为政治算术学派。虽然政治算术学派与国势学派的研究,都与各国的国情、国力这一内容有关,但国势学派主要采用文字记述的方法,而政治算术学派则采用数量分析的方法。因此,从严格意义上来说,政治算术学派作为统计学的开端更为合适。

17世纪的英国学者威廉·配第(W. Petty,1623—1687)在他所著的《政治算术》一书中,对当时的英国、荷兰、法国之间的"国富和力量"进行数量上的计算和比较,做了前人没有做过的从数量方面来研究社会经济现象的工作。正是在这个意义上,马克思称威廉·配第是"政治经济学之父,在某种程度上也可以说是统计学的创始人"。

(二)统计学的近代期

统计学的近代期为18世纪末至19世纪末,这一时期的统计学主要有数理统计学派和社会统计学派。

1. 数理统计学派

最初的统计方法是随着社会政治和经济的需要而逐步得到发展的,直到概率论被引进之后,数理统计学才逐渐成为一门成熟的学科。随着资本主义经济的发展,统计事业走向昌盛成为近代文化高度发达的一个突出标志。比利时统计学家、数学家、天文学家阿道夫·凯特勒(A. Quetelet,1796—1874)完成了统计学和概率论的结合,从此,统计学才开始进入发展的新阶段。阿道夫·凯特勒被国际统计学界称为"统计学之父",他是数理统计学派的奠基人,数理统计就是在概率论的基础上发展起来的。随着统计学的发展,对概率论的运用逐步增加,同时自然科学的迅速发展和技术不断进步对数理统计的方法有进一步的要求,这样,数理统计学就从统计学中分离出来自成一派。它从19世纪末以来逐步形成,由于它主要是在英美等国发展起来的,故又称英美数理统计学派。

2. 社会统计学派

自阿道夫·凯特勒后,统计学的发展开始变得丰富而复杂起来。由于在社会领域和自然领域统计学被运用的对象不同,统计学的发展呈现出不同的方向和特色。19世纪后半叶,正当致力于自然领域研究的英美数理统计学派刚开始发展的时候,在德国却兴起了与之迥然异趣的社会统计学派。这个学派是近代各种统计学派中比较独特的一派。由于它在理论上比政治算术派更加完善,在时间上比数理统计学派提前成熟,因此它很快流行起来,对整个世界统计学界影响较大,流传较广。

社会统计学派由德国大学教授克尼斯(K. G. A. Knies,1821—1898)首创,主要代表人物为恩格尔(C. L. E. Engel,1821—1896)和梅尔(G. V. Mayr,1841—1925)。他们认为,统计学的研究对象是社会现象,目的在于明确社会现象内部的联系和相互关系,统计方法应当包括社会统计调查中资料的收集、整理,以及对其分析研究。他们认为,在社会统计中,全面调查,包括人口普查和工农业调查,居于重要地位;以概率论为根据的抽样调查,在一定的范围内具有实际意义和作用。

(三)统计学的现代期

统计学的现代期为20世纪初到现在的数理统计时期。自20世纪20年代以来,数理统计学发展的主流从描述统计学转向推断统计学,如19世纪和20世纪初的统计学教科书中主要描述统计学中的一些基本概念、资料的收集、资料的整理、资料的图示和资料的分析等,后来逐步增加概率论和推断统计的内容。直到20世纪30年代,费希尔(R. A. Fisher,1890—1962)的推断统计学才促使数理统计进入现代范畴。

现在,数理统计学的丰富程度完全可以独立成为一门宏大的学科,但它还不可能完全代替一般统计方法论。传统的统计方法虽然比较简单,但在实际统计工作中运用的频率仍然极大,正如四则运算与高等数学的关系一样。不仅如此,数理统计学主要涉及资料的分析和推断方面,而统计学还包括各种统计调查、统计工作制度和核算体系的方法理论、统计学与各专业相结合的一般方法理论等。由于统计学比数理统计在内容上更为广泛,因此,数理统计学相对于统计学来说不是一门并列的学科,而是统计学的重要组成部分。

从世界范围看,自 20 世纪 60 年代以后,统计学的发展有三个明显的趋势:第一,随着数学的发展,统计学依赖和吸收数学营养的程度越来越迅速;第二,向其他学科领域渗透,或者说,以统计学为基础的边缘学科不断形成;第三,随着科学技术应用的日益广泛和深入,特别是借助电子计算机后,统计学所发挥的功效更强。

统计发展史表明,统计学是从设置指标研究社会经济现象的数量开始的,随着社会的发展与实践的需要,统计学家对统计方法不断丰富和完善,统计学也就随着不断发展和演变。从当前世界各国统计研究状况来看,统计学已不仅为研究社会经济现象的数量方面,也为研究自然技术现象的数量方面提供各种统计方法;它既为研究事物确定现象的数量方面,又为研究事物随机现象的数量方面提供各种统计方法。从统计学的发展趋势分析,它的作用与功能已从描述事物现状、反映事物规律,向进行样本推断、预测未来变化方向发展。它已从一门实质性的社会性学科,发展成为方法论的综合性学科。

知识链接

在夏朝,我国就有了人口、土地等方面的统计;在西周已设有专门负责国势调查的官员 —— 职方氏;到了秦汉,就有了地方田亩和户口的记录;明清时期,建立了经常人口登记和保甲制度。在相当长的时期,我国的实际统计活动和统计思想都处于世界先进水平,只是到了封建社会后期,才开始落后于其他国家。

任务二　统计学研究的对象和方法

一、统计学的研究对象

统计学的研究对象就是统计研究所要认识的客体,具体地讲,社会经济统计学研究的对象是社会经济现象总体的数量方面,即社会经济现象总体的数量特征和数量关系。

社会经济现象的数量方面所涉及的内容广泛,主要有:人口数量和劳动力资源、社会财富和自然资源、社会生产和建设、商品交换和流通、国民收入分配和国家财政收入,以及金融、信贷保险、人民物质文化生活水平、科学技术与发展等。这些作为国民经济和社会发展的总体情况,其表现出来的基本数量特征和数量关系,构成了我们对社会的基本认识。

统计特点就其性质而言,是一种认识活动,它是通过数据资料的采集、整理、描述和分析,而对客观事物的数量进行观察和探索的过程,在其活动过程中一般表现以下几个方面的特点:

(一) 数量性

统计认识的对象是客观事物的数量方面,因此,统计活动的中心问题就是数据。统计就是用这些数据的各种组合来描述、反映客观事物的现状、数量关系和发展变化情况的。因此，数据就是统计的语言，统计数据在对客观事物数量的反映上，表现在三个方面：

（1）数量的多少。它是从总量上反映事物发展的规模和水平。

（2）事物间的数量关系。即各种现象之间是否存在数量关系，以及关系的紧密程度。

（3）现象内部质与量的辩证统一关系。一定的质规定了一定的量，一定的量表现为一定的质，这就决定了社会经济统计在研究社会经济现象时，必然是定性认识与定量认识相结合。

（二）总体性

统计的目的主要是为了说明总体的情况，因此，它所观察和分析的是总体中每一个个体或具有代表性的一部分个数的全部数据，然后通过一定的分类汇总，整理出最终可以反映整个总体的状态和特征的统计资料。如对某学科进行考试后，每个人的考试成绩反映的是个体差异，将每个人的考试成绩汇总后算出平均成绩，就能够从总体上反映全体学生对这门学科掌握的一般水平，这个"平均成绩"就反映总体特征，而它是一个个体数据汇总得来的。这就是说，统计是从个体开始，对总体进行分析研究，而对个体的深入调查研究，是为了更好地分析研究和认识总体。

（三）变异性

变异性也叫差异性，这是相对于统计对象的特征而言的。统计观察的总体是由许多个体组成，这些个体除了在某一方面必须是同质的以外，在其他方面是千差万别的。统计数据是个体差异的客观记录，差异与变化正是我们对总体进行统计观察和研究的原因和依据。如我们研究一个学校的学生情况时，除了作为该校学生这一点必须是同质的以外，每一个学生在数量方面（指年龄、身高、体重等）和属性方面（指性别、民族、政治面貌等）是千差万别的，我们正是对这些有差别的数据进行分类汇总，最后才能得到能够反映总体情况的各方面的综合数据。

（四）具体性

社会经济统计的数量是具有一定的社会、经济和科技等内容的数量，即具体事物的数量，而不是抽象的数量，这正是与数学所研究数量的根本区别所在。所谓具体事物的数量是指一定时间地点及一定条件下某事物的数量表现，而且是与一定的质密切结合起来的。统计在研究某个具体事物的某个具体数量时，往往利用一定的科学方法，并要建立数学模型等，它是被作为一种手段、一种工具来使用，而不是对单纯的数字进行数量研究。

（五）社会性

社会经济统计认识的数量，是对社会、经济、政治、文化、科学技术等现象活动条件，活动的过程的集合。活动又具体表现为生产、分配、流通和消费等各种社会形式，这就是说，统计研究对象资料的来源及服务的对象是全社会的，而且，统计作为一种认识活动，作为大量观察的方法，它也需要社会各方面的广泛响应、配合、支持与参与。因此，其本身就带有强烈的、浓重的社会色彩。

二、统计学的研究方法

统计学的研究对象和性质决定着统计学的研究方法，解决统计学研究方法的问题是统计研究过程的关键之一。统计学的研究方法主要有大量观察法、统计分组法、综合指标法、统计推断法和统计模型法。

（一）大量观察法

大量观察法是统计学所特有的方法。所谓大量观察法，是指对所研究的事物的全部或足够数量进行观察的方法。社会现象或自然现象都受各种社会规律或自然规律相互交错作用的影响。在现象总体中，个别单位往往受偶然因素的影响，如果只对少数个体进行观察，其结果不足以代表总体的一般特征。只有观察全部或足够的单位并加以综合，影响个别单位的偶然因素就会相互抵消，现象的一般特征才能显示出来。大量观察的意义在于可使个体与总体之间在数量上的偏差相互抵消。

大量观察法的数学依据是大数定律。大数定律是随机现象的基本规律，也是在随机现象大量重复中出现的必然规律。大数定律的一般概念是：在观察过程中，每次取得的结果不同，这是由偶然性导致的，但大量重复观察结果的平均值却几乎接近确定的数值。狭义的大数定律就是指概率论中反映上述规律性的一些定理，它所表明的是平均数的规律性与随机现象的概率关系。

大数定律的本质意义，在于经过大量观察，把个别的、偶然的差异性相互抵消，将必然的、集体的规律性显示出来。例如，我们在研究一个地区职工工资水平时，一个人的工资有多有少，但随着观察人数的增多，调查的结果就越来越具有代表性或越接近实际。从哲学上说，这是偶然与必然、个别与一般的对立统一规律在数量关系上的反映。统计调查中的许多方法，如普查、统计报表、抽样调查等，都是通过观察研究对象的大量单位，来了解社会经济现象发展情况的。

（二）统计分组法

统计分组法就是根据一定的研究目的和现象的总体特征，将总体各单位按一定的标志，把社会经济现象划分为不同性质或类型的组别。统计分组法是统计研究的基本方法，主要用于统计整理阶段。

统计分组的目的，是要揭示现象内部各部分之间存在的差异性，认识他们之间的矛盾。总体内部有各种各样的差异，有的是带有根本性质的差异，不划分就不能进行数量上的描述和研究，就会发生认识上的错误或偏差。有的差异虽然不是根本性质的，但只有应用分组法才能使人们对总体的认识逐步深入。

由于对总体单位分组是在取得资料后整理资料时进行的，因此分组容易被认为只是一种整理方法。其实，无论从实际工作过程讲，还是从作用上讲，它都是始终贯穿于统计活动全过程的一种重要方法，它的作用在统计设计和分析研究中都十分显著。

（三）综合指标法

统计研究的对象具有数量性和总体性的特点，要综合说明大量现象的数量关系，概括地表明其一般特征，必须采用综合指标。综合指标就是从数量方面对现象总体的规模及其特征的概括说明。例如，"2017 年全年国内生产总值 827 122 亿元，比上年增长 6.9%，其中第三产业增加值 427 032 亿元，增长 8.0%"等，这些都是综合指标。所谓综合指标法，就是运用各种综合指标对现象的数量关系进行对比分析的方法。

大量原始资料经过分组整理汇总，得出综合指标数值。统计必须在此基础上，进一步计算各种分析指标，对现象的数量关系进行对比分析。统计分析的方法较多，有综合指标分析法、时间数列分析法、统计指数分析法、相关与回归分析法、抽样推断技术等,其中综合指标分析法是统计分析的基本方法,其他各种统计分析方法均离不开综合指标的对比分析。

（四）统计推断法

统计学在研究现象的总体数量关系时,需要了解的总体对象的范围往往是很大的,有时甚至是无限的,而由于经费、时间和精力等各种原因,以致有时在客观上只能从中观察部分单位或有限单位进行计算和分析,根据结果来推断总体。例如,要说明一批灯泡的平均使用寿命,只能从该批灯泡中随机抽取一小部分进行检验,借以推断这一批灯泡的平均使用寿命,并以一定的置信标准来推断所作结论的可靠程度。这种在一定置信程度下,根据样本资料的特征,对总体的特征做出估计和预测的方法称为统计推断法。统计推断是现代统计学的基本方法,在统计研究中得到了极为广泛的应用,它既可以用于对总体参数的估计,也可以用作对总体的某些假设检验。从这种意义上来说,统计学是在不确定条件下做出决策或推断的一种方法。

（五）统计模型法

统计模型法是根据一定的经济理论和假设条件,用数学方程去模拟客观经济现象相互关系的一种研究方法,如相关分析法、回归分析法和统计预测法。利用这种方法,可以对社会经济现象发展变化过程中存在的数量关系进行比较完整和近似的描述,从而简化客观存在的复杂关系,以便于利用模型对社会经济现象的发展变化进行数量上的评估和预测。

三、统计学的分类与应用

统计学已经发展成为由若干分支组成的学科体系,而统计方法也被广泛应用于自然科学和社会科学的众多领域,可以说统计无所不在。

（一）统计学的分类

由于采用不同的视角或不同的研究重点,人们常对统计学科体系做出不同的分类。一般而言,有两种基本的分类:从方法的功能来看,统计学可以分成描述统计学和推断统计学;从研究的重点来看,统计学可分为理论统计学和应用统计学。

1. 描述统计学和推断统计学

描述统计学（Descriptive Statistics）研究如何取得反映客观现象的数据,并通过图表形式对所搜集的数据进行加工处理和显示,进而通过综合、概括与分析得出反映客观现象的规律性数量特征。描述统计学的内容包括统计数据的收集方法、数据的加工处理方法、数据的显示方法、数据分布特征的概括与分析方法等。

推断统计学（Inferential Statistics）是研究如何根据样本数据去推断总体数量特征的方法。它是在对样本数据进行描述的基础上,对统计总体的未知数量特征做出以概率形式表述的推断。

描述统计和推断统计是统计方法的两个组成部分。描述统计是整个统计学的基础,推断统计则是现代统计学的主要内容。推断统计在现代统计学中的地位和作用越来越重要,已成为统计学的核心内容。这是因为在对现实问题的研究中,所获得的数据主要是样本数据。但这并不等于说描述统计不重要,如果没有描述统计收集可靠的统计数据并提供有效的样本信息,再科学的统计推断方法也难以得出切合实际的结论。从描述统计学发展到推断统计学,既反映了统计学发展的巨大成就,也是统计学发展成熟的重要标志。

2. 理论统计学和应用统计学

理论统计学(Theoretical Statistics)也称为数理统计学,主要探讨统计学的数学原理和统计公式的来源。它是统计方法的理论基础,主要包括的内容有概率理论、抽样理论、实验设计、估计理论、假设检验理论、决策理论、非参数统计、序列分析、随机过程等。

应用统计学(Applied Statistics)主要探讨如何运用统计方法去解决实际问题。其实,将理论统计学的原理应用于各个学科领域,就形成了各种各样的应用统计学。例如,统计方法在生物学中的应用形成了生物统计学,在医学中的应用形成了医疗卫生统计学等。应用统计学着重阐明这些方法的统计思想和具体应用,而不是统计方法数学原理的推导和证明。

(二)统计学的应用

统计学已经形成了一个学科体系,并且几乎所有的研究领域都要用到统计方法。表1-1列示了统计的一些应用领域。

表1-1　　　　　　　　　　统计方法的一些应用领域

Actuarial Work(精算)	Agriculture(农业)
Animal science(动物学)	Anthropology(人类学)
Archaeology(考古学)	Auditing(审计学)
Crystallography(晶体学)	Demography(人口统计学)
Dentistry(牙医学)	Ecology(生态学)
Econometrics(经济计量学)	Education(教育学)
Election forecasting and projection(选举预测和策划)	Engineering(工程)
Epidemiology(流行病学)	Finance(金融)
Fisheries research(水产渔业研究)	Gambling(赌博)
Genetics(遗传学)	Geography(地理学)
Geology(地质学)	Historical Research(历史研究)
Human genetics(人类遗传学)	Hydrology(水文学)
Industry(工业)	Linguistics(语言学)
Literature(文学)	Manpower planning(劳动力计划)
Management science(管理科学)	Marketing(市场营销学)
Medical diagnosis(医学诊断)	Meteorology(气象学)
Military science(军事科学)	Nuclear material safeguards(核材料安全管理)
Ophthalmology(眼科学)	Pharmaceutics(制药学)
Physics(物理学)	Political science(政治学)
Psychology(心理学)	Psychophysics(心理物理学)
Quality control(质量控制)	Religious studies(宗教研究)
Sociology(社会学)	Survey sampling(调查抽样)
Taxonomy(分类学)	Weather modification(气象改善)

（三）统计学的地位和性质

统计学是高等院校的核心课程,是高等教育的教学内容和课程体系改革的关键。由经济类和工商管理类教学指导委员会讨论通过、并报教育部批准的必修课程中,经济类各专业的核心课程共8门:政治经济学、西方经济学、计量经济学、国际经济学、货币银行学、财政学、会计学、统计学;工商管理类各专业的核心课程共9门:微观经济学、宏观经济学、管理学、管理信息系统、会计学、统计学、财务管理、市场营销学、经济法。由此可见,统计学作为经济类和工商管理类的核心课程,有十分重要的地位。

统计学从性质上看,它是一门具有方法论特点的综合性学科。一般而言,按研究对象是属于自然现象还是社会现象,人类科学研究划分为自然学科和社会学科。但统计学的研究对象是自然和社会领域的各种数据资料,这就决定了统计学不是一门实质性学科,而统计方法又具有跨学科性质且有较高概括程度和较大适应范围,这些都决定了统计学属于一般方法论学科。

任务三　　统计工作的任务和内容

一、统计工作的任务

统计工作是对客观事物的调查研究过程,也是对客观事物的认识过程。由中华人民共和国第十一届全国人民代表大会常务委员会第九次会议于2009年6月27日修订通过,自2010年1月1日起施行的《中华人民共和国统计法》第二条明确规定:"统计的基本任务是对经济社会发展情况进行统计调查、统计分析,提供统计资料和统计咨询意见,实行统计监督。"

✡ 知识链接

> 新修订的《中华人民共和国统计法》将配套新修订的《中华人民共和国统计法实施细则》,以及新制定的《中华人民共和国统计违法违纪行为处分规定》。修订或制定这些法律法规的目的只有一个,即提高统计质量,严防统计作假,尤其是领导干部干预统计、编造数字。

在社会主义市场经济的条件下,统计工作的具体任务可以归纳为以下几项:
（1）为制定政策和编制计划提供依据;
（2）对政策和计划执行情况进行统计检查、监督;
（3）为管理各项经济事业和社会事业提供资料;
（4）为进行宣传教育和科学研究提供资料。

二、统计的职能

统计作为进行管理和调控的重要工具同时具备三种职能,即信息、咨询和监督职能。

（一）信息职能

信息职能是通过统计系统,运用科学的调查方法,采集经济、社会、科技等方面活动情况的统计数据,为国家、社会、世界提供统计信息。

（二）咨询职能

咨询职能是对大量的、丰富的统计信息,运用科学的分析方法,进行综合分析,向决策部门提供各种备用方案,起到参谋作用。

（三）监督职能

监督职能是通过信息反馈来检验决策是否科学可行,对决策在执行过程中出现的偏差,提出矫正意见,运用各种统计手段对社会、经济、科技各方面进行检查、监督和预警。

在三大职能中,以提供信息为主,同时提供咨询,实行监督。为了有效地发挥统计工作的整体功能,必须不断提高统计数据的质量,保证统计数据的可靠性和时效性。

三、统计工作的过程

统计工作过程是指统计组织机构完成统计任务的过程。主要分以下几个阶段:

（一）统计设计阶段

统计设计阶段是整个统计工作过程的准备阶段,是整个统计工作的龙头。它主要解决两个问题:采集什么样的数据和如何采集这些数据,并拟定出设计方案,对可行性方案进行反复的论证和择优选用。

（二）统计调查阶段

统计调查阶段是从调查单位采集基础数据的阶段。它是根据统计方案的要求收集所需要认识事物的原始资料,这是实际统计工作的起点,也是进一步进行统计资料整理和分析的基础。

（三）统计整理阶段

统计整理阶段是对调查所得的原始数据进行分组、汇总等一系列的加工整理工作,使数据进一步系统化、条理化,以便进行统计分析。

（四）统计分析阶段

统计分析阶段是统计工作出成果的阶段,也是进一步开发统计信息价值的阶段,它是提供统计服务的一个重要基础。统计分析是对经过加工整理的统计资料加以分析研究,计算各种统计分析指标,通过定性和定量分析相结合,以揭示现象所包含的数量特征和规律性。

任务四 统计学的基本概念

一、总体和总体单位

（一）总体

1. 总体的涵义

总体是统计总体的简称,是统计研究的对象。它是由客观存在的,在同一性质基础上结合起来的许多个别事物(总体单位)构成的整体。例如,要研究某市商业企业的经营情况,就应把该市所有的商业企业作为一个总体。因为它包括许多商业企业,每个商业企业都是客观存在的,并且其经济职能是相同的,都是从事商品流通活动的基层单位,这些单位便构成一个总体。通过对这个总体进行研究,就可以说明该市商业企业经营活动的状况和各种数量特征,例如从业人数、资金规模、技术力量、销售额、经济效益等。再如,研究一个学校某班学生的学习情况,就可将该班全部学生作为总体;要检验一批灯泡的使用寿命,这一批灯泡就是一个总体;研究合理化建议的提出和采纳情况,则全部的合理化建议便是总体等。

从上面的举例可以看出,由于研究目的不同,总体的范围可大可小,可以由单位组成,也可以由人、物组成,还可以由某些事件等组成。

2. 总体的基本特征

(1)同质性。同质性是指总体各单位必须具有某种共同的性质,才能构成统计总体。如商业企业总体中每一个商业企业都具有相同的经济职能,都是从事商品流通活动的,这样才能组成商业企业总体。同质性是总体的根本特征,是构成统计总体的前提条件。

(2)大量性。大量性是指总体是由许多单位组成的,一个或少数单位不能形成总体。这是因为统计研究的目的是要揭示现象发展变化的一般规律,而事物的发展变化规律只能在大量事物的普遍联系中表现出来。如前面谈到的要检验一批灯泡的使用寿命,就不能只用少数几个灯泡来检验,因为个别灯泡有偶然性,不能反映这批灯泡的质量。我们必须对大量的或是足够多的单位进行研究,才能使个别单位偶然因素的作用相互抵消,从而显示出总体的本质和规律性。大量性是统计研究的必要条件。

(3)差异性。差异性是指总体各单位除了在构成统计总体这方面性质相同外,在其他方面还有许多不同的表现。例如商业企业总体中,每个企业除了具有相同的经济职能外,其他方面如经济类型、从业人数、销售额、利税额等就各不相同。差异是普遍存在的,统计研究就是要在个别事物的差异中寻找共性,以揭示其活动的规律性。差异性是进行统计研究的内容。

上述三个特征缺一不可,只有同时具备这三个特征,才能形成统计总体,才能进行统计研究。

3. 总体的种类

按照总体中所包含的个别单位是否可以计数,总体可分为有限总体和无限总体。

(1)有限总体,是指总体的范围能够明确确定,而且所包含的个体数是有限可数的,如上面提到的商业企业总体、灯泡总体、学生总体、合理化建议总体等都是有限总体。

(2)无限总体,是指总体所包括的个体是无限的、不可数的。比如,太空星球总体、世界上的植物总体、动物总体、大量连续生产的某种小件产品总体等则属于无限总体。从理论上讲,总体都应是有限的,只是由于各种条件的限制,使得有些总体的个别单位不可计数,才把这些总体假定为无限总体。对有限总体既可以进行全面调查,也可以进行非全面调查,而无限总体只能进行非全面调查。

(二)总体单位

总体单位简称单位或个体,是指构成总体的个别单位,如上例某市商业企业这一总体中,每一个商业企业都是构成这个总体的一个个体,也就是一个总体单位。再如灯泡总体中的每只灯泡、学生总体中的每个学生、合理化建议中的每条合理化建议等都是总体单位。可见随着研究目的的不同,总体单位可以是单位、人、物及事件等。

（三）总体和总体单位的关系

总体和总体单位之间的关系属于整体与个体的关系。它们的划分不是固定不变的,而是相对的,会随着研究目的的改变而发生变化。当研究目的和任务确定后,统计总体和相应的总体单位就产生和固定了下来,如上例中,研究某市商业企业的经营情况,该市所有商业企业是总体,每一个商业企业是总体单位。如果研究目的改变为研究全国大中城市商业企业的经营情况,则该市商业企业就不再是总体,而变成了总体单位,全国所有大中城市的全部商业企业才是统计总体。

二、标志、变异和变量

（一）标志

1. 标志和标志表现

（1）标志的概念

标志是反映总体单位特征的名称。这些属性或特征是统计总体各单位所共同具有的,例如,某班全部的学生是一个整体,每一个学生是总体单位,那么,说明总体单位特征,即每个学生的特征,如性别、年龄、民族、身高、体重等就是标志。又如,在调查某市商业企业的经营状况时,该市所有的商业企业是总体,每一个商业企业是总体单位,这些商业企业的所有制形式、经营方式、销售额、盈利水平等就是标志。

（2）标志的表现

标志表现是指每一个总体单位所表现的具体属性或数量特征,一般用文字或数值来表现。例如,某学生的性别是男、年龄19岁、民族是汉族,这里,"性别""年龄"和"民族"是标志,而"男""19岁""汉族"就是标志表现。

2. 标志的种类

（1）按标志表现是文字还是数值分为品质标志和数量标志

品质标志大多用文字来表现,是表明总体单位"质"的特征。前面所列举的性别、民族、所有制形式、经营方式等就是品质标志。如"性别"这一品质标志表现为男、女;"民族"这一品质标志表现为汉族、回族、满族等56个民族;"企业所有制"这一品质标志表现为公有制企业、非公有制企业等。而数量标志只能用数值来表现,是表明总体单位"量"的特征。如前面所提到的身高、体重、产品销售量、市场占有率、盈利水平等。数量标志的具体数值表现称之标志值。前面的年龄是数量标志,具体表现为17岁、18岁、19岁等就是标志值;市场占有率是数量标志,其具体表现为10%、12%、15%等则是标志值。

（2）按标志表现是否完全相同分为不变标志和可变标志

不变标志是同一总体的所有单位在某一标志名称下的具体表现完全相同。例如,某市商业企业的总体中,每一个商业企业的经济职能是相同的,都是从事商品流通活动的,"经济职能"就是一个不变标志。可变标志是同一总体的各个单位在某一标志名称下的具体表现不完全相同。例如,某市商业企业的总体中,除了"经济职能"这个标志必须相同外,商业企业的经济类型、所属行业、从业人数、销售额、职工平均工资、利税额等,其具体表现在总体各个单位是不尽相同的,它们属于可变标志。

总体的同质性是不变标志的体现,而总体的差异性就是可变标志的体现。我们是按不变标志构成统计总体,以可变标志作为统计研究的内容。

（二）变异

变异是指标志和指标具体表现上的差异,包括属性的变异和数量的变异。例如,学生的性别这一标志可以具体表现为"男"、"女",这是属性上的变异,而学生考试成绩的具体表现"52 分"、"67 分"、"78 分"、"85 分"等,就是数量上的变异。

（三）变量

1. 变量和变量值

在一般情况下,将可变的数量标志称为变量。有时也将可变统计指标的名称称为变量。变量的具体数值表现就是变量值(标志值,指标值)。例如以某班学生为总体,每一个同学为总体单位,调查该班学生统计考试成绩,考试成绩是数量标志,具体表现为 52 分、67 分、78 分、85 分……91 分,每个人的考试成绩之间有差异,我们称为变异。这样,"考试成绩"就是变量,而上面的具体考试分数是变量值。指标也是这样,不同班级的统计考试平均成绩会出现不同的数值,也可称为变量。

2. 变量的种类

（1）变量按变量值是否连续,可分为连续变量和离散变量两种。连续变量是指变量值连续不断,其变量值可取小数的变量,如国内生产总值(GDP)、销售收入、销售利润率、产品成本等;离散变量是指变量值之间都以整数断开,其变量值只能取整数,如人数、企业数、汽车和洗衣机产量等。

（2）变量按其影响因素不同,可分为确定性变量和随机性变量。确定性变量是指变量值的变动只受确定性因素的影响,其数值是确定的,可由其他因素准确推算的变量,如销售额、利润、劳动生产率等。随机性变量是指受偶然性因素影响,但其偶然性又表现出必然性,其变量值会围绕某一稳定值上下波动的变量。如随着人们收入增加,居民的储蓄存款会增大,但它要受消费信心、物价变动等多种因素影响,储蓄存款数值会有一个变动范围。

三、指标与指标体系

（一）指标

1. 指标的涵义

指标是统计指标的简称,又称为综合指标。它反映总体现象数量特征的概念和具体数值。指标的具体表现有六要素:①时间;②空间;③指标名称;④计量单位;⑤计算方法;⑥指标数值。如某市某年度 GDP 为 850 亿元、"某企业某月度实现销售收入 6 000 万元"等,这两个指标所涵盖的是:①时间是某年度、某月度;②空间是某市、某企业;③指标名称是国内生产总值、销售收入;④计量单位是亿元,万元;⑤计算方法是汇总;⑥指标数值是 850、6 000。

指标还有一种理解,是在统计理论和统计设计上所使用的统计指标的涵义,它只是反映总体数量特征的概念,如国内生产总值、人口数、商品销售额等。按这种理解,指标的构成只有三个要素:指标名称、计量单位和计算方法。

以上对指标的两种理解都是合理的,只是适用于不同的场合。

2. 指标的种类

（1）指标按其内容不同，又分为数量指标和质量指标两种。

数量指标是表明现象总体规模、总体水平或工作总量的指标，是说明总体的外延规模，通常用绝对数表示，如企业职工人数、固定资产总额、企业增加值、企业销售收入、上缴税金等。质量指标是反映总体内部相对水平或工作质量的指标，反映总体的内涵，一般用相对数和平均数表示，如企业职工人均收入、劳动生产率、产品的合格率、资金利税率等。

（2）指标按其表现形式不同，分为总量指标、相对指标和平均指标三种。

总量指标属于数量指标，表现为绝对数；相对指标和平均指标属于质量指标，分别表现为相对数和平均数。具体内容将在第四章综合指标分析中介绍。

3. 指标和标志的关系

指标和标志是两个既有区别又有联系的概念。两者的主要区别是：① 标志是说明总体单位特征的，而指标是说明总体数量特征的；② 标志有不能用数值表示的品质标志和只能用数值表示的数量标志，而指标在一般情况下都必须用数值来表示。标志与指标的主要联系是：① 标志表现的是计算指标数值的基础，其中有许多指标的数值是从总体单位的数量标志值汇总得到的，如全国工业企业的从业人数是由全国各工业企业的从业人数汇总得到的；全国工业企业总产值是所属每个工业企业的总产值的总和等。② 指标和数量标志之间存在着变换关系。当研究目的改变，原来的总体变为总体单位，则相应的指标就变为数量标志值；反之亦然。

（二）指标体系

1. 指标体系的涵义

指标体系是指具有内在联系的一系列指标所构成的整体。在统计研究中，一个指标往往只能反映总体某一方面的数量特征。为了全面系统地认识一个复杂现象总体，就必须采用统计指标体系来反映。例如，工业企业的经营活动实际是人力、物资、资金、生产、供应、销售等相互联系的整体活动，为了反映企业生产经营全貌，就应通过由产量、产值、品种、产品质量、职工人数、劳动生产率、工资总额、原材料、设备、占用的资金、成本、利润等一系列指标构成的指标体系来反映。

2. 指标体系的种类

统计指标体系按其反映对象不同，分为基本统计指标体系和专题统计指标体系两类。基本统计指标体系是反映国民经济和社会发展及其各个组成部分的基本情况的统计指标体系。专题统计指标体系是针对某一个经济或社会问题而制定的统计指标体系，如经济效益统计指标体系，人民物质文化、社会水平统计指标体系等。

本章小结

本章研究统计的一般问题，包括统计的产生和发展、统计学的研究对象及特点、统计工作的任务和内容，以及统计学的基本概念等。具体包括：

1. 统计的产生和发展

（1）统计的涵义。"统计"一词有三种涵义，即统计工作、统计资料、统计学。

统计的三种涵义形成两种关系,即统计工作和统计资料是统计活动与统计成果的关系,统计工作与统计学是实践与理论的关系,它们相互影响,关系密切。

(2)统计学的发展经历了萌芽期、近代期和现代期。它已从一门实质性的社会性学科,发展成为方法论的综合性学科。

2. 统计学的研究对象

社会经济统计学研究对象是社会经济现象总体的数量特征和数量关系,通过这些数量方面反映社会经济现象规律性的表现。

统计的特点主要表现在:数量性、总体性、具体性、社会性、变异性。

3. 统计工作的任务和内容

(1)统计工作的基本任务:《中华人民共和国统计法》中明确规定"统计的基本任务是对国民经济和社会发展进行统计调查、统计分析、提供统计资料、实行统计监督"。

(2)统计的职能:信息职能、咨询职能、监督职能。

(3)统计工作的阶段或环节:统计设计、统计调查、统计整理、统计分析。

4. 统计学的研究方法

统计学的研究方法主要有大量观察法、统计分组法、综合指标法、统计推断法和统计模型法。

5. 统计学中的几个基本概念

这部分内容是本章的重点,也是本章的难点,它是学好以后各章的基础和条件,应联系实际,加深理解,灵活掌握。概念包括:

(1)总体和总体单位;

(2)标志、变异和变量;

(3)指标和指标体系。

案例分析

用哪些指标来反映人民生活水平的变化

生活水平,又称"生活程度",是反映人们生活的社会条件量的范畴,指一定时期内,人们消费各种物质资料和精神产品以满足人们各种生活需要的程度。一般通用的生活水平指标有以下几个:①人均实际收入水平;②消费水平;③人均年储蓄额;④生活服务设施的方便程度;⑤卫生与健康水平;⑥文化教育水平;⑦文化生活水平;⑧闲暇状况。

2017年国家统计年报公布的有关人民生活水平指标数据为:

全年全国居民人均可支配收入25 974元,比上年增长9.0%,扣除价格因素,实际增长7.3%。全国居民人均可支配收入中位数22 408元,增长7.3%。按常住地分,城镇居民人均可支配收入36 396元,比上年增长8.3%,扣除价格因素,实际增长6.5%。城镇居民人均可支配收入中位数33 834元,增长7.2%。农村居民人均可支配收入13 432元,比上年增长8.6%,扣除价格因素,实际增长7.3%。

图 1-1　2013—2017 年全国居民人均可支配收入及其增长速度

 问题思考

1. 如何理解统计的涵义？
2. 统计学的研究对象是什么？有何特点？
3. 统计工作分哪些阶段？
4. 谈谈统计的研究方法。
5. 你是如何理解总体和总体单位以及它们之间关系的？
6. 标志和指标有什么区别和联系？
7. 变量是怎样进行分类的？

项目二 数据采集

本章教学要点概览

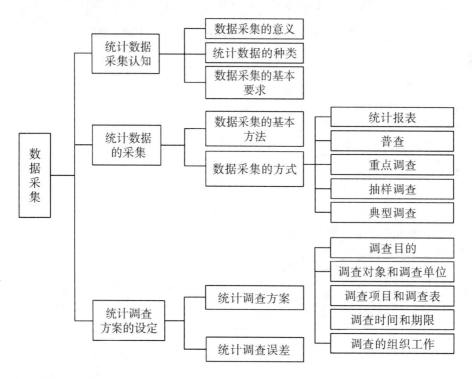

【情境导入】

汶川地震灾区灾后重建十周年民意调查报告

2018 年是汶川"5·12"地震灾区灾后重建十周年。为及时、全面地了解当地群众的生产生活现状,了解群众对当地经济社会发展和民生改善的评价、诉求,以及对防灾减灾、避灾自救的认知等,四川省统计局民调中心于 2018 年 4 月组织开展了汶川地震灾区灾后重建十周年民意调查。本次调查通过计算机辅助电话随机访问的方式,在汶川"5·12"地震 39 个重灾县中抽取 18 个进行访问。访问对象为当地年龄在 18 ~ 70 岁之间的城乡常住居民,每个县完成有效样本 200 个,调查共计完成样本 3 600 个。受访者中,男性占 48.8%,女性占 51.2%,年龄、学历、职业、城乡等基本情况也分布合理,调查样本代表性强。

调查结果显示,有 97.7% 的受访者对灾后重建十年来取得的成就持认可态度;受访者对灾后重建十年来当地经济社会发展和民生改善 6 个主要方面的满意率均在 92% 以上;绝大多数受访者表示已走出了汶川"5·12"地震的阴影,地震给当地群众造成的心理创伤进一步恢复,但还存在;94.4% 的受访者表示对当地未来发展有信心。

绝大多数受访者对灾后重建十年来取得的成就持认可态度。调查问及受访者对"汶川'5·12'地震灾后重建十年来取得的成就如何评价"时,表示成就"非常大"的占 57.3% ,"比较大"的占 28.6% ,"一般"的占 11.8% ,以上结果反映出,对灾后重建十年来取得的成就持认可态度的受访者比例占到 97.7% 。从城乡分类看,城镇受访者持认可态度的占 98.8% ,农村占 96.0% 。①

分析:灾后重建是四川人民乃至全国人民关注的问题,怎样才能了解灾民的民意呢?显然数据收集是前提。那么要收集哪些数据?怎样收集数据呢?

本章教学内容提示

本章是介绍统计工作的第二阶段:统计调查,即统计数据采集的有关内容。学习目标是要求学生明确统计数据的意义和种类;熟悉并掌握统计数据采集的各种组织形式及采集方案的基本内容;能够根据实际情况采用适当的调查方式采集统计数据,并灵活地设计采集方案。

任务一　　统计数据采集认知

一、数据采集的意义

统计作为一种从数量方面认识事物的科学方法,其研究的基础是大量的数据。数据采集是按照统计任务的要求,运用科学方法,有组织、有计划地向客观实际去采集充分的、实事求是的统计数据的过程。它是统计工作的第二个阶段,即统计调查,是对现象总体认识的开始。

大量的统计数据来源于两个方面:一种是原始资料,来自直接的调查和科学试验,也是统计数据的直接来源;另一种是次级资料,来自别人的调查和科学试验,这是统计数据的间接来源,也即二手资料。次级资料是指那些本次统计调查任务之前已经收集,并进行了加工整理,能在一定程度上反映总体特征的资料。它一般可以认为是该总体的历史资料。例如某公司下属 10 家企业的当年产量、产值、职工人数、利润的有关数据就是原始资料,它有待进

---

① 资料来源:四川统计数据网《四川省情》

一步加工汇总,才能反映该公司(总体)的特征。但为了分析研究这个总体的数量特征变化,还需要收集该公司过去的产量、产值、职工人数、利润等数据,而这些资料是能够反映总体特征的,而且也是已经加工整理的,因此是次级资料。根据研究的需要,次级资料既可以直接使用,也可以对其总体范围、核算方法调整,进行再加工后使用。很明显,任何次级资料都是从原始资料加工整理而来,因此原始资料的收集对统计研究有着特殊的意义。

统计数据采集的基本任务,就是按照已经确定的数据采集指标体系,运用具体的数据采集手段,取得总体单位能以数字资料为主体的各种信息。可以认为数据采集是以大量性和数量性为特点,而不同于其他的一般调查方式。

二、统计数据的种类

统计数据不论其来源如何,都是对客观现象进行计量的结果,对其属性、特征进行分类、标示和计算,称为统计度量或统计测定。由于客观事物有的比较简单,有的比较复杂,有的特征和属性是可见的(如人的外貌体征),有的则是不可见的(如人的信仰和偏好),有的表现为数量差异,有的表现为品质的差异。因此,统计测定也就有定性测定和定量测定的区别。测定的方法不同,得到的统计数据也就不同。据此,可将统计数据区分为品质数据和数量数据。

（一）品质数据

品质数据是定性测定的结果,它是说明事物属性特征的统计数据,用文字来表现。由于定性测定又可分为定类测定和定序测定,因而,品质数据又可区分为分类型品质数据和顺序型品质数据两种。

1. 分类型品质数据

分类型品质数据是定类测定的结果。由于定类测定只能按照事物的某种属性对其进行平行的分类或分组,通过定类测定得到的统计数据也称分类数据。分类数据表现为类别,每一类别都用特定的文字或数码来表现,这种数码只是代号而无量的意义。例如,对人口按性别划分为男性和女性两类,男性和女性就是特定的文字。对人口同样也可用 1 表示男性人口,用 0 表示女性人口,这些数字只是给不同类别的一个代码,并不意味着这些数字可以区分大小或进行任何数学运算。

2. 顺序型品质数据

顺序型品质数据是定序测定的结果。由于定序测定按照事物的某种属性对其进行有序的分类或分组,通过定序测定得到的统计数据也称顺序型数据。顺序型数据也表现为类别,但每一类别之间是可以比较顺序的,且各种类型之间具有某种意义的等级差异。例如,对企业职工按受教育程度划分为大学毕业、中学毕业、小学毕业等。对企业按经营管理的水平和取得的效益划分为一级企业、二级企业等。这种排序是确定的,对所研究的问题有特定的意义。但是,它并不能具体测定各等级之间的差距的大小,例如,不可能计算出一级企业与二级企业的有实质意义的量的差距。

（二）数量数据

数量数据是定量测定的结果,它是说明事物数量特征的统计数据,用数值来表现。由于定量测定是使用自然或度量衡单位对事物进行计量的结果,其结果表现为具体的数值,也称为数值型数据。例如,销售收入用人民币元度量,考试成绩用百分制度量,重量用克来度量等,其结果均表现为具体的数值。数值型数据也可以进行分类或分组,且每一类别之间可以比较顺序,各种类型之间也具有某种意义的等级差异。更为重要的是,数值型数据还可以测定不同类型之间间距的大小,进行相应的加减乘除的数学运算。

三、数据采集的种类

由于现象是错综复杂的,调查对象是千差万别的,统计研究的任务也是多种多样的,因此,在进行数据采集时,应根据不同的调查目的和调查对象的特点,灵活采用不同的数据采集方式,这是数据采集工作中的一个重要问题。数据采集的种类,可以从不同角度进行分类:

(一) 按数据采集的组织形式不同,分为统计报表和专门调查

(1) 统计报表是国家统计系统和专业部门为了定期取得系统、全面的统计数据而采用的一种数据采集的方式,是要掌握经常变动,并对国民经济有重大意义的各种统计数据。

(2) 专门调查是为了了解和研究某种情况或问题而专门组织的统计数据采集。它包括抽样调查、普查、重点调查和典型调查等几种数据采集方法。

(二) 按数据采集对象包括的范围不同,分为全面调查和非全面调查

(1) 全面调查是对构成数据采集对象的所有单位进行逐一的、无一遗漏的调查,包括全面统计报表和普查,它的目的在于取得比较准确而全面的统计数据。

(2) 非全面调查是对数据采集对象中的一部分单位进行调查,包括非全面统计报表、抽样调查、重点调查和典型调查。非全面调查只对一部分单位进行调查,能节约人、财、物力和时间。

(三) 按数据采集的时间是否连续,分为连续调查和非连续调查

(1) 连续调查又称为经常性调查,是指对研究对象的数据变化进行连续不断的采集,如产品产量、原材料消耗量、利润等,这些数据在观察期内在不断变化,需要连续采集。

(2) 不连续调查,又称为一次性调查,是指间隔一段相当长的时间对研究对象某一时刻的数据进行采集,如人口总数、机器设备台数等数据在短期内变化不大,没有必要连续采集数据。不连续调查所获得的数据是反映现象在某一瞬间达到的水平。

(四) 按采集数据的方法不同,分为直接调查、凭证调查、采访调查、问卷调查

(1) 直接调查又称为直接观察,是由调查人员到现场对调查单位直接查看、测量和计量。

(2) 凭证调查是以各种原始和核算凭证为调查资料来源,按统一的表式和要求,向有关部门提供资料的方法。

(3) 采访调查是通过指派调查人员对被调查者询问、采访、提出所要了解的问题,以收集资料、采集数据的方法。

(4) 问卷调查是以问卷形式提出问题,以回收的问卷来搜集资料、采集数据的方法。

四、数据采集的基本要求

数据采集的基本要求是准确性、及时性、全面性、系统性,它是衡量统计工作质量的重要标志。

(1) 准确性。准确性是指采集的数据能客观地反映现象本身状态,具有较小的调查误

差。数据采集的准确性,将直接关系最终成果的质量。准确性高,就能为认识研究现象的本质提供充分保证,准确性低,无论以后的整理和分析方法多么严谨,都不仅会造成最终结果的谬误,也使统计工作过程所做的一切成为一种浪费。

（2）及时性。及时性是指采集数据的时效性。采集数据过程所占用的时间越短,其效用越大,越能及时满足数据采集任务的时间要求,就越能使各工作环节顺利延伸。及时性有赖于全部数据填报单位的共同努力,一个填报单位的延误,就会使大量填报单位的及时性受到损害。

（3）全面性。全面性有两个方面的内容:一是填报单位的全面;二是所要登记项目的全面。由于采集的数据具有大量性特点,众多填报单位能否将应该填报的资料上报,会影响汇总资料的质量。而填报项目是否完整,也会影响整理汇总这一环节的顺利开展。

（4）系统性。系统性是指数据采集工作本身的连续性和调查项目的连贯性两个方面的内容。大多数的数据采集工作都需要经常、持续地进行,这样才能够系统地提供数据和保存数据。而在经常持续的调查工作中,为了保证数据的可比性,大多数调查项目必须保持连贯,使数据具有系统性,而有使用价值。这两个方面是相互关联、紧密结合的。

上述四项要求在实践中同时做到会有较大困难,有时还会产生冲突,要处理好它们之间的矛盾,应该做到:准为基础,准中求快,力求全面、系统。

任务二　统计数据的采集

一、数据采集的基本方法

采集数据是统计分析的基础,因此,数据资料来源的问题就是我们要处理好的关键。数据资料的来源有两个,即统计数据的直接来源和间接来源。

（一）统计数据的直接来源

统计数据的直接来源包括统计调查和科学实验,统计调查的数据采集方法主要有直接观察法、报告法、访问法、问卷法和文献法。

1. 直接观察法

直接观察法是调查人员深入现场进行观察、计数或测量以取得所需要数据的方法。例如,要了解企业期末库存商品的数量,调查人员是通过现场的点数、测量和称重取得。再如,人造卫星遥感技术中,气象卫星、资源卫星、侦察卫星等,都是直接观测取得数据。还有在城市的部分街道安装摄像镜头对交通违法车辆进行摄像取证也是直接观察的方法。无论是派员现场调查,还是利用仪器现场观测,都视为直接观察法。直接观察法可以保证资料的准确性,但由于需要花费较多的人力、财力、物力和时间,故在应用上也受到限制。

2. 报告法

报告法是被调查单位利用各种原始记录和核算资料作为依据,向有关单位提供统计数据的方法。我国目前各企事业单位所填写的统计报表,是这种数据采集方法的应用。例如我

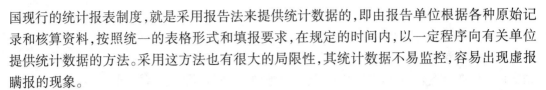

国现行的统计报表制度,就是采用报告法来提供统计数据的,即由报告单位根据各种原始记录和核算资料,按照统一的表格形式和填报要求,在规定的时间内,以一定程序向有关单位提供统计数据的方法。采用这方法也有很大的局限性,其统计数据不易监控,容易出现虚报瞒报的现象。

3. 访问法

访问法是按事先拟定的调查事项,有计划地通过口头、网络、电话、邮件、报纸和杂志等方法,向被调查者了解情况,采集统计数据的调查方法。访问法的最大特点是在整个访问过程中,调查者和被调查者要直接沟通、相互作用、相互影响。因此,访问法要取得成功,不仅要求调查者做好各种调查准备工作,注意谈话方式和提问技巧,还要求被调查者密切配合。

在实际调查中,访问法有多种形式,概括起来主要有:

(1)面谈调查。按与被调查者接触的方式不同,面谈调查包括个别访问和座谈访问。个别访问是调查者按照调查提纲的要求,单独地面对面与被调查者进行交谈,或当场填写访问问卷,借以采集数据的一种调查类型。例如,某记者通过对某一个城市居民进行单独采访,了解他对创建文明城市的看法。座谈访问是根据调查提纲,选择部分有代表性的个人进行座谈,如围绕如何应对金融危机问题,在某电视演播室里,几位经济学家接受主持人提出的问题,各抒己见,发表自己的观点。

(2)电话调查。电话调查是以电话为媒介,来采集所需要的数据。如美国的民意调查主要是通过电话调查方式进行的。这种调查方式的前提条件是电话的普及率相当高,调查内容比较简短,优点是回答率比较高。

(3)网络调查。网络调查是通过网络方式所进行的调查,它可以很快采集到网络使用者所提供的信息。这种调查方式既节省时间,又节省费用,更重要的是数据处理非常方便。随着我国网络使用的普及,它的应用有广阔的前景。

访问法的主要优点是:能够把调查与讨论研究结合起来,不仅提出问题,还能探讨、研究解决问题的途径。其不足之处是:由于受访问人员的素质限制,或被访问者的代表性不当等,都可能影响最终的调查结果。

4. 问卷法

问卷法是根据调查目的,制定调查问卷,由被调查者按问卷提出的问题或给定的选择答案进行回答的一种专项调查形式。问卷法是国际通行的,也是近年我国经常使用的采集数据的重要方式。它主要有以下特点:

(1)通俗易懂,实施方便。采用问卷法进行数据采集,由于将调查的问题和可供选择的答案均提供给被调查者,由其从中进行选择,因此,被调查者容易接受。

(2)适用范围广。问卷法既适用于对社会政治经济现象进行调查,也适用于对广大群众关心的问题进行调查,还适用于对其他问题进行调查。

(3)节省调查时间,提高调查效率。由于在问卷中已将调查目的、内容和问题及可供选择的答案均一一列出,因此,一般不需详细说明,直接由被调查者选择即可,从而能节省时间,加快调查速度。

问卷法的应用范围比较广泛,问卷的种类也比较多,具体划分主要是:

(1)按问卷中的问题是否有固定答案,问卷分为开放式问卷和封闭式问卷。开放式问卷是问卷中的问题不标明答案,可由填写人自由回答;封闭式问卷是问卷中要标明问题的答案,供填卷人进行选择。在问卷调查中,封闭式问卷更多使用。

(2)按问卷填写者的身份不同,分为"自记式"问卷和"他记式"问卷。"自记式"问卷是由被调查者按调查表项目自己填写的问卷;"他记式"问卷是调查者按调查表项目向被调查者提问,然后根据被调查者的回答填写问卷。

(3)按问卷传递方式不同,分为报纸和刊物问卷、邮政问卷、送发问卷、访问问卷等。

由于问卷调查的回收率和有效率一般都不可能达到100%,因此,调查数量应多于研究数量,以满足调查的要求。确定调查数量的公式为:

$$调查数量 = \frac{研究数量}{回收率 \times 有效率}$$

例如,某高校对2017级入学新生的家庭经济状况进行一次抽样调查。该项调查采用问卷调查方式,要达到研究目的,样本单位数必须有1 260人,若问卷回收率为70%,有效率为90%,则需要发放问卷(调查数量):

$$调查数量 = \frac{1\ 260}{70\% \times 90\%} = 2\ 000(人)$$

即需要发放2 000份问卷,才能满足对数据采集的要求。

当前普遍进行的舆论调查、民意调查和商情调查等,一般都采用问卷调查完成。

5. 文献法

文献法是指通过查阅文献来收集资料的方法。文献一般分为文字文献、数字文献、图像文献和声音文献。报纸、杂志、图书、档案等是文字文献;统计年鉴、统计报表、会计报表等是数字文献;电影、电视、图片、VCD、DVD等是图像文献;磁带、唱片、CD等是声音文献。随着科学技术的迅速发展,人们可以通过电子计算机上网查阅到越来越多的文献,这种查询不仅省时,而且方便。使用文献法收集资料时,一定要注意对文献质量的审核。

☆ 知识链接

> 统计数据的直接采集除了统计调查外,还有科学试验。科学试验是对社会现象的观察和对自然现象的科学实验的总称。
> (1)观察研究。观察研究是研究人员观察所发生的情况,最后得出研究结果。
> (2)对照实验。常用对照实验测试新药的效果。一般是将病人随机分为两组:处理组的病人接受治疗,对照组的病人不接受治疗。整个实验在双盲的情况下进行,通过实验数据说明药物效果。

(二)统计数据的间接来源

统计研究所需的数据,如果能通过直接调查或科学试验取得第一手材料固然很好,但由于各方面条件所限,还需要通过其他途径获取别人调查或科学试验的第二手材料,这就是统计数据的间接来源。获得数据的主要途径有:

1. 查阅公开出版物

在我国,公开出版的社会经济统计数据主要来自国家和地方的统计部门,以及各种报纸和刊物,如《中国统计年鉴》和各省市的统计年鉴;提供世界各国社会和经济数据的《世界经济年鉴》、《世界发展报告》等。

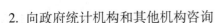

2. 向政府统计机构和其他机构咨询

政府统计机构除定期公布或公开出版数据资料外,还有相当一部分数据资料未公开发布或出版,在不涉及国家机密、商业机密和个人隐私的情况下,可向其了解咨询。学术研究机构、商业性统计调查机构所收集的统计数据,一般需要通过有偿手段进行咨询。

3. 上网查询

随着计算机网络技术的普及和发展,可以在网上获取所需的各种数据资料,但要注意方式的合法和数据资料真伪的鉴别。

二、数据采集的组织方式

在明确了统计数据采集的基本方法后,还必须明确在什么组织方式下来采集数据。通常采用的组织方式有统计报表、普查、重点调查、抽样调查和典型调查。

(一) 统计报表

统计报表是我国定期取得统计资料的主要方式,也是一种定期统计报告制度。统计报表是由政府统计机关或统计调查的组织机构,按照国家调查文件的统一规定,自上而下布置,自下而上逐级提供统计资料的数据采集方式。国家和有关部门可以通过统计报表取得关于经济发展情况的基本统计数据,统计报表制度也要求每一个有关的企业和事业单位,每一级国家机关或业务管理机构都有义务和责任按照国家规定的调查项目、表格形式、报送程序和报送时间逐级如实上报。

1. 统计报表的分类

统计报表按其性质和要求不同,有以下几种类型:

(1) 按数据采集的范围不同,分为全面统计报表和非全面统计报表。全面统计报表要求调查对象的每一个单位都要填报;非全面统计报表只要求调查对象中的一部分单位填报,它需要结合其他调查方式运用。目前,我国大多采用全面统计报表。

(2) 按所反映内容不同,分为基本报表和业务报表。基本报表是反映国情国力和适应宏观管理、决策需要的统计报表;业务报表是适应有关业务主管部门经营管理需要的统计报表。

(3) 按报送周期长短不同,分为日报、旬报、月报、季报、半年报和年报。这些报表不仅有反映时间长短的差别,还包括指标项目繁简的不同。日报、旬报、月报和季报是中短期报表,由于周期较短,要求数据迅速上报,因此项目较少;半年报和年报是长期报表,由于周期较长,要求内容全面、指标详细。特别是年报具有年度总结性质,用来反映当前国家的方针、政策和计划贯彻执行的情况,指标和内容要更全面、详尽。

(4) 按填报单位不同,分为基层报表和综合报表。基层报表是由基层企事业单位填报的统计报表;综合报表是由主管部门或统计部门根据基层报表逐级汇总填报的统计报表。

2. 统计报表的数据来源

统计报表的数据来源于基层单位的原始记录。从原始记录到统计报表,中间还要经过统计台账和企业内部报表。因此,建立和健全原始记录、统计台账和企业内部统计报表制度,是保证所采集的数据具有高质量的基础。

(1) 原始记录。原始记录是基层单位通过一定的表格形式,对生产、经营、管理活动的过程和成果进行广泛的、经常的、群众性的登记,是未经任何加工整理的初级资料。例如商品销售凭证、领料单、个人生产记录等。原始记录工作质量将直接影响报送数据的准确性和及时性。

（2）统计台账。统计台账是根据填报统计报表以及核算工作的需要，将分散的原始记录按时间顺序进行系统登记，积累统计资料的表册。它可以使零散的原始记录或原始核算数字资料系统化。统计台账的种类和格式要根据各基层单位的具体情况而定，生产规模大的基层单位，需要厂部和车间两级设账，生产规模小的基层单位，只需要厂部设账。

（3）内部报表。内部报表大致有两类：一类是向单位领导提供资料而编制的；另一类是为填报上级规定的统计报表而编制的。

3. 统计报表的作用

统计报表能够提供反映社会经济发展情况的基本数据，它的作用主要有三个方面：一是为编制国民经济和社会发展计划及检查计划执行情况提供基本依据；二是可以反映我国经济建设和社会发展的成就，并且为研究经济建设的经验及发展的规律性提供必不可少的数据；三是各主管部门能用于指导生产、经营、管理和决策。

统计报表具有统一性、全面性、定期性和制度性的特点，是我国长期以来收集国民经济全面统计资料的一种重要调查方式，但也存在人力、财力、物力和时间耗费较大，数据逐级汇总而造成人为因素影响的局限。特别是统计报表制度是高度集中的计划经济体制下的产物，随着我国社会主义市场经济体制的发展，已难以适应复杂多变的经济类型、经营方式的需要。因此，统计实践中常将统计报表经过调整和改进，并且与其他统计调查方式结合起来应用。

（二）普查

普查是为了了解某种现象在一定时点上的状况，而专门组织的一次性全面调查，如人口普查、物资普查、经济普查等。通过普查可以取得不能用经常调查来收集的社会经济现象的一些较全面、较细致，而且很精确的数字资料，为国家制定有关方针政策，编制国民经济规划提供依据。但普查工作多在全国或较大范围内进行，需要动员大量人力、物力和财力。因此，只有需要摸清国家重要的国情、国力时，才有必要在全国或较大范围内组织普查。

普查的组织方式有两种：一种是组织专门的普查机构和人员，对调查单位进行登记，如我国已进行的五次人口普查都是采用这种方式；另一种是利用调查单位的原始记录和核算资料，发放一定的调查表格，由调查单位进行填报，如我国多次进行的物资库存普查就是采用这种方式。

由于普查的规模大、涉及面广、工作量大、参加人员多，为保证普查数据的准确性、时效性，除了制订详尽的调查方案外，还要注意以下几点：

（1）规定统一的标准时点。标准时点是指对被调查对象登记时所依据的统一时点。这个时点一经确定，所有调查的数据要反映这个时点上的状况，以避免采集数据资料时因情况变动而产生的重复登记和遗漏的现象。例如，我国第六次人口普查的标准时点是2010年11月1日0时，就是要反映该时点我国人口的实际情况。

（2）规定统一的普查期限。在普查范围内各调查单位或调查点要尽可能同时进行普查。并尽可能在最短的期限内完成，保证数据的准确性和时效性。例如，我国第六次人口普查，调查登记期限规定在10天内完成。

（3）规定统一的普查项目和指标。普查项目和指标一经确定，任何普查的分支机构和普查员都不得任意改变或增减,以免影响汇总,降低资料的质量。同一种普查,每次的项目和指标应力求一致,并按一定周期进行,以便更好地进行历次调查资料的对比分析,并观察某种现象变化发展的情况。如人口普查、第三产业普查、工业普查、农业普查都是每10年进行一次,分别在年份尾数逢0、3、5、7的年份实施;基本统计单位普查5年进行一次,分别在年份尾数逢1、6的年份实施。其他年份一般是安排规模相对较小的普查或地区性调查。

普查和全面统计报表都属于全面调查,但二者是不相同的,也不能互相替代。全面统计报表属于连续调查,调查内容主要是需要经常掌握的各种统计数据。由于是经常填报,因此报表内容固定,调查项目较少。普查属于不连续调查,调查内容主要是反映国情国力方面的基本统计数据。由于是专门组织的一次性调查,在调查时就可以包括更多的单位,并且分组更细、项目更多。有些社会经济现象不可能也不需要进行经常调查,但又需要掌握比较全面、详细的数据时,就可以通过普查来解决。

(三) 重点调查

重点调查是在调查总体中,选择少数重点单位专门组织的一种非全面调查。

重点调查的关键是选择好重点单位。所谓重点单位,是指在总体中举足轻重的那些单位。这些单位虽然在全部总体中只占较小的比重,但这些单位的标志值之和占总体标志总量的绝大比重,因此对这些单位进行调查,就能反映总体标志总量的基本情况。例如,要了解棉花、茶叶的生产情况,只需对全国几个主要的产棉区、产茶区进行调查,即可掌握全国棉花、茶叶生产的基本情况。又如,要及时了解全国钢铁产量的基本情况,只需要对宝钢、鞍钢、武钢、首钢等十几个大型钢铁企业的生产情况进行调查。虽然就数量来说,这些钢铁企业只占全国钢铁企业的较小比重,但它们的产量却占全国钢铁产量的绝大比重,它们应该是我国钢铁企业中举足轻重的单位。

重点调查的优点在于调查单位较少,但可以调查较多的项目和指标,了解情况较详细,比全面调查节省人力、物力和时间,使各级领导能较快地掌握基本情况,发现问题,采取措施指导工作。所以,当调查任务只要求掌握调查对象的基本情况,而总体又确实存在重点单位时,宜采用重点调查。

重点调查数据的采集主要是组织专门力量对重点单位进行调查,有时也可以发放统计报表由重点单位自行填报。重点单位的选择着眼于标志量占总体标志总量的比重,因而重点单位的选择是具有客观性的。重点调查可以定期进行,也可以不定期进行。

(四) 抽样调查

抽样调查是一种专门组织的非全面调查。它是按照随机原则从总体中抽取一部分单位进行观察,并且根据观察结果,从数量上来推断总体指标的一种调查方式。

抽样调查一般适用于对总体不可能或不必要进行全面调查,而又必须掌握总体指标数值的情况。例如,调查电灯泡的使用寿命、皮鞋的质量、饮料卫生指标是否合格等,这类产品质量的检查常常是破坏性的,不可能进行全面调查。而对居民收支情况调查、农作物产量的预测,也不必要进行全面调查。以上调查不可能或不必要进行全面调查,但又必须取得总体的全部数据,因而往往采用抽样调查方式来满足研究目的。同时,运用抽样调查的数据还可以对全面调查的数据加以修正补充。例如,在人口普查中,由于大量人口的流动,常会发生重复登记和遗漏现象,可通过抽样调查的数据进行校正,以有效地提高普查数据的质量。

抽样调查与其他非全面调查比较,具有两个明显特点:一是随机原则。所谓随机原则是指抽取的单位(样本)完全是凭偶然的机会,不受调查者主观意图的影响,每个被调查者被抽中的机会完全相等,因此也叫同等机会原则。抽样调查是按随机原则抽取样本,这是区别于重点调查和典型调查最根本特点。二是从数量上推断总体。其他的非全面调查一般不用来推算总体,而抽样调查却是通过部分调查单位(样本)的调查数据来推算总体。例如,通过抽查部分居民的收入,以推算整个地区居民的全部收入。没有这种数量上的推算,抽样调查就失去意义。有关抽样调查与推断的理论和方法,将在第八章抽样推断技术中讲述。

抽样调查和重点调查都是专门组织的非全面调查,具有调查单位少,省时、省力的特点,并且在选择调查单位时不受主观因素的影响。但二者有三点明显的区别:一是调查单位的意义和取得方式不同。重点调查是选择数量较少但标志量占标志总量绝大比重的单位进行调查;抽样调查是按随机原则从总体中抽取的,具有较高代表性的单位进行调查。二是研究的目的不同。重点调查是为了了解总体基本情况,不能推断总体指标;抽样调查的目的是用样本推断总体指标。三是适用的场合不同。重点调查只适用在总体中具有重点单位的情况;抽样调查适用于不能或不宜进行全面调查,而又需要全面数据的场合。

(五)典型调查

典型调查也是一种专门组织的非全面调查。它是在对被调查对象经过初步分析的基础上,有意识地从中选出若干具有代表性的单位(典型单位)进行调查研究,借以认识事物发展变化规律的一种调查方式。

典型调查的特点:一是通过深入细致的调查,既可以收集数字资料,还可以搜集不能用数字反映的实际情况;二是调查单位是有意识选择出来的若干有代表性的单位,它更多地取决于调查者的主观判断和决策。

典型调查可分为三种方式:第一种是"解剖麻雀"的方法。这种典型调查要求选出少数几个典型单位,通过对这几个典型单位的深入调查研究,用以说明事物的一般情况或发展变化规律。它主要用于调查单位之间差异较小的情况。第二种是"划类选典"的方法。如果作为调查对象的各单位之间差异较大时,可将调查总体划分为若干类,再从每类中选择若干个典型进行调查,以说明各类的情况。第三种是"抓两头"的方法。这就是常说的"抓两头、带中间"。按社会经济组织管理和指导工作的要求,都需要从先进单位和落后单位中选择典型,以便总结经验和教训,带动中间状态的单位,推动整体的发展。

典型调查具有机动灵活,节省人力、财力、物力,资料生动具体等优点,但由于选择典型认识上的差异,容易造成主观上的偏见。因此,正确选择典型,保证典型有充分代表性,是搞好典型调查的关键。所谓典型,就是指在同类事物中具有代表性的事物。如果不经过周密的分析比较,随意确定不具有代表性的单位作典型,就失去了典型调查的意义。典型的选择,应遵循以下原则:

(1)根据调查目的要求来选择。如果为了总结成功的经验,就要选择先进单位为典型;如果为了找出失败的教训,就要选择后进单位为典型;如果是为了掌握一般规律,反映一般情况,或为了推断全面资料,就要选择中等水平的单位为典型。

(2)根据调查对象具体情况,选择典型单位的个数。如果被调查对象各单位差别不大时,典型可少选些;如果差别大,则要多选些,而且最好采用划类选典的方法。

（3）要依靠各级政府和广大群众来选择。各级政府和群众最熟悉当地情况,这样才能使所选典型符合实际,具有真正的代表性。

典型调查和重点调查比较有两点区别:典型调查单位的选择取决于调查者的主观判断,而重点调查的重点单位选择具有客观性;典型调查在一定条件下可以用典型单位的数量推断总体数量,而重点调查不具备推断条件。

（六）各种统计调查方式的结合应用

各种统计调查方式各有其特点,都存在一定的优点和局限性。全面统计报表资料虽然比较系统、及时,但也存在工作量大、环节层次多,容易出现差错和不必要的浪费;普查收集资料全面、准确,但要耗费大量人力、财力、物力,不易经常组织实施;抽样调查虽然能节约人力、财力、物力资源,推算结果也具有科学性,但有较高的技术要求;重点调查能了解总体基本情况,典型调查能深入细致研究,但它们本质上是个别调查,只适宜作其他调查的补充。可见,任何一种调查方式都不是完美无缺的,这就要求在统计实际工作中,把上述各种方式综合应用,取长补短、优势互补,以采集高质量的统计数据。

近几年来,乃至今后相当一段时期,我国的统计方法制度改革所围绕的指导思想是:"建立以周期性普查为基础,以经常性抽样调查为主体,同时辅之以重点调查和科学推算等多种方法综合运用的统计调查方法体系。"这正是多种统计调查方式综合应用的结果。

任务三　　设计统计调查方案

一、统计调查方案

数据采集是一项十分细微的工作,具有高度的科学性和群众性。一个大规模的数据采集工作,往往需要成千上万人参与。因此,没有科学、严密的工作计划和组织措施,要取得预期的效果是不可能的。所以在数据采集前,必须设计周密可行的统计调查方案。它是数据采集工作有计划、有组织、有系统进行的保证,也是进行某项调查活动达到预期目的的指导性文件。统计调查方案一般包括下述各项内容:

（一）调查目的

确定调查目的是指明确在数据采集中要解决哪些问题,通过调查得到什么样的数据资料。它决定了调查的对象、内容和方法,决定了以什么角度来采集数据。调查目的明确了,采集数据的范围和方法也就确定下来了。调查目的不明确,就无法确定向谁调查、调查什么,以及用什么方式、方法来调查,结果只会无的放矢。这样,一方面就会在调查中因了解一些无关紧要的问题浪费人力、物力,降低数据资料的时效性;另一方面又会漏掉一些主要的问题,不能满足调查的要求。

（二）调查对象和调查单位

确定调查对象和调查单位,是为了回答向谁调查、由谁来具体提供调查数据的问题。调查对象即统计总体,是根据调查目的需要进行调查研究的社会经济现象的总体。统计总体这一概念在统计数据采集阶段称为调查对象,它是由许多性质相同的调查单位所组成。调查单位即总体单位,是指调查对象所包含的具体单位,是进行调查的标志承担者。例如,调查目的是为了采集某市某年高职院校招生人数的数据,则该市所有高职院校为调查对象,而构成该市高职院校总体的每一个高职学院是调查单位。调查对象和调查单位的概念不是固定不变的,与总体和总体单位一样,随着调查目的的不同,二者可以互相变换。

在确定调查单位的同时,还要明确报告单位。报告单位也称为填报单位,也是调查对象的组成要素,即由谁负责回答或填报调查所规定的各项问题的单位,一般是基层企事业单位。调查单位是调查数据的直接承担者,报告单位是调查数据的提交者,二者有时一致,有时不一致。例如,调查某市工业企业生产经营情况,该市的每一个工业企业既是调查单位,又是报告单位,二者是一致的;如调查的是某市工业企业设备使用情况,则该市工业企业的每一台设备是调查单位,每一个工业企业是报告单位,这二者是不一致的。

(三)调查项目和调查表

调查项目是指准备向调查单位进行调查的内容,包括需要登记的调查单位标志和有关情况。例如人口普查时,需要登记每人的性别、年龄、民族等标志即为调查项目。调查项目是依附于调查单位的统计标志,其标志表现就是统计调查所得到的各项数据资料。确定调查项目时要注意,一是应选择调查目的所必需的,而且能够获得的实际资料的项目,以免造成人力、财力、物力和时间的浪费;二是每一个调查项目的涵义都要明确易懂,以免被调查者难以回答,使结果无法汇总;三是设立的各个调查项目之间应尽量相互关联、前后衔接,以便于每个项目的核对和检查,也有利于进行动态比较,研究现象的发展变化。

将调查项目按一定顺序排列在表格上,就称为调查表。其目的是保证采集数据的规范化和标准化。调查表一般由表头、表体、表脚三部分内容组成(见表2-1,表2-2)。

(1)表头:用来注明调查表的总称,填写调查单位的名称、性质、隶属关系等。

(2)表体:它是调查表的主体部分,包括需要采集数据的各个项目、栏号、计量单位等。

(3)表脚:包括填表说明、填表人签名,调查日期等,主要用于明确责任,发现问题时便于查询。

表2-1   **劳动情况年报表**   表号:

填报单位:

指标名称	指标代码	计量单位	本年实际
甲	乙	丙	丁
一、从业人员年末人数	1	人	
年末职工人数	2	人	
工人人数	3	人	
技术人员数	4	人	
管理人员数	5	人	
大专及以上人员数	6	人	
中高级职称	7	人	
初级职称	8	人	

表2-1（续）

指标名称	指标代码	计量单位	本年实际
二、从业人员劳动报酬总额	9	万元	
职工工资总额	10	万元	
三、离岗职工人数	11	人	
离岗职工生活费	12	万元	
四、离退休人员数	13	人	
离退休职工保险费总额	14	万元	
离退休金	15	万元	
医疗费	16	万元	

单位负责人：　　　　　　填表人：　　　　　　　报出时间：

说明：（1）本表为年报表，在年末填报。

　　　（2）本表由独立核算的工业企业填报。

　　调查表有单一表和一览表两种。单一表（称卡片式）是将每个调查单位的项目登记在一张表上或一张卡片上，它可以容纳较多的项目，而且便于整理分类，如表2-1所示。一览表是将许多调查单位和相应的项目登记在同一张表上，在调查项目不多时，较单一表节省人力、物力和时间，如表2-2所示。

表2-2　　　　　　　　　××市人口调查登记表

_____区_____街_____号

与户主关系	姓名	性别	年龄		本人成分	民族	文化程度	职业	备注
			出生年月日	周岁					

填表人：

（四）调查时间和期限

　　数据采集的及时性，要求在调查前应规定调查时间和调查期限。调查时间是调查资料所属的时间。如果调查的是时期现象，调查时间是资料所反映的起讫时间；如果调查的是时点现象，调查时间是统一规定的标准时点。调查期限是进行整个调查工作的完成时间，包括采集数据和报送资料的整个工作所需时间。例如，某公司要求所属企业在2018年1月底上报2017年产值、利润等数据资料，则调查时间是2017年全年，调查期限是1个月；又如，某公司要求所属企业在2018年1月10日上报2017年产成品库存资料，则调查时间是标准时点为2017年12月31日，调查期限是10天。

（五）调查的组织工作

　　在调查方案中，还必须研究确定调查的组织工作计划，它是从组织上保证调查工作顺利开展的重要依据。计划的主要内容包括调查机构、调查步骤、参加调查的单位和人员、调查的方式方法、调查前的宣传教育、人员培训、调查资料的报送方法、经费预算与开支等，均应作出具体规定。

对于大规模的统计调查，所制订的调查方案往往需要做试点调查。通过试点，检验调查方案是否可行，以便加以修改和补充。同时，还要积累实施调查方案的经验，提高调查人员的业务技能，以圆满完成调查任务。

二、统计调查误差

（一）统计误差

采集统计数据是统计工作的第一步，如何保证统计数据的质量是数据采集阶段应重点解决的问题，因为统计数据质量的好坏直接影响统计分析结论的客观性与真实性。为确保统计数据的质量，在数据的采集、整理、分析等各阶段都应尽可能减少误差。

统计误差通常是指统计数据与客观现实之间的差距，误差的来源主要有登记性误差和代表性误差两类。

（1）登记性误差是调查过程中由于调查者或被调查者的人为因素所造成的误差。调查者所造成的登记性误差主要有：调查方案中有关的规定或解释不明确导致的填报错误，调查人员工作责任心不够导致的抄录错误、汇总错误等。被调查者造成的登记性误差主要有：因人为因素干扰形成的有意虚报或瞒报调查数据，这种误差在统计调查中应予以特别重视。登记性误差理论上讲是可以消除的。

（2）代表性误差主要是指在用部分单位的数据推断总体数据时所产生的误差，其产生的原因是由于所抽取单位代表性不够而产生的。如在抽样调查中，其误差产生的原因主要有：一是由于样本的抽取没有严格遵循随机原则而产生的；二是由于样本结构与总体结构的差异而产生的；三是由于样本容量不足而产生的。第二类误差在抽样调查中是无法消除的，但我们事先可以进行计算并加以控制。

（二）统计误差的控制方法

由于登记性误差是在各种调查方式方法中都可能存在的，为了取得相对准确的统计数据，必须采取各种措施，防止可能发生的登记误差，把它缩小到最低限度。

（1）正确制订统计调查方案，详细说明调查项目和计算方法，合理选定调查方法，使之切合调查对象的实际，并使调查人员或填报人员能够明确执行，不致产生误解。

（2）有了科学的统计调查方案，还要切实抓好调查方案的贯彻执行。具体要做到：

① 加强对统计人员的业务培训，使每个统计人员都能准确地理解统计制度和正确应用统计方法，特别是对所要调查的单位和内容，严格地执行应用统计制度和方法。

② 扎扎实实地搞好统计基础工作，如建立与统计任务相适应的统计机构，配备必要的统计人员，建立健全计量工作、原始记录、统计台账、班组核算等各项制度，使统计数据的来源可靠。

③ 在统计调查过程中，加强对数字填报质量的检查。这种检查，一般采取两种方式：一是在调查过程中及时派人去填报单位督促检查，发现问题及时解决；二是组织有关的部门定期进行规模较大的统计质量检查，广泛深入地了解统计表填报中的问题，提出系统的改进

意见。

如果是进行大规模的普查,应该制订严密的工作计划,建立详细的岗位责任制,使各个环节的工作紧密衔接,发现差错,便于纠正。

以上说的是控制登记性误差的一些方法措施。至于代表性误差的控制,如果是重点调查和典型调查,在确定调查单位时应从多方面加以研究,并广泛征求有关方面的意见,使选出的调查单位具有较高的代表性;如果是抽样调查则应该严格遵循随机原则,这一问题将在抽样推断技术一章中详细阐述。

本章小结

(1) 数据采集是按照预定的统计任务,运用科学的方法,有组织、有计划地向客观实际采集数据资料的过程。数据分为品质数据和数量数据。按数据采集的组织形式不同,可分为统计报表和专门调查;按数据采集对象包括的范围不同,可分为全面调查和非全面调查;按数据采集的时间是否连续,可分为连续调查和非连续调查;按采集数据的方法不同,可分为直接调查、凭证调查、派员调查和问卷调查。

(2) 数据采集的基本方法,包括数据的直接来源和间接来源。数据直接来源有直接观察法、报告法、访问法、问卷法和文献法。统计数据的间接来源有查阅公开出版物、向政府统计机构和其他机构咨询、上网查询等。

(3) 数据采集的组织方式有统计报表、普查、抽样调查、重点调查和典型调查。统计报表是政府统计机构或其他组织机构,接统一规定,自上向下布置,自下向上逐级提供统计数据的方式;普查是专门组织的一次性全面调查;抽样调查是按随机原则从总体中抽取一部分单位进行观察,并要从数量上推断总体的调查方式;重点调查是在调查总体中选择少数重点单位进行专门调查的方式;典型调查是从调查总体中有意识选择若干有代表性的单位进行专门调查的方式。

(4) 统计调查方案是保证数据采集工作有计划、有组织、有系统进行,而制订的完整计划。其内容包括确定调查的目的、确定调查对象和调查单位、确定调查项目和调查表、确定调查时间和调查期限、确定调查的组织实施计划等。

(5) 统计调查的误差有登记性误差和代表性误差。登记性误差从理论上讲是可以消除的,代表性误差不能消除,但可以事先计算并加以控制。

案例分析

对在校学生娱乐和消费情况的问卷调查

随着时代的发展,进入 21 世纪后,大学生的生活变得越来越丰富多彩。他们不再像他们的学长们那样在校园里过着寝室—教室—食堂"三点一线"的生活。日益多彩的文化生活充实着他们的闲暇时光。但不可否认的是,课余生活增多的同时,花费也远远高过了 10 年前的学生们。如何均衡安排娱乐和消费是我们要考虑的问题。某高职学院会计系结合学习统计基础课程的情况,组织学生研究这个问题。他们以本校学生为对象,进行问卷设计,组织调查研究,学习撰写调查报告。

为研究某一特定问题进行调查的较好形式之一就是问卷调查,调查的内容是如何合理安排娱乐和消费,研究对象是本校的部分学生。

调查问卷如下:

学生日常娱乐与消费情况的调查问卷

亲爱的同学:

您好!我们是本校2015级的学生,结合我们对统计基础课程相关知识的学习,就同学们在娱乐和消费方面的情况进行一次问卷调查,一方面促进我们提高统计调查和写作能力,另一方面也将调查结果反馈给同学们,以帮助大家均衡安排娱乐和消费。请您给予大力支持,实事求是地回答下列问题,在您认为恰当的选项上划"✓"即可。

1. 您每个月的生活费支出是( )
    A. 500元以下   B. 500 ~ 800元
    C. 800 ~ 1 200元   D. 1 200元以上

2. 您每周在校外用餐的次数是( )
    A. 从不   B. 1 ~ 2次
    C. 3 ~ 4次   D. 每天

3. 您是否热衷于课外娱乐活动?( )
    A. 非常喜欢   B. 一般
    C. 不很热衷   D. 完全没有兴趣

4. 您喜欢参与哪种形式的活动?( )
    A. 读书阅览   B. 电影、KTV
    C. 网吧   D. 泡吧、跳舞

5. 您能接受哪种价位的娱乐活动?( )
    A. 50元以内   B. 50 ~ 100元
    C. 100 ~ 200元   D. 200元以上

谢谢合作!

2018年3月12日

本次问卷调查计划调查研究630人,若问卷回收率为70%,有效率为90%,则:

$$调查数量 = \frac{630}{70\% \times 90\%} = 1\ 000(人)$$

即本次问卷调查需要发放1 000份问卷,才能满足需要。

对回收的问卷要认真进行汇总,并计算相关指标。对于探索规律,这是以后统计整理和分析的章节要学习的内容。

问题思考

1. 什么是数据采集?数据采集的来源有哪两个方面?
2. 什么是专门调查?它包括哪些调查方式?
3. 统计调查的数据采集方法主要有哪些?
4. 为什么要制订统计调查方案?调查方案包括哪些内容?
5. 什么是普查?普查的组织方式有哪些?
6. 谈谈你对统计误差的认识,它们如何控制?

项目三 数据整理

本章教学要点概览

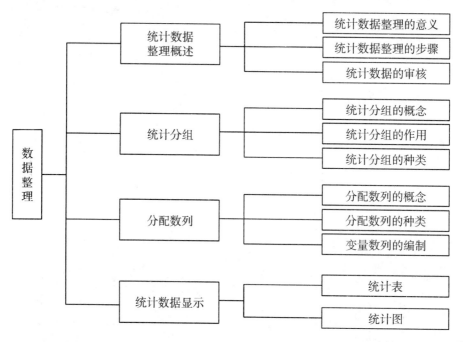

```
                                    ┌─ 统计数据整理的意义
                  ┌─ 统计数据整理概述 ─┼─ 统计数据整理的步骤
                  │                  └─ 统计数据的审核
                  │
                  │                  ┌─ 统计分组的概念
                  ├─ 统计分组 ────────┼─ 统计分组的作用
   数据整理 ───────┤                  └─ 统计分组的种类
                  │
                  │                  ┌─ 分配数列的概念
                  ├─ 分配数列 ────────┼─ 分配数列的种类
                  │                  └─ 变量数列的编制
                  │
                  │                  ┌─ 统计表
                  └─ 统计数据显示 ─────┴─ 统计图
```

【情境导入】

案例1　奥运会比赛的电视直播中,比赛开始前,电视上首先打出按照出场顺序排列的参赛运动员名单。随着比赛的进行,该名单始终保持成绩最好的运动员排在首位。

随着比赛的进行,名单排列顺序不断按照比赛成绩的高低被改变,始终保持领先者在前排列。这样的变换过程就是统计数据不断整理的过程。

案例2　学习委员拿到本班统计基础课程的考试成绩后,怎样处理才能很方便地使大家知道:最好和最差的成绩是多少分?这门课的合格率是多少?

分析:学习委员拿到成绩的原始资料后,对成绩按照由高到低的顺序排列,然后进行简单的分组和计算,这样就能使大家很快、很便利地看到以上问题的答案,这就是统计资料的整理过程。

本章教学内容提示

本章是介绍统计工作的第三阶段:统计整理,即对统计数据加工整理的有关内容。学习目标是要将统计调查得到的大量数据进行加工、汇总,使之条理化、系统化,能够反映总体现象综合数量特征。

任务一　统计数据整理概述

一、统计数据整理的意义

（一）统计数据整理的概念

统计数据整理简称统计整理。它是根据统计研究的目的和任务,将统计调查得到的大量的原始数据资料进行分组和汇总,使之条理化、系统化,得到能说明总体数量特征的综合资料的工作过程。

统计数据的整理有两种:一种是对原始数据资料进行整理;另一种是对已经加工的现成数据资料(次级资料)进行再整理。前者称为汇总整理,后者称为综合整理。综合整理是根据统计研究的任务和要求,对已有的汇总数据资料作进一步的加工、调整、补充,将反映现象不同侧面的有关数据资料整理成范围口径一致、互相配套和互相衔接的,并能满足统计研究要求的数据资料。汇总整理是综合整理的基础,这里主要讲述以原始数据资料为对象的汇总整理。

（二）统计数据整理的意义

(1)统计数据整理是实现从单位到总体,从标志到指标的重要环节和手段。通过整理,把反映各总体单位特征的标志汇总成指标,实现对总体的基本认识。

(2)统计数据整理实现了统计的数量化特征。通过统计整理,不但把调查的数量标志汇总成了指标,而且把调查的非数量化内容,即品质标志的表现数量化,如性别男、女用1、0表示。为统计分析的科学性奠定基础。

(3)统计数据整理是从感性认识上升到理性认识的过渡阶段,也是对现象个体量的认识到总体量认识的连接点,它在整个统计工作中起着承前启后的作用。

二、统计数据整理的步骤

统计数据的整理是一项十分复杂而细致的工作,必须有组织、有计划地采用科学的方法进行,通常包括以下几个步骤:

（一）统计整理方案设计

统计整理方案又称统计汇总方案,它将明确规定统计分组的方法和设置汇总的统计指标,并对统计数据整理工作作出统一的安排和布置。

统计整理方案包括确定:① 统一的分组方法;② 统一的汇总内容;③ 统一的工作程序安排;④ 整理结果的统一表达方式;等等。

（二）统计数据资料的审核

统计数据资料的审核主要是审核原始数据资料的准确性、完整性、及时性。

（三）统计分组

统计分组指采用科学的方法,对审核后的原始数据资料进行分组。

（四）统计汇总

统计汇总是对统计分组后的数据资料进行汇总和计算,得出各组指标和综合指标。

（五）编制分配数列

通过编制分配数列确定统计数据分布特征。

（六）统计数据的显示

编制统计表,绘制统计图,从而使统计数据的表现条理化和系统化。

三、统计数据的审核

对统计数据资料的审核是保证统计数据整理质量的重要手段,它包括对数据资料的完整性、及时性和准确性的审核,审核的主要内容有:

（一）完整性审核

完整性审核主要审核所有的调查单位是否有遗漏,调查的项目和各项指标是否填写齐全。

（二）及时性审核

审核数据资料的及时性,是要检查数据资料是否按规定的时间及时报送。因为任何单位的资料不能及时取得,势必影响整个统计工作的过程,影响统计研究的时效性。

（三）准确性审核

资料的准确性也称为正确性,是审核的重点和关键。对资料正确性的审核一般从三个方面入手:一是逻辑检查,主要是审核原始数据资料的内容是否合理,被调查的项目之间有无矛盾的地方,如在人口调查表中,"与户主关系"填"父女",而在"性别"一栏却填"男",这其中必有一栏填错;二是计算检查,主要是通过计算表中的各项数字有无差错,各项指标的计算方法、计算口径、计算范围、计量单位等是否正确;三是对比检查,包括有关项目之间的对比,表与表之间的对比,会计、统计、业务三种核算有关资料之间的对比,汇总资料与实际情况之间的对比等。

通过以上检查,如发现有缺报、缺份和缺项,应及时催报、补报,如发现不正确之处,应按有关规定予以处理和订正。若有人为的虚报、瞒报,应按《中华人民共和国统计法》的相关规定,交有关部门处理。

四、统计数据的汇总

（一）汇总的组织形式

1. 逐级汇总

逐级汇总也称分级汇总。它是按照一定的统计管理体制,自下而上地对统计数据资料进行汇总的组织形式。我国定期的统计报表和一些专门调查就采用这种汇总形式。例如,对某市某月工业企业增加值进行统计汇总,其逐级汇总的程序是:首先是基层工业企业增加值的汇总,其次是区工业企业增加值的汇总,最后是全市工业企业增加值的汇总。逐级汇总的优点是既能够满足基层部门所需的统计数据资料,又便于各级审查原始数据资料,及时发现差错并加以纠正。其缺点是汇总所需的时间较长,经过多层汇总发生差错的可能性较大。

2. 集中汇总

集中汇总又称超级汇总。它是将调查的全部统计数据资料集中到组织统计调查的最高一级机关,进行一次性直接汇总的组织形式。如快速普查就常常采用这种形式。集中汇总的优点是既可减少逐级汇总报送资料的时间,能较快得出汇总的结果;又便于直接采用电子计算机汇总,降低人为因素的影响,使汇总的结果更加准确;同时还可减少基层单位逐级汇总的工作量。其缺点是汇总的数据资料不能满足各地区、各部门和各级统计机构的需要,并且在发现上报资料有错误时,不能就地审查纠正。

3. 综合汇总

由于单独使用以上两种方法都各有不足,因此常将两种结合起来使用,形成综合汇总形式。对于基层管理部门需要的部分资料进行逐级汇总,同时将全部原始资料集中到最高一级统计调查机关进行集中汇总。例如,我国第五次人口普查就是对其中几个主要的指标采用逐级汇总以满足各级政府需要,而全部资料最后由国家统计局进行全面的汇总。

(二) 汇总技术

统计数据的汇总技术主要有两种,即手工汇总和计算机汇总。

1. 手工汇总

手工汇总就是采用手工操作的方法,借助于算盘或小型计算器进行的汇总,主要适用于较小的基层单位使用,其具体做法有以下几种:

(1) 划记法:也称点线法,就是用点、线或划“正”字等方法进行分组和计数。该方法的优点是简便易行,缺点是只能汇总出总体单位数,而无法汇总标志值,而且当单位数太多时,其效率不高。

(2) 过录法:就是根据统计汇总表中分组的要求,将原始数据资料过录到预先制定的表格上,并计算出总体单位数和标志值的合计数,最后再将汇总结果登记到统计表上。该方法的优点是汇总的内容多,既可汇总总体单位数,又可汇总标志值,而且便于核对。缺点是费时费力,工作量大。

(3) 折叠法:就是将所有的调查表中需要汇总的项目,依次全部折在一条线上,然后用算盘和计算器加总,直接填入统计表中。该方法的优点是可以汇总总体单位数和标志值,简便易行,不需要另外设计整理表,而且可以省去划记与过录手续,因此,这种方法为广大统计人员所乐于采用。缺点是如果在汇总后发现错误,无法从汇总中查找原因。

(4) 卡片法:它是利用特制的摘录卡作为分组的计算工具,在调查资料多,分组细的情况下,采用卡片法进行汇总比上述三种方法简便,能保证汇总的准确性和时效性,但如果调查资料不多,不宜采用卡片法。

2. 计算机汇总

计算机汇总速度快,精确度高,是整理统计数据资料和积累统计信息的理想工具。将计算机技术与现代通信设备系统联合起来,建立计算机网络系统,是我国统计工作现代化的重要标志。

电子计算机汇总大体可分为六个步骤:① 编程序;② 编码;③ 数据录入;④ 逻辑检查;⑤ 制表打印;⑥ 建立数据库。

任务二　统计分组

一、统计分组的概念

(一) 统计分组的涵义

统计分组就是根据统计研究的目的和任务,按照一定的标志将总体划分为若干个性质不同部分的一种统计方法。统计分组的目的就是要使组内各单位之间的差异尽可能小,组与组之间的差异尽可能大,从而将大量无序的数据变为有序的、层次分明的、能够显示总体数量特征的数据资料。

统计分组要处理好"分"与"合"的关系,它就总体而言是"分",是把一个总体划分为性质不同的各个部分;就个体而言是"合",是把同质或相近的单位合并起来成为一个部分。统计分组的这种"分"与"合"的双重意义,对于认识总体特征和进行总体的结构性分析都是非常必要的,它是保证统计分析全面性的重要依据。

统计分组是分析认识问题的一种方法,具有普遍的方法论意义。也就是说,除统计之外的许多学科也大量应用分组法,而这些分组法都符合统计分组的基本原理,或者说就是统计分组在这些学科的应用,但是,只有统计学才专门研究分组法的原理和方法。

(二) 统计分组的原则

统计分组是对总体各单位的分类,是整理统计资料的方法,也是统计分析的基础。因此,除了在内容各方面必须反映各单位、各组之间的性质差异外,还要在方法上保证资料的完整性和真实性,这是对统计分组的最基本的要求。为此,统计分组在方法上必须符合两个原则:

1. 穷尽性原则

穷尽性原则也叫不遗漏原则,即统计分组必须保证总体的每一个单位都能归入其中的一个组,各个组的单位数之和等于总体单位总量,总体的指标必须是各个单位相应标志的综合。违背了这一原则,就会损害统计资料的完整性,从而也就损害了统计资料的真实性。

按照穷尽性原则分组,需要重点注意的是分组的范围,它必须包括总体各单位在分组标志上的全部表现。即按品质标志分组时,组数是品质标志的全部类型;按变量分组时,最大组的上限应大于最大标志值,最小组的下限应小于最小标志值。

2. 互斥性原则

互斥性原则也叫不重复原则,即统计分组必须保证总体的每一个单位只能属于其中的一个组,不能出现重复统计的现象,否则,就必然会影响统计资料的真实性。

在具体的分组过程中,为了保证各组之间不重复,按品质标志分组要重点注意对各组范围、特征、性质的界定,对于性质上较为复杂的单位要做出明确、统一的处理规定。在按变量分组时,重点要注意相邻组之间重叠组限上的单位归属问题。统计的一般处理方法是:重叠组限上的单位归入下限组,或者叫"上限不在内"原则(具体实例见本章任务三)。同时还要注意,这种处理方法仅就一般问题而言,对于某些特殊问题,则需要做特殊处理。另外,统计上的这种一般处理与税法等其他学科的一般性处理也有所不同。

二、统计分组的作用

统计在认识社会经济现象的特征时,必须把总体数量特征与总体的结构、比例关系结合起来,才能全面、完整地揭示总体的数量特征,要实现这个目的,就需要进行统计分组。统计分组的作用有以下三个方面:

(一) 划分社会经济现象的类型

运用统计分组可以将复杂的社会经济现象划分成若干性质不同的类型,从这些不同类型的社会经济现象中,可以反映出不同的特征,以揭示其本质和规律性。这种分组也称为类型分组。例如我国的工业企业可划分为国有企业、集体企业、股份制企业、私营企业、外资企业等经济类型。

(二) 揭示社会经济现象的内部结构

对于社会经济现象总体,按一定的标志进行分组,就可以研究总体的内部结构,而各部分所占比重的变化,则可反映总体的性质、特点和发展变化规律。这种分组称为结构分组。例如,某省"十二五"期间国内生产总值构成变化情况如表 3 - 1 所示。

表 3 - 1　　　　　2011—2015 年某省国内生产总值构成变化情况　　　　　(%)

年份	国内生产总值	第一产业	第二产业	第三产业
2011	100. 0	20. 5	49. 4	30. 1
2012	100. 0	19. 2	50. 1	30. 7
2013	100. 0	18. 7	49. 5	31. 8
2014	100. 0	17. 8	49. 3	31. 9
2015	100. 0	17. 4	50. 4	32. 2

从上表可以看出该省国民经济内部三次产业的构成及其变化情况,反映近几年我国产业结构的调整过程。

(三) 揭示现象之间的依存关系

社会经济现象不是孤立的,现象之间广泛存在着相互联系、相互依存、相互制约的依存关系,如自动化程度与劳动生产率之间、商品价格与市场供给量之间、商品销售额与流通费用率之间等,都在一定程度上存在相互依存的关系。如施肥量与平均亩产之间的关系见表 3 - 2 所示。

表 3 - 2　　　　　　　　　　　某农作物施肥量与平均亩产的关系

每亩化肥施用量(千克)	平均亩产(千克)
10	300
13	350
16	420
19	610
25	550

从上表可以看出,施肥多则亩产高,当然,到一定的极限后也会减少,由此可见它们之间的依存关系。

三、统计分组标志的选择

统计分组的关键是正确选择分组标志和划分各组的界限。分组标志的选择是否恰当将直接关系统计分组是否正确,关系能否实现统计研究的目的和任务。任何社会经济现象都有很多标志,要从许多标志中选择反映总体性质特征的标志,必须遵循以下的原则:

（一）根据研究的目的和任务选择分组标志

总体单位有许多标志,究竟选择什么标志作为分组标志,需要根据统计研究的目的和任务来决定。例如,在对某高等职业学院在校学生这一总体的研究中,每一个在校学生都是总体单位,学生有年龄、民族、性别、身高、学习成绩等许许多多的标志。如果要了解学生的学习情况,只能选择学习成绩作为分组标志,而不能选择其他的标志。

（二）选择能反映现象本质的标志作为分组标志

在统计总体中,各单位具有许许多多的标志,有些是主要的能反映事物本质特征的标志,有些则是次要的标志,例如,要研究企业经济效益的好坏,可供选择的标志很多,诸如工业产值、利税额、劳动生产率、资金利用率、人均利税额等,但更能综合反映企业经济效益好坏的标志则是人均利税额等。

（三）根据现象所处的历史条件和经济条件选择分组标志

社会经济现象是不断发展变化的,条件变化了,事物的特征就会发生变化,与此对应的最能反映本质特征的标志也将随之变化。例如,研究企业规模,在以手工操作为主的条件下,可选择职工人数作为分组标志,而在现代化大生产条件下,则需要选择以设备为基础的工业产品生产能力或固定资产原值等标志来进行分组。

四、统计分组的种类

根据统计研究的目的和任务,以及统计对象的特点不同,统计分组的方法有以下几个基本类型:

（一）按使用的分组标志的特征不同,分为品质标志分组和数量标志分组

（1）按品质标志分组,即是按照事物属性的特征来分组,有比较简单的,如人口总体按"性别"分为男、女两组(2007年我国人口数及其构成如表3-3所示),民族按56个民族来分

组,这些组在性质上的差异比较明确和稳定;也有复杂的,如工业企业按产品形态和行业分组,人口按行业和职工分组,这些组的界限不易进行明确的划分。

表3－3　　　　　　　　　　　2010 年我国人口数及其构成

按性别分组	人数(万人)	比重(%)
男	68 685	51. 27
女	65 287	48. 73
合计	133 972	100. 00

(2) 按数量标志分组,即是按照反映事物差异的数量标志为分组的依据。例如,人口总体按"年龄"分组;工业企业总体按"产品产量"分组;居民按"收入水平"分组等。按数量标志分组并非单纯确定各组的数量界限,而应通过数量差异区分各组的不同类型和性质,任何经济现象的质和量都是不可分割的,质规定着量,一定的量表现着一定的质。某班学生统计学基础期末考试情况分组见表3 － 4。

表3 － 4　　　　　　　　某班学生统计学基础期末考试情况

考试成绩(分)	学生数(人)	比重(%)
60 以下	4	8
60 ~ 70	7	14
70 ~ 80	14	28
80 ~ 90	19	38
90 ~ 100	6	12
合计	50	100

(二) 按照采用分组标志的多少不同,分为简单分组和复合分组

1. 简单分组

简单分组是对研究总体按一个标志进行的分组。例如,将一个学校的学生按性别分组或按成绩分组就是简单分组,如表3－3同表3－4。简单分组操作容易,在现象总体结构简单的条件下,一般采用简单分组。

有时只凭一个标志进行一次分组是不够的,必须从不同的角度运用多个分组标志进行多方面的分组才能达到统计分组的目的,此时,有必要对总体同时选择两个或两个以上的标志进行多次简单分组,这种多次简单分组称为平行分组或平行分组体系。例如,为了了解运动员的自然构成,可以按照性别、年龄、身高、体重等标志进行多次分组。

(1) 按性别分组:男、女。

(2) 按身高分组(厘米):150 以下、150 ~ 160、160 ~ 170、170 ~ 180、180 以上。

(3) 按年龄分组(岁):8 以下、8 ~ 12、12 ~ 14、14 ~ 16、16 ~ 18、18 ~ 25、25 以上。

(4) 按体重分组(千克):40 以下、40 ~ 50、50 ~ 60、60 ~ 70、70 ~ 80、80 以上。

平行分组的特点是每次分组只能固定一个因素对差异的影响,而不能固定其他因素对差异的影响。

2. 复合分组

复合分组是对被研究对象两个或两个以上的标志进行的重叠分组。例如,工业企业先按企业的规模大小分组,再按所有制形式分组,结果形成了双层重叠的组别,如表3－5所示。

表3－5 工业企业按规模和所有制形式进行复合分组

按规模大小分组	按所有制形式分组
	公有经济
大型企业	私有经济
	其他经济
	公有经济
中型企业	私有经济
	其他经济
	公有经济
小型企业	私有经济
	其他经济

这种划分的结果就是形成了几层重叠的组别,这样可以全面、深入、系统地分析和认识问题。需要注意的是不宜使用过多标志进行过细的分组。

任务三　分配数列

一、分配数列的概念和种类

（一）分配数列概念

分配数列是在统计分组后,总体的所有单位按组归并排列,形成的总体单位在各组间的分布。分配数列的实质是把总体的全部单位按某标志所分的组进行次数分配所形成的数列,又称次数分布数列。

分配数列一般有两个构成要素:一个是统计分组后的各组;另一个是总体单位在各组的分配次数,又叫频数。各组次数占总次数之比称比重,又叫频率。因为比重能表明各组标志值对总体的相对作用强度,所以也常把比重列入分配数列中。分配数列是统计整理的重要形式,它可以反映总体中所有单位在各组间的分布状态和分布特征。

（二）分配数列的种类

根据分组标志特征不同,分配数列可分为品质分配数列和变量分配数列两种。

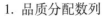

1. 品质分配数列

按品质标志分组后所形成的分配数列称为品质分配数列,简称品质数列,它由各组的名称和相应的单位数组成。如表3－6所示。

表3－6　　　　　　　　　　　　某企业某产品的质量情况分组

按质量分组	产量(件)	比重(%)
合格品	1 300	91.5
不合格品	120	8.5
合计	1 420	100.0

2. 变量分配数列

按数量标志分组后所形成的分配数列叫变量分配数列,简称变量数列。它也包括两个要素:一个是各组的具体数值,即变量值;另一个是分配在各组的总体单位数,即次数或频数,如表3－7所示。

表3－7　　　　　　　　　　　　某企业工人的日产量情况分组

日产量(件)	工人数(人)	比重(%)
55	200	20
65	300	30
75	400	40
85	100	10
合计	1 000	100

二、变量数列的编制

变量数列是按变量值大小顺序排列而形成的分配数列。由于变量分为离散型变量和连续型变量,前者只能取整数,可以一一列举;后者可以取小数,不能一一列举。因此,在统计工作中,我们根据变量值的变动范围不同,将变量数列分为单项式变量数列和组距式变量数列两种。

(一) 单项式变量数列

单项式变量数列又称单项数列,它是用一个变量值代表一组而编制的变量数列,如表3－8所示。

表3－8　　　　　　　　　　　　某工厂工人看管机器台数情况分组

工人看管机器台数(台)	工人数(人)	比重(%)
5	14	7
6	24	12

表3-8(续)

工人看管机器台数(台)	工人数(人)	比重(%)
7	46	23
8	68	34
9	32	16
10	16	8
合计	200	100

单项数列一般适用于离散型变量,并且在变量值变动范围较小的情况下采用。

(二)组距式变量数列

组距式变量数列简称组距数列,就是用变量值变动的一定范围(或组距)代表一个组而编制的变量数列,如表3-9、表3-10所示。

表3-9　　　　　　　　　某工厂工人看管机器台数情况分组

工人看管机器台数(台)	工人数(人)	比重(%)
5～6	38	19
7～8	114	57
9～10	48	24
合计	200	100

表3-10　　　　　　　　　某单位职工工资收入资料

月工资(元)	职工人数(人)
800以下	100
800～1 000	360
1 000～1 200	840
1 200～1 400	750
1 400～1 600	370
1 600～1 800	150
1 800以上	30
合计	2 600

连续型变量的变量值不能一一列举,因此,只能编制组距数列,如表3-10所示。

离散型变量既能编制单项数列,也能编制组距数列。如相同的资料,按表3-8分组是单项数列,按表3-9分组则是组距数列。

为了更好地编制和应用组距数列,应掌握以下一些基本概念:

1. 组限

组限是划分各组之间界限的变量值。其中,各个组的最大值称为上限,各个组的最小值称为下限。

在表3－9中,上限分别为800、1 000、1 200、1 400、1 600、1 800,最后一组无上限,下限分别为800、1 000、1 200、1 400、1 600、1 800,第一组无下限。

2. 组距

组距是各个组变量值的变动范围,即各组的上限与下限之差。

$$组距 ＝ 上限 － 下限 \tag{3.1}$$

3. 等距数列与异距数列

如果数列各个组的组距相等,称为等距数列;各个组中只要有一个组的组距不等,我们称为异距数列。

4. 闭口组与开口组

闭口组是既有下限,又有上限的组;开口组是缺上限或缺下限的组。

在表3－9中,第一个组800以下,缺下限,是下开口组最后一个组1 800以上,缺上限,是上开口组这两个组是开口组,其余各组是闭口组。

5. 组中值

组中值是指每组各变量值的中间值,在一定条件下,组中值常用来代表每组各变量值的一般水平(平均数)。计算公式为:

$$闭口组的组中值 ＝ \frac{上限 ＋ 下限}{2}$$

开口组的组中值:

$$第一组组中值 ＝ 上限 － \frac{相邻组距}{2}$$

$$最末组组中值 ＝ 下限 ＋ \frac{相邻组距}{2} \tag{3.2}$$

表3－9中各组的组中值分别为:

$$第一组组中值 ＝ 800 － \frac{1\ 000 － 800}{2} ＝ 700$$

第二组到第六组组中值分别为:900、1 100、1 300、1 500、1 700

$$最末组组中值 ＝ 1\ 800 ＋ \frac{1\ 800 － 1\ 600}{2} ＝ 1\ 900$$

6. 全距

全距是反映全部变量值的变动范围。即:

$$全距 ＝ 最大变量值 － 最小变量值 \tag{3.3}$$

(三) 变量数列的编制

变量数列的编制应视原始资料的情况而定,根据前面所讲述的内容,首先确定是编制单项数列,还是编制组距数列。组距数列编制的一般步骤如下:

(1) 将原始资料的数值按大小顺序排列。

（2）确定组数或组距。组数的多少与组距的大小呈反比,组距越小,组数越多。为计算方便,组距宜采用5、10的整数倍。

（3）确定组限和组限的表示方法。

正确划分组限是统计分组的又一个关键,也是编制变量数列的关键。

① 根据变量值的分布情况来确定。若变量分布比较均匀,则使用等距数列;若变量值分布不均匀,则使用异距数列。当变量值有极值时,应设置开口组。

② 按穷尽性原则的要求,第一组下限应小于最小变量值,最末组的上限应大于最大变量值。

③ 在划分连续型变量时,相邻组的组限必须重叠,并遵循"上限不在内"原则,这样才不至于出现总体单位的遗漏或重复。

④ 划分离散型变量的组限时,相邻的组限可以间断(不重叠),因为变量值只能用整数表示。但在统计实务中,为了统一和方便,避免组距和组中值计算的麻烦,对离散型变量也常采用重叠分组。

【例3.1】某高等职业学院会计系2017级某班共有50人,统计基础期末考试成绩资料如下:

63　82　75　60　90　96　68　76　82　84　42　86　65　72　75　77　94　65
75　81　88　87　76　79　72　78　63　97　52　76　74　78　80　88　95　76
70　68　66　52　87　74　80　68　70　69　96　76　89　36

要求编制组距数列。

具体步骤:

（1）将50名学生成绩从低到高排列:

36　42　52　52　60　63　63　65　65　66　68　68　68　69　70　70　72　72
74　74　75　75　75　76　76　76　76　77　78　78　79　80　80　81　82
82　84　86　87　87　88　88　89　90　94　95　96　96　97

（2）确定组数,组距和组限

全距 = 97 - 36 = 61 分

组数和组距确定主要考虑两点:

一是把60分以下和60分以上的学生区分开来,所以首先以60分为限;

二是注意学生分数相对集中于70 ~ 90分之间。

组限确定也主要考虑两点:

一是组限值取10的倍数;

二是注意个别不及格学生分数很低,所以采用开口式组距数列。

（3）编制组距数列

鉴于以上综合考虑,其组距为10,则组数为5组。其具体分组如表3 - 11所示。

表3-11　　　　　　　　　　某班学生统计学基础期末考试情况

考试成绩(分)	学生人数(人)	比重(%)
60 以下	4	8
60 ~ 70	10	20
70 ~ 80	18	36
80 ~ 90	12	24
90 ~ 100	6	12
合计	50	100

三、次数分布

（一）次数分布的概念

将统计数据按其分组标志进行分组的过程,实际就是次数分布的过程。次数分布是变量值按其分组标志分布在各组内的次数。被分布在各组的总体单位数称为次数或频数,各组次数与总次数的比值称为频率或比重。因此,分配数列也叫次数分布数列。

（二）次数分布的基本类型

性质不同的现象呈现不同的次数分布,大致可以归纳为三种类型:

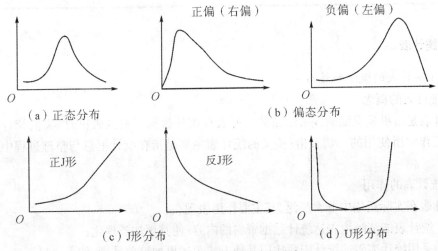

图3-1　几种常见的次数分布

1. 钟形分布

钟形分布的特征是"两头小,中间大",即愈靠近变量值中点,分布次数愈多;愈远离变量值中点,次数分布愈少,形态如钟。如图3-1(a)(b)所示,按是否对称分布有两种类型:

（1）正态分布。正态分布是左右对称的,也称为对称分布,如居民收入属于正态分布。

（2）偏态分布。偏态分布是非对称分布,包括向右倾斜的右偏分布和向左倾斜的左偏分布。

2. J形分布

J形分布的特征是"一边小,一边大"。即次数随变量值的变化大多数集中在某一端的分布,其次数分布曲线形如 J 字。如图 3 - 1(c) 所示,有两种类型:

(1)正 J 形分布。表现为次数随变量值增大而增多,大部分变量值集中分布在右边,如商品供应量随市场价格上升而增多。

(2)反 J 形分布。表现为次数随变量值增大而减少,大部分变量值集中分布在左边,如商品需求量随市场价格上升而减少。

3. U 形分布

U形分布的特征是"两头大,中间小",其次数分布曲线形如 U 字,如图 3 - 1(d) 所示,如随年龄变化的人口死亡率的次数分布呈 U 形分布。

(三)次数分布的描述

通过对总体进行分组、归类和整理后,所形成的次数分布数列,可以初步显示出总体次数分布的一些特征和规律。如果用图形来表示这一总体次数分布的结果,会更加形象和直观。常用的显示总体次数分布的图形有直方图、折线图、茎叶图等,具体内容将在下一节中讲述。

任务四   统计数据显示

一、统计表

(一)统计表的概念和作用

1. 统计表的概念

统计表是由纵横交错的线条绘制的一种表现统计数据资料的表格。广义的统计表是指在统计工作中所使用的一切表格;狭义的统计表主要是指在统计汇总与整理过程中使用的表格。

2. 统计表的作用

统计表在实际运用中非常广泛,其主要作用表现在:

(1)统计表能清晰地表达统计数据资料的内容,使其更加条理化;

(2)采用统计表叙述统计资料比用其他方式表述更加简单易懂,使人一目了然;

(3)统计表便于比较各项目之间的关系,而且便于计算和分析;

(4)利用统计表易于检查数字资料的完整性和正确性。

(5)便于统计数据资料的积累。

(二)统计表的构成

(1)从形式上看:统计表由总标题、横行标题、纵栏标题和数字资料四部分所组成。如表 3 - 12 所示。

总标题

表3-12　　　　2017年某市工业企业增加值资料

按经济成分分组	企业数（个）	增加值（亿元）
国有经济	891	197.41
集体经济	1 169	137.64
私有经济	793	37.92
其他经济	3 754	743.17
合　计	6 607	1 116.14

横行标题　　　纵栏标题　　　数字资料

主词　　　宾词

总标题是统计表的名称,它简明扼要地说明全表的内容,一般位于表的上端中央。

横行标题是各横行的名称,一般在表的左边,用以列示总体或各组的名称。

纵栏标题是各纵栏的名称,一般在表的上方,用以说明总体各组的各项数字资料名称。

数字资料是统计指标的数值,一般位于表的右下方,列在各横行标题和纵栏标题的交叉处。

(2) 从内容上看:统计表包括主词和宾词两部分。

主词就是统计表所要说明的总体或总体单位或各组的名称,通常列在统计表的左边。

宾词是用来说明主词的各种指标,包括指标的名称和指标数值,通常列在统计表的右边,见表3-12。

统计表还应注明时间和空间限制,列有必要的计量单位,如果全表的计量单位一致,一般列在表的右上方,如不一致,要列在纵栏标题。为了阅读方便,统计表各栏可以编号。

(三) 统计表的种类

统计表按主词是否分组或分组的程度不同可分为简单表、分组表、复合表。

(1) 简单表。简单表是主词未经任何分组的统计表,其主词栏仅罗列总体单位的名称或按时间先后顺序排列。例如,统计表主词按时间先后顺序排列的简单表,见表3-13。

表3-13　　　　　　　　　某企业2011—2015年销售情况表

年份	销售收入（万元）
2011	5 000
2012	5 500
2013	6 500
2014	7 600
2015	9 000

又如,主词由研究总体单位清单组成的一览表,见表3-14。

表 3 - 14　　　　　　某地区 12 个企业劳动生产率和固定资产利用效益情况表

企业	经济类型	职工人数（人）	固定资产原值（万元）	产值（万元）	人均固定资产（万元）	人均产值(万元)
1	国有	540	4 059	963.9	85.0	178.5
2	国有	500	3 060	864.0	72.0	172.8
3	国有	480	3 840	844.0	80.0	176.0
4	集体	420	3 036	621.6	80.0	148.0
5	其他	400	2 880	518.4	72.0	129.6
6	集体	360	2 700	445.5	75.0	123.8
7	其他	360	1 980	277.2	55.0	77.0
8	国有	350	2 380	368.9	68.0	105.4
9	集体	340	2 201	309.4	65.0	91.0
10	集体	250	1 060	192.0	64.0	76.8
11	其他	240	1 440	165.6	60.0	69.0
12	其他	200	1 160	110.2	58.0	55.1

（2）分组表。分组表是主词按一个标志进行分组的统计表。可以利用分组表来揭示现象的不同类型，反映总体的内部构成，分析现象之间的依存关系，如表 3 - 15 所示。

表 3 - 15　　　　　某地区工业企业按固定资产原值分组的
劳动生产率和固定资产利用效益表

按固定资产原值分组(万元)	企业数（个）	职工人数		人均产值（万元）	每百元固定资产产值（元）
		人数(人)	比重(%)		
200 以下	4	1 050	23.7	70.9	121
200 ~ 350	5	1 875	42.1	121.0	167
350 ~ 500	3	1 520	34.2	175.8	222
合计	12	4 445	100.0	128.0	170

（3）复合表。复合表是主词按两个或两个以上的标志进行复合分组的统计表。在一定的统计分析任务要求下，复合表可以把更多的标志组合起来，更深入地分析社会经济现象的特征和规律性。表 3 - 16 是将表 3 - 15 资料重新分组，是将经济类型和固定资产原值两个标志重叠起来进行复合分组。

表 3 - 16   某地区工业企业按经济类型和固定资产
原值分组的劳动生产率和固定资产利用效益表

按经济类型和 固定资产原值分组 （万元）	企业数 （个）	人均固定资产 （百元）	每百元固定 资产产值 （元）	人均产值 （百元）
国有	4	77.1	211.0	162.7
200 ~ 350	1	68.0	155.0	105.4
350 ~ 500	3	79.1	222.0	175.8
集体	4	72.0	158.9	114.5
200 以下	1	64.0	120.0	76.8
200 ~ 350	3	73.8	166.4	122.9
其他	4	62.2	143.6	89.3
200 以下	3	57.3	120.7	69.1
200 ~ 350	1	72.0	180.0	129.6
合计	12	71.5	179.0	128.0

在这里的表3-14、表3-15、表3-16都是按同一个原始资料设计的,请注意简单表、分组表和复合表之间的关系,特别是指标计算上的联系。

（四）统计表的设计

统计表的编制无论是主词的内容,还是宾词的配置都要目的明确,内容鲜明,使读者能从表中看出研究现象的具体内容和情况,因此,在编制统计表时,首先要强调的要求是:简明、紧凑、重点突出,避免过分烦琐。要达到这个要求,在具体编制中,对统计表的设计应注意下面几点:

（1）统计表的各种标题,特别是总标题的表达应该十分简明、确切,概括地反映出统计表的基本内容。总标题还应该标明资料所属的时间和空间。

（2）统计表中主词各行和宾词各栏,一般应按照先局部后整体的原则排列,即先列各个项目,后列总计。当没有必要列出所有项目时,可以先列总计,而后列出其中一部分重要项目。

（3）统计表中必须注明数字资料的计量单位,当全表只有一种计量单位时,可以把它写在表头的右上方（如会计有关的表格）,如果表中需要分别注明不同单位时,一般放在纵栏的标题上。

（4）表中数字应该填写整齐,对准位数。当数字为0为或数字可以忽略不计时,要写上0;当缺乏某项资料时用符号"…"表示;不应有数字时用符号"—"表示。

（5）统计表一般采用的是"开口"式,在表的左右两端不封口。统计表的上下线要加粗,称为上基线和下基线。

（6）统计表中如果栏数较多,习惯上对主词各栏采用甲、乙、丙……次序编栏;对宾词栏别采用1、2、3……次序编栏,若各栏统计指标之间有一定的计算关系,还可以用等式表示。

（7）对于需要特殊说明的统计资料,应在表下加注说明。编制完毕后,经有关人员审核,最后由填表人和单位负责人签名盖章,并加盖公章,以示负责。

要编制实用、美观的统计表,关键在于实践,通过经常观摩、动手绘制,才能熟练掌握。

二、统计图

（一）统计图的概念和作用

统计图是采用几何图形、事物的具体形象以及地图等形式来绘制的,用以反映现象数量特征和数量关系的各种图形。利用统计图来表现和分析统计数据的方法叫统计图示法,它具有直观、形象、鲜明和具体的特点,在现实生活中被广泛使用。它的作用主要有:

（1）统计图是统计分析的一种重要工具。利用统计图可以将复杂现象的数量特征和数量关系,清晰而简明地显示出来。

（2）统计图是进行科学管理的一种有效手段。在日常的生产经营管理工作中,通过统计图可以及时了解生产经营状况和工作进度,掌握计划执行的情况,科学有效地指挥生产经营。

（3）统计图是对群众进行宣传教育的良好形式。在宣传教育工作中,利用统计图直观、形象、生动和通俗易懂的特点,进行形式教育,宣传经济建设成就,能够取得良好的效果。

（二）统计图的种类

统计图有很多类型,一般按其形式可分为几何图、象形图和统计地图。

1. 几何图

几何图是利用点、线、面、体来表现统计数据的图形。具体有条形图、线形图、圆形图、散点图等。如图 3 - 2 是某企业产品产量随时间变化的散点图。散点图有助于确定两个变量之间是否有某种关系,可用于动态分析和相关分析。

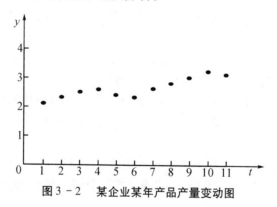

图 3 - 2　某企业某年产品产量变动图

2. 象形图

象形图是以事物的实物形象来表现统计数据的内容,以图形的大小、多少来表明数值多少的统计图形。如图 3 - 3,具体生动地反映了某地区的电脑销售量。

3. 统计地图

统计地图是指在地图上利用点、线、形、色等显示统计数据在空间上的分布状况的图形。如图 3 - 4,用不同的颜色显示我国人口分布的稠密程度。

（每一图案代表10万台）

图 3 - 3　某地区电脑年销售量

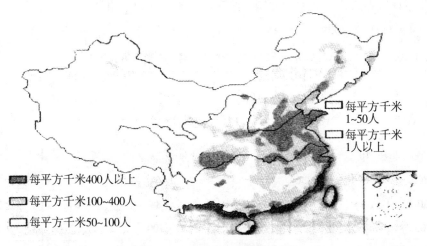

图 3 - 4　中国人口密度分布图

⭐ 知识链接

洛伦茨曲线与基尼系数

　　20 世纪初意大利经济学家基尼,根据洛伦茨曲线找出了判断分配平等程度的指标,即基尼系数或称洛伦茨系数。基尼系数为 0,表示收入分配完全平等;系数为 1,表示收入分配绝对不平等。该系数可在 0 和 1 之间取任何值。联合国有关组织规定:基尼系数若低于0.2 表示收入绝对平均;0.2 ~ 0.3 表示比较平均;0.3 ~ 0.4 表示相对合理;0.4 ~ 0.5 表示收入差距较大;0.6 以上表示收入差距悬殊。2008 年我国基尼系数已接近 0.5,收入分配的不平等已经引起社会高度关注。

　　（三）统计图的绘制原则

　　统计图是说明和领会统计数据的一个简单而有效的方式,它给人以形象、生动的效果。为提高图示的效果,绘制统计图应遵循以下基本原则:

　　（1）图示的内容要简明扼要。一张统计图不宜过于繁杂,力求简明易懂。图示的标题、数字单位以及文字说明,都应简要清晰,一目了然,便于交流。

　　（2）图示的形式要生动鲜明。统计图有各种各样的表现形式,要根据图示资料的性质选择图形。在如实反映客观情况的前提下,可以美化、装饰,采用醒目的线条或形象,书写工整、大方,以提高图形的表达效果。

(3)图形的设计要科学。图形要根据精确的统计数据进行精密绘制,避免由于绘制粗糙而发生差错。防止在表现方法上造成错觉,要做到图示准确、数据分明、表现真实。

三、统计数据显示的实例

【例3.2】某高等职业学院会计系某班共有50人,统计基础期末考试成绩资料,通过统计整理,编制分配数列如表3-11,能够初步显示对统计数据的整理。但在进行统计分析时,有时需要观察某一数值以下或某一数值以上的次数或频率之和,因此还需要计算累计次数或累计频率。累计次数或累计频率的编制方法有向上累计和向下累计两种,以表3-11资料编制表3-17累计次数及累计频率表。

表3-17　　　　　　　　某班学生统计基础期末考试的累计次数及累计频率

考试成绩（分）	人数（人）	比重（%）	向上累计		向下累计	
			人数（人）	比重（%）	人数（人）	比重（%）
60 以下	4	8	4	8	50	100
60 ~ 70	10	20	14	28	46	92
70 ~ 80	18	36	32	64	36	72
80 ~ 90	12	24	44	88	18	36
90 ~ 100	6	12	50	100	6	12
合计	50	100	—	—	—	—

向上累计次数及频率,是由变量值小的组向变量值大的组累计,此时每组的累计次数或累计频率表示该组上限以下的次数或频率之和。在表3-17中第三组"70 ~ 80"向上累计次数及频率分别为32和64%,表示该班学生统计基础期末考试在80分以下的有32人,占全班人数的64%。

向下累计次数及频率,是由变量值大的组向变量值小的组累计,此时每组的累计次数或累计频率表示该组下限以上的次数或频率之和。在表3-17中第三组"70 ~ 80"向下累计次数及频率分别为36和72%,表示该班学生统计基础期末考试在70分以上的有36人,占全班人数的72%。

统计数据除了使用表示法外,还常使用图示法。常用的有直方图、折线图和茎叶图。

(1)直方图(Histogram),是用矩形的宽度和高度来表示频数分布的图形。在平面直角坐标系中,通常用横轴表示数据分组,纵轴表示频数或频率。这样,各组与相应的频数就形成了一个矩形,即直方图。比如,根据表3-17中的频数分布绘成的直方图,如图3-5所示。

从直方图可以直观地看出某班学生统计基础期末考试在不同分数区间人数的分布状况。

对于等距分组的数据,我们可以用矩形的高度直接表示频数的分布。如果是不等距分组

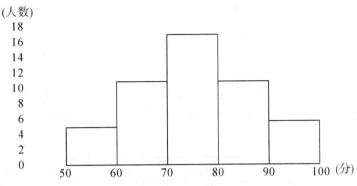

图 3 - 5   某班学生统计基础期末考试成绩分布的直方图

数据,用矩形的高度来表示各组频数的分布就不再适用。这时,如果我们不是用矩形的高度而是用矩形的面积来表示各组的频数分布,即根据频数密度来绘制直方图,就可以准确地表示各组数据分布的特征。实际上,无论是等距分组数据还是不等距分组数据,用频数密度来表示各组的频数分布更为合适,因为这样可使直方图下的总面积等于1。比如在等距分组中,矩形的高度与各组的频数成比例,如果取矩形的宽度(各组组距)为一个单位,高度表示比例(频率),则直方图下的总面积等于1。在直方图中,实际上是用矩形的面积来表示各组的频数分布。

(2)折线图(Frequency Polygon),它是在直方图的基础上,把直方图顶部的中点(组中值)用直线连接起来,再把原来的直方图抹掉就是折线图。需要注意,折线图的两个终点要与横轴相交,具体的做法是将第一个矩形的顶部中点通过竖边中点(该组频数一半的位置)连接到横轴,最后一个矩形顶部中点与其竖边中点连接到横轴。这样才会使折线图下所围成的面积与直方图的面积相等,从而使二者所表示的频数分布一致,如图3 - 6所示。

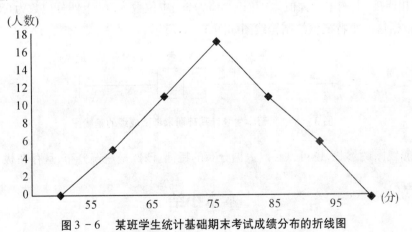

图 3 - 6   某班学生统计基础期末考试成绩分布的折线图

当对数据所分的组数很多时,组距会越来越小,这时所绘制的折线图就会越来越光滑,逐渐形成一条平滑的曲线,这就是频数分布曲线。统计曲线在统计学中有着十分广泛的应用,是描述各种统计量和分布规律的有效方法。

(3)茎叶图(Stem and Leaf Display),是一种既能给出数据的分布状况,又能给出每一个原始数值示意图形。它能较好地解决直方图虽然可从总体上看出一组数据的分布状况,但没有给出具体的数值的问题。茎叶图由"茎"和"叶"两部分构成,其图形是由数字组成的示意图。通过茎叶图,可以看出数据的分布形状及数据的离散状况,比如,分布是否对称,数据是否集中,是否有极端值等。

绘制茎叶图的关键是设计好树茎,通常是以该组数据的前几位数值作为树茎,最后一位数为叶。树茎一经确定,树叶就自然地长在相应的树茎上了。我们以表 3 - 17 的数据来绘制茎叶图,如图 3 - 7 所示。

树茎	树叶	数据个数
3	6	1
4	2	1
5	2 2	2
6	0 3 4 5 5 6 8 8 8 9	10
7	0 0 2 2 4 4 5 5 5 6 6 6 6 6 7 8 8 9	18
8	0 0 1 2 4 6 7 7 8 8 9	12
9	0 4 5 6 6 7	6

图 3 - 7　某班学生统计基础期末考试成绩分布的茎叶图

用茎叶图可以直观、形象、全面地反映出总体数据的次数分布状况,但是制作不是很方便,尤其是总体的数据量比较大时更为不便,所以,在统计实际工作中运用不是太多。

对于上述资料,我们还可以用箱线图来显示。箱线图是由一个箱子和两条线段组成。其绘制的方法是:首先找出五个特征值,即数据的最大值、最小值、中位数和两个四分位数(中位数是将数据排序后处在中间位置的变量值,四分位数是处在数据25%和75%位置上的两个值,分别称为上、下四分位值);其次连接两个四分位数画出箱子;最后将两个极值点与箱子用线段相连接。上例中最大值为97、最小值为36、中位数为76、上四分位数为68、下四分位数为85,依据这五个特征值绘制箱线图如图 3 - 8 所示。

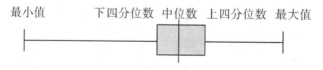

图 3 - 8　某班学生统计基础期末考试成绩的箱线图

通过箱线图的形状,也可以看出数据分布的特征。该例呈左偏分布,且存在极小值。

本章小结

本章研究统计整理的意义、步骤和内容,包括统计整理的概述、统计分组、分配数列和统计数据的显示四个方面的内容。具体包括:

1. 统计整理的概述

主要包括:① 统计整理的意义;② 统计整理的内容;③ 统计资料的审核;④ 统计资料的汇总。较为系统地讲述了统计整理的意义、作用、内容,资料的审核方法和资料的汇总方法。

2. 统计分组

主要包括:① 统计分组的意义;② 分组标志的选择;③ 统计分组的种类。系统讲述了统计分组的概述、作用或任务;如何选择分组标志,在若干个标志中怎样确定分组标志,并且随着条件变化分组标志应如何变化;如何进行品质分组和变量分组;如何进行简单分组和复合分组。

问题思考

1. 什么是统计整理?有何意义?
2. 统计整理的步骤有哪些?
3. 什么是统计分组?有何作用?
4. 如何正确选择分组标志?
5. 统计表由哪几个部分组成?制作时应注意哪些问题?
6. 什么是统计图?有哪些类型?

| 项目四 | 综合指标分析 |

本章教学要点概览

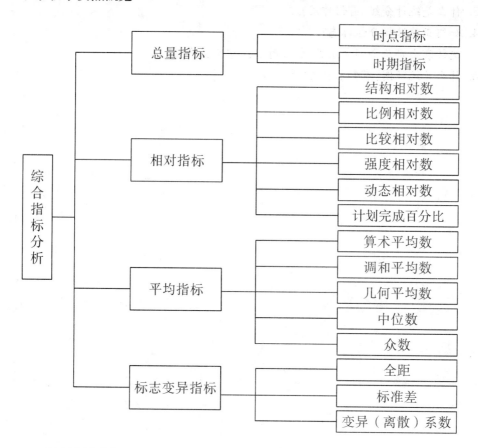

综合指标分析

- 总量指标
  - 时点指标
  - 时期指标
- 相对指标
  - 结构相对数
  - 比例相对数
  - 比较相对数
  - 强度相对数
  - 动态相对数
  - 计划完成百分比
- 平均指标
  - 算术平均数
  - 调和平均数
  - 几何平均数
  - 中位数
  - 众数
- 标志变异指标
  - 全距
  - 标准差
  - 变异（离散）系数

【情境导入】

总体的特征可以通过各种数据表现出来,这些数据可以是总量指标、相对指标和平均指标。所以分析统计数据,反映总体数量特征必须学会统计相关指标的计算和分析。

案例 2018年2月某电视机厂对某品牌平板电视机让利700元,如果消费者要知道该品牌电视机的价格的折扣率,

则还需要哪些数据呢?

　　分析:要计算价格的折扣率,则还需要知道参加活动的平板电视机报价,商品价格不同,折扣率不同。该平板电视机的价格为 3 080 元,最终成交价格 2 380 元,价格折扣率为 77.27%。从这个实例中我们可以知道,要反映厂商对商品的让利幅度,仅有总量指标是不够的。

本章教学内容提示

　　本章是介绍统计工作的第四阶段:统计分析,即对统计数据进行分析的有关内容。通过统计整理已经将数据分布状况和特征初步呈现,并对数据的变化规律有了一个大致的直观了解,而统计数据分析是要计算各种综合指标,进一步描述总体数据分布变化的规律,从而对数据分布的规律有更深的认识。

任务一　　总量指标

一、总量指标的涵义、作用和计量单位

（一）总量指标的涵义及作用

　　总量指标是以绝对数形式来反映现象在一定时间、地点和条件下的总规模、总水平的综合指标,又称为统计绝对数。它是数据外延规模的绝对量数值,表明现象大小、多少的总量。总量指标一般是在统计调查和统计整理过程中直接得到的,也有一些是根据已知的有关数据通过各种方法间接推算出来的。它的特点是其数值大小随着所研究总体范围的大小而呈同方向变化,即数值大小随总体外延范围的大小而增减,是说明总体范围大小的绝对数量。

　　2017 年全年国内生产总值 827 122 亿元;全年粮食产量 61 791 万吨,比上年增加 166 万吨;全年全社会固定资产投资 641 238 亿元,全年社会消费品零售总额 366 262 亿元;年末全国内地总人口 139 008 万人,比上年末增加 737 万人。

　　总量指标是统计的基础数据,在实际统计工作中应用广泛。其作用主要有:

　　（1）总量指标是从数量上认识事物的起点。例如,我们要认识一个国家或地区的基本状况,首先必须知道在一定时期,这个国家或地区的人口数、土地面积、粮食产量、国内生产总值等,这些指标都是总量指标。

　　（2）总量指标是制定方针政策、编制计划、实行科学管理的重要依据。例如,国家要制定有关货币发行量、存贷款利率、固定资产投资规模等金融和财政政策时,必须要掌握货币流通量、居民储蓄存款余额、全社会固定资产投资总额等一系列总量指标。

　　（3）总量指标是计算相对指标和平均指标的基础。相对指标和平均指标一般是由两个有关系的总量指标对比计算出来的,是总量指标的派生指标。总量指标的质量是否有保证,其计算是否科学、合理,会直接影响相对指标和平均指标的准确性。

（二）总量指标的计量单位

总量指标是客观存在的，是具有一定内容的数值，因此它具有相应的计量单位。总量指标的计量单位一般分为实物单位、价值单位和劳动量单位三种。

1. 实物单位

实物单位是根据事物的自然属性和特点度量其数值的计量单位，反映社会经济现象的使用价值。常用的有：

（1）自然单位。它是按照被研究现象的自然状态来度量其数量的一种计量单位，如汽车按"辆"、轮船按"艘"、牲畜按"头"计量等。

（2）度量衡单位。它是按统一的度量衡制度规定的单位来计量事物数量的一种计量单位。如在计量事物重量时以"千克"、"吨"为单位计量，计量长度时以"米"、"千米"为单位计量等。

（3）双重单位或复合单位。它是指将两个或两个以上的单位结合使用形成的一种计量单位。双重单位如电机用"千瓦／台"表示；复合单位如货运量以"吨千米"表示（它是货运量与运输距离的乘积）；客运量按"人次"计量等。

（4）标准实物单位。它是按统一折算的标准来度量被研究现象数量的一种计量单位，目的是解决使用价值有差异的同类事物的加总问题。如某拖拉机厂生产 100 辆 15 马力（1 马力 = 735.499 瓦）的拖拉机、200 辆 90 马力的拖拉机，不能简单说它生产了 300 辆拖拉机，一般常以 15 马力为标准实物单位。其折算公式为：

标准实物量 = 实物量 × 折合系数

即以 15 马力为标准进行折合，该拖拉机厂的产量为：

标准实物量 = 100 × 15 ÷ 15 + 200 × 90 ÷ 15 = 1 300（台）

另外，对各种不同发热量的煤常以 7 000 大卡／千克为标准单位折合为标准煤。

2. 货币单位

货币单位是以货币作为价值尺度计量社会物质财富或劳动成果的一种计量单位。常用的有元、千元、万元、亿元等。由于货币单位作为价值尺度具有较强的综合能力，因此被广泛地应用于社会经济统计中，如财政收入总额、国内生产总值、社会商品零售额、利税总额等。

3. 劳动量单位

劳动量单位是以劳动时间来表示的一种计量单位，也是一种复合单位，一般用工时、工日表示。一个工人做一小时工，称为一个工时，8 个工时等于一个工日。这种单位在工业企业的会计核算中应用较多。

二、总量指标的种类

总量指标按照不同的标准划分，有不同的分类。一般从三个角度划分：

（一）总量指标按其所反映的内容不同分类

1. 总体单位总量

总体单位总量简称单位总量，是指总体中单位的总个数，通常用 N 来表示。它是用来反映总体本身规模大小的，也称"总体总量"。当调查某省高校学生的基本信息时，该省高校总个数就是总体单位总量，而该省高校的学生总数、男女生比例、专业分布、就业率等就是标志总量。

表 4 - 1　　　　　　　　　　　某车间工人日产量资料

日产量(件) 变量值(x)	工人数(人) 频数(f)	各组工人人数比重(%) 频率($\frac{f}{\sum f}$)	日产量 × 工人数(件) 变量值总量($x \cdot f$)
12	10	6.25	62.50
13	20	12.50	250.00
14	30	18.75	562.50
15	40	25.00	1 000.00
16	30	18.75	562.50
17	20	12.50	250.00
18	10	6.25	62.50
合计	160	100.00	2 750.00

2. 总体标志总量

总体标志总量简称标志总量,是指总体中各单位某一数量标志值的总和。如上例,当该省高校总个数这个总体单位总量出现后,那么反映该总体各单位的其他数量标志值的总和都是总体标志总量。若以某车间为总体,总体单位总量和总体标志总量的计算如表 4 - 1 所示。

该车间的总体单位总量为 160 人,总体标志总量为 2 750 件。这二者都是通过统计整理汇总得到的两个总量指标。应当注意的是:一个总体一经确定,其总体的单位数(频数)就固定了,即总体单位总量是唯一的。而一个总体内各单位可以有许多不同的统计变量,任何一个变量的各变量值之和都能形成该变量的标志总量。因此,一个总体内标志总量不是唯一的,可以有许多个,如生产工人日产量总和是一个标志总量,工人的工资总额也是一个标志总量等。

(二) 总量指标按其所反映时间状况不同分类

总量指标按其所反映的时间状况不同,可分为时期指标和时点指标。

1. 时期指标

时期指标是反映现象在一段时期内发展过程的总和,比如一定时期的物资销售额、产品产量、国内生产总值等。其特点如下:

(1) 时期指标可以累计相加。累加的结果表示更长一段时间内事物发展过程的总数量。例如,一年的产量是本年度四个季度的产量之和,一年的销售量是十二个月的销售量之和等。

(2) 时期指标数值的大小与计算时期的长短有直接的关系。例如,全年的产量肯定要比本年度任何一个季度的产量都要大,一季度的产量也比本季度任何一个月份的产量要大。

(3) 时期指标的数值是连续登记、积累的结果,一般是通过经常性调查取得。

2. 时点指标

时点指标是反映现象在某一时刻上的总量,比如人口数、商品的库存额、企业数、固定资产原值等。其特点如下：

（1）各时点指标不能累计相加，累加结果无实际意义。例如，不能将某校全年各月初或各月末的学生人数相加，来作为本年度该校的全部学生人数以反映其规模。

（2）时点指标数值的大小与时间间隔长短没有直接关系。例如，某企业某种物资的库存量年末数不一定大于本年第一季度末的数字，而第一季度末的数字也不一定大于当季第一个月末的数字。

（3）时点指标的数值是间断计数的，因为不必要或者不可能对每一时点（瞬间）的数量进行登记，通常是通过一次性调查来完成的。

对于时期指标与时点指标概念的区别应从其特点入手，进行分析研究。

（三）总量指标按其计量单位不同分类

总量指标按其计量单位不同，分为实物指标、价值指标和劳动量指标。

1. 实物指标

实物指标是以实物单位计量的总量指标，用于反映现象使用价值的总量。其最大特点就是能直接反映产品的使用价值或现象的具体内容，具体表明事物的规模和水平。它的局限性在于其综合性较差，不能综合反映多种不同类事物的总规模、总水平。例如，我们就不能用一个实物指标来反映我国某年所有的工业产品总产量。

2. 价值指标

价值指标是以货币单位计量的总量指标，用来反映现象的价值总量，如工农业总产值、商品销售额、工资总额、产品总成本等。价值指标的最大特点在于它代表一定的社会必要劳动量，因此具有最广泛的综合性和概括能力，对不同产品的产值，不同商品的销售额等都是可以相加的。价值指标也有它的局限性，即该指标脱离了物质内容，比较抽象。因此，在实际工作中，价值指标应该和实物指标结合起来使用，才能比较全面地认识问题。

3. 劳动量指标

劳动量指标是以劳动量单位计量的总量指标。它是将生产各种产品所消耗的劳动量相加得到的劳动消耗总量，即总工时或总工日，可用来综合反映企业生产各种不同产品的工作总量。

任务二　相对指标

一、相对指标的涵义、作用和表现形式

（一）相对指标的涵义及作用

相对指标又称统计相对数或相对数，是用两个有联系的统计指标数值之比，来反映现象间的联系和对比关系。如统计工作中常用的计划完成程度、结构、比例等都是相对指标。如2017 年我国总人口中，男性占 51.27%，女性占 48.73%，人口出生率为 12.43‰，死亡率为7.11‰，自然增长率为 5.32‰，总人口性别比 105.20:100，户籍人口城镇化率为 42.35%，全

国农民工人均月收入 3485 元,以上指标都属于相对指标。

相对指标是统计分析中广泛应用的一个重要指标。其主要作用为:

(1) 相对指标能够表明现象的相对水平、普遍程度以及比例关系等。例如国民经济发展速度、投入与产出的比例关系、产业结构等都可以应用相对指标加以反映和研究。

(2) 相对指标能比总量指标更清楚地反映事物之间的对比关系,为深入分析事物的性质提供依据。如对于工作的好坏、程度的大小、进度的快慢等类问题,只有利用相对指标才能做出清楚说明。

(3) 相对指标能够为不能直接对比分析的总量指标提供可以比较的基础。相对指标是将现象从具体差异中抽象出来,使一些不能直接对比的总量指标找到可比的基础,从而准确判断事物之间的差别程度。例如,比较两个营业额不同商店的流通费用节约情况,仅以费用额支出多少进行评价难以说明问题。因为流通费用的大小直接受营业额多少的影响,而采用相对指标 —— 流通费用率对比,则可以做出正确判断。

(二) 相对指标的表现形式

相对指标能表明社会经济现象和发展过程的数量对比关系。其基本计算公式为:

$$相对指标 = \frac{比数}{基数}$$

相对指标的表现形式有无名数和有名数两种:

1. 无名数

无名数是一种抽象化的数值,也是相对指标最常见的表现形式,多以系数、倍数、成数、百分数、千分数表示。

(1) 系数和倍数。系数和倍数是将基数抽象化为 1 而计算出来的统计相对数;当对比的两个数相差不多时,用系数表示;当比数较基数大很多时,用倍数表示。

(2) 成数。成数是将基数抽象化为 10 而计算出来的相对指标。一成就是 1/10。

(3) 百分数。百分数是将基数抽象化为 100 而计算出来的相对指标。百分数是相对指标中最常用的一种表现形式,如计划完成相对数为 110%,企业所得税率 25% 等。在对比分析时,有时要用到百分点,百分点是指两个以百分数表示的相对指标进行对比时,1 个百分点是指差距为 1%。

(4) 千分数。千分数是将基数抽象化为 1 000 而计算出来的相对指标。它适应于比数较基数小很多的情况,如人口出生率、死亡率等。

2. 有名数

有名数是相对指标的另一种表现形式,主要用来表现强度相对指标的数值。它是将相对指标中的分子、分母指标数值的计量单位同时使用以表明事物的密度、强度和普遍程度。由于是用双重计量单位表示,因此又叫复名数,如人口密度为人／平方千米,人均国内生产总值为元／人等。

☆知识链接

"百分数"与"百分点"

　　百分数是用 100 做分母的分数,在数学中用"%"来表示,在文字表述中用"百分之几"表述。运用百分数要注意概念的准确,如"比过去增长 20%",即过去为 100,现在是"120";"比过去降低 20%",即过去是 100,现在是"80";"降低到原来的 20%",即过去是 100,现在是"20"。

　　百分点是指不同时期以百分数形式表示的相对指标的变动幅度。例如,某地国内生产总值中,第三产业的比重由 2016 年的 39.4% 下降到 2017 年的 39.1%。我们可以说:2017 年第三产业占国内生产总值的比重同比下降了 0.3 个百分点(不能说下降了 0.3%)。

二、统计相对数的种类及计算方法

　　统计相对数按其研究的目的和对比标准不同,可分为计划完成相对指标、结构相对指标、比例相对指标、比较相对指标、强度相对指标和动态相对指标六种。现分别说明如下:

　　(一)计划完成相对指标

　　计划完成相对指标又称计划完成程度指标,简称计划完成"%"。它是将同一时期实际完成数与计划任务数对比,用以反映计划完成情况的综合指标。一般以百分数表示。其基本公式是:

$$\text{计划完成相对指标} = \frac{\text{实际完成数}}{\text{计划任务数}} \times 100\% \tag{4.1}$$

　　由于计划指标的表现形式有三种:绝对数、相对数和平均数,所以上述基本公式的应用有三种情况。

　　1. 根据绝对数计算计划完成相对数。

　　(1)计划完成程度的计算。这种情况是实际完成数与计划任务数属于同一时期,而且时期长度相等。其公式是:

$$\text{计划完成程度} \frac{\text{实际完成数}}{\text{计划规定数}} \times 100\% \tag{4.2}$$

　　【例 4.1】2017 年某企业总产出计划 4 000 万元,实际完成 4 100 万元,则:

$$\text{总产出计划完成程度} = \frac{4\ 100}{4\ 000} \times 100\% = 102.5\%$$

$$\text{超额完成计划}(\%) = 102.5\% - 100\% = 2.5\%$$

$$\text{绝对差额} = 4\ 100 - 4\ 000 = 100(\text{万元})$$

　　计算表明 2017 年该企业实际总产出超过计划 2.5%,从而使总产出绝对值比计划增加了 100 万元。

　　(2)计划执行进度的检查。这种情况是实际完成数与计划任务数的时期长度不相等,实际完成数是分阶段统计的。其公式是:

$$\text{计划执行进度} = \frac{\text{期初至报告期止累计完成数}}{\text{计划期总数}} \times 100\% \tag{4.3}$$

　　【例 4.2】2017 年某商场全年销售计划为 2 000 万元,假如截至第三季度末实际完成 1 480

万元。则：

$$计划完成进度 = \frac{1\ 480}{2\ 000} \times 100\% = 74\%$$

计划完成进度不能以 100% 为完成计划的标准,而应该与时间进度一致。比如,1 ~ 6 月累计应完成全年计划的 50%,1 ~ 9 月累计应完成全年计划的 75% 等。

计算结果表明:前三季度未完成计划进度,第四季度必须搞好促销工作,才能够完成全年的销售计划。

2. 根据相对数计算计划完成相对数

在经济管理中,有许多计划任务是用相对数表示的,如计划成本降低率、劳动生产率提高率等。对这些计划任务完成程度的考核有两种方法：

(1) 对比法。它是用实际与计划对比来考核计划完成程度。这种形式的计算,一般适用于考核各种社会经济现象的增长率、降低率的计划完成情况。它们不能直接对比,总是在原来基础上的提高或降低。因此,在计算时,计划数和实际数都是要把增长百分数前添上“+”号,降低百分数前添上“−”号,然后在此基础上加 100%(或 1),才能加以对比。

【例 4.3】某企业 2017 年规定总产出比上年提高 8%,实际执行结果是比上年提高 12%。则：

$$该企业总产出计划完成\% = \frac{1 + 12\%}{1 + 8\%} = \frac{112\%}{108\%} = 103.7\%$$

计算结果表明,该企业总产出实际比计划超额 3.7%,即 103.7% − 100% = 3.7%。

【例 4.4】某企业 2017 年生产某产品,计划单位成本要降低 8%,实际降低了 9%,则：

$$产品单位成本计划完成\% = \frac{1 - 9\%}{1 - 8\%} = \frac{91\%}{92\%} = 98.91\%$$

计算结果表明,该产品单位成本计划超额完成 1.09%(成本节约了 1.09%),即 98.91% − 100% = − 1.09%。

(2) 差额法。直接用实际数与计划数相减,来说明计划完成的情况。如上面两个例子用差额法计算则为:12% − 8% = 4%,计算结果表明该企业总产出实际比计划多提高 4 个百分点;9% − 8% = 1%。计算结果表明,该产品单位成本实际比计划多降低 1 个百分点。

上面两个方法的计算结果不同,说明的问题也不同。前者说明的是计划完成程度,后者只是检查和评价是否完成计划。

3. 根据平均数计算计划完成相对数

$$计划完成相对指标 = \frac{实际平均水平}{计划平均水平} \times 100\% \tag{4.4}$$

【例 4.5】某企业生产 A 产品计划每个工人平均日产量为 50 件,实际每人日均产量为 60 件。则：

$$劳动生产率计划完成\% = \frac{60}{50} = 120\%$$

计算结果表明超额 20% 完成计划。

对计划完成程度的评价是大于 100%,还是小于 100% 为超额完成计划,要根据计划指标的性质和内容决定。反映工作成果的指标是以最低限额提出的,如产品产量、商品销售额等,它们的计划完成相对指标等于或大于100%,表示完成或超额完成计划;反映人、财、物耗费的指标是以最高限额提出的,如生产成本、商品流通费用水平等,当计划完成相对指标小于100%时,是节约成本费用,为超额完成计划。

4. 中长期计划完成情况检查

中长期计划完成情况的检查,是指对国民经济5年计划或更长期计划完成程度的考核。由于国民经济计划是以5年计划下达,因此主要对5年计划完成程度进行考核。5年计划指标有两种规定,所以考核计划执行情况就有两种方法,即水平法和累计法。

(1)水平法。水平法的计划只规定计划期最后一年应达到的水平,如产品产量、商品零售额等指标就是用水平法规定的。计算公式为:

$$计划完成\% = \frac{计划期最后一年实际达到的水平}{计划期最后一年应达到的水平} \times 100\% \tag{4.5}$$

【例4.6】"十二五"期间,某企业计划规定最末一年(2015年)甲产品产量应达到3 000万吨,而实际达到了3 500万吨。则:

$$甲产品产量计划完成\% = \frac{3\ 500}{3\ 000} \times 100\% = 116.7\%$$

计算结果表明:该企业甲产品产量超额16.7%完成计划。

在超额完成计划时,还要计算提前完成任务时间。

水平法规定:只要连续一年(可跨年度)的时间实际完成数达到计划规定的任务,以后时间即为提前完成计划时间。如上例,假设该企业从2014年4月份到2015年3月份连续一年的时间实际产量已达到3 000万吨,则认为到这一时间止已完成计划,2015年4月到2015年底的9个月时间就是提前完成计划的时间。

(2)累计法。累计法的计划是规定计划期累计应完成的工作总量或应达到的总水平,如基建投资额、植树造林面积等指标都是用累计法规定的。计算公式为:

$$计划完成\% = \frac{计划期累计实际完成工作总量}{计划期累计应完成工作总量} \times 100\% \tag{4.6}$$

【例4.7】某地区"十二五"计划规定基建投资应完成520亿元,5年内实际累计完成540亿元。则:

$$基建投资额计划完成\% = \frac{540}{520} \times 100\% = 103.8\%$$

计算结果表明该地区超额3.8%完成基建投资计划。

累计法也要计算提前完成计划的时间,它是用计划期全部时间减自计划执行之日起累计实际数量达到计划任务止的时间,剩余的时间即为提前完成计划时间。如上例,若2015年8月底基建投资累计达到520亿元,则提前4个月完成"十二五"的基建投资计划。

(二)结构相对指标

结构相对指标是在统计分组基础上,将总体区分为不同性质的各部分,以部分数值与总体全部数值对比求得的比重或比率,来反映总体内部组成状况的综合指标,一般用百分数表示。其计算公式为:

$$结构相对指标 = \frac{总体部分数值}{总体全部数值} \times 100\% \qquad (4.7)$$

结构相对指标的特点有：① 只有在统计分组基础上，才能计算结构相对指标；② 分子、分母指标必须为同一总体的总量指标，而且同一总体各结构相对指标之和必须为 100% 或 1；③ 由于是总体的部分数值与全部数值之比，因此分子、分母不能互换位置。

结构相对数在统计分析中应用广泛，常用来反映总体各组成部分的构成及其变动，以认识事物的规律性，如产品的合格率、废品率；学生的出勤率、及格率；积累额占国民收入的比重等。

【例4.8】通过表4－2的资料说明某地区产业结构及变动情况。

表4－2　　　　　　　　　　　　某地区产业结构及变动表

项目	2016 年		2017 年	
	总值（亿元）	比重（%）	总值（亿元）	比重（%）
国内生产总值（GDP）	536.49	100.0	593.64	100.0
第一产业	63.19	11.8	70.42	11.9
第二产业	240.28	44.8	270.35	45.5
第三产业	233.02	43.4	252.87	42.6

从上表可以看出，该地区第二产业和第三产业所占比重较大，2017 年与 2016 年比较，第一产业基本持平，第二产业的增长快于第一产业。

知识链接

恩格尔定律与恩格尔系数

19 世纪德国统计学家恩格尔根据统计资料对消费结构的变化进行研究，得出了一个规律：一个家庭收入越少，家庭收入（支出）中用于购买食物所占比例就越大；收入增加，这个比例呈下降趋势。

$$恩格尔系数 = \frac{食物支出金额}{总支出金额}$$

恩格尔系数是表示国民生活水平高低的一个指标。一个国家越穷，恩格尔系数越大；随着国家的富裕，恩格尔系数呈下降趋势。

联合国粮农组织提出的标准是恩格尔系数在 59% 以上为贫困，50% ～ 59% 为温饱，40% ～ 50% 为小康，30% ～ 40% 为富裕，低于 30% 为最富裕。我国城镇和农村居民家庭恩格尔系数已由 1978 年的 57.5% 和 67.7% 分别下降到 2008 年的 37.1% 和 36.7%。

（三）比例相对指标

比例相对指标是以总体内部一部分数值与另一部分数值之比，来反映总体内部各个组成部分之间数量对比关系的综合指标。计算公式为：

$$比例相对指标 = \frac{总体中某一部分数值}{总体中另一部分数值} \qquad (4.8)$$

比例相对指标通常用比的形式表示，如第六次人口普查（2010 年）我国男女比例为 105.2∶100；有时还用百分数、倍数表示。如上例男性为女性的 1.05 倍或 105.20%。

比例相对指标的特点是：① 统计分组是前提；② 要求分子、分母的数值是同一时间、同一总体的部分数值；③ 分子、分母可以互换位置。

在反映社会经济现象中有许多比例关系，如人口的性别比、积累与消费的比例、农轻重的比例、三次产业的比例等。对一些重大的比例关系，还可以用连比形式。

【例4.9】某市2017年第一、二、三产业GDP分别为376.3亿元、496.2亿元、687.5亿元，那么该市2017年第一、二、三产业GDP的比例相对指标是：

第一、二、三产业GDP的比例关系是：$376.3 : 496.2 : 687.5 = 1 : 1.32 : 1.83$

（四）比较相对指标

比较相对指标反映同一时期（时点）同类现象在不同地区、部门、单位之间的对比，用来表明同类事物在不同空间条件下数量对比关系的综合指标。一般可以用百分数、系数或倍数表示。计算公式为：

$$比较相对指标 = \frac{某空间条件下的某类指标数值}{另一空间条件下的同类指标数值} \qquad (4.9)$$

比较相对指标的特点是：① 用来对比的指标可以是总量指标，也可以是相对指标或平均指标，但要求分子、分母在指标所属的时间、类型、计算方法、计量单位上要有可比性；② 分子、分母可以互换位置，以哪个数值作为比较的基数，应根据研究的目的而定。

【例4.10】甲、乙两个公司属于同一类型企业。2017年甲公司的市场占有率是18%，乙公司的市场占有率是28%。试比较两个公司的市场占有率。

则比较相对指标 $= 28\% \div 18\% = 1.56$

或者表示为：

比较相对指标 $= 18\% \div 28\% = 64\%$

计算表明：乙公司的市占有率是甲公司的1.56倍，或者甲公司的市占有率是乙公司的64%。

（五）强度相对指标

强度相对指标是两个性质不同，而又有密切联系的总体总量指标之比，用来反映两个有联系的不同事物在数量对比上的强度、密度和普遍程度。可以用有名数表示，如人／平方千米，千克／人等。当分子、分母为同一计量单位时，也可以用百分数或千分数表示，如商品流通费用率，人口出生率等。计算公式为：

$$强度相对指标 = \frac{某一现象数值}{另一有联系但性质不同的现象数值} \qquad (4.10)$$

强度相对指标的特点是：① 对比的两个总量不属于同一总体，但必须要有联系；② 常用有名数表示，也是唯一使用有名数的相对指标，有时也使用百分数或千分数；③ 分子、分母可以互换，并且有正指标和逆指标之分，分别从正、反两个方向说明现象的密度和普遍程度；④ 有些强度相对指标有"平均"的涵义，但不是平均指标。

强度相对指标应用非常广泛，常用的有人口密度、人口自然增长率、人均国内生产总值、人均某产品产量、资金利税率、商品流通费用率、商业网点密度等。

【例4.11】某产粮县在2017年粮食产量为226万吨，年末人数为113万人。则：

$$2017年该县人均粮食产量 = \frac{226\ 万吨}{113\ 万人} = \frac{226\ 000\ 万千克}{113\ 万人} = 2\ 000\ 千克／人$$

平均每人分摊的主要产品产量,是反映一个国家或地区经济实力强弱程度的指标。指标数值愈大,表明一个国家(或地区)的经济力量愈强。

强度相对指标分子、分母可以互换,并且有正指标和逆指标之分。

【例4.12】某城市人口为500 000人,有各种零售商场、商店共2 000个。则:

$$该城市零售商业网密度的正指标 = \frac{2\ 000\ 个}{500\ 000\ 人} = 4(个 / 千人)$$

这个强度相对指标说明该城市每千人有4个零售商店为他们服务。指标数值愈大,表示零售商店密度大,它是从正方向说明零售商业网密度的,是正指标。

如果把分子、分母互换一下,则:

$$该城市零售商业网密度的逆指标 = \frac{500\ 000\ 人}{2\ 000\ 个} = 250(人 / 个)$$

这个强度相对指标说明该城市每个零售商店要为250人服务。指标数值愈大,表明零售商店密度愈小,它是从反方向来说明零售商业网密度的,是逆指标。

(六)动态相对指标

动态相对指标是指同类现象在不同时间上的指标数值对比,用以反映现象在时间上的发展变化程度,也称发展速度。一般用百分数表示。计算公式为:

$$动态相对指标 = \frac{报告期指标数值}{基期指标数值} \times 100\% \tag{4.11}$$

所谓报告期就是所要研究的时期;基期是用来作为比较基础的时期。通常报告期时间在后,基期时间在前。

动态相对指标的特点是:① 对比的分子、分母属于同一总体、同类指标;② 分子、分母不能互换位置。

【例4.13】某商场2016年电动自行车的销售量为500辆,2017年为700辆。则:

$$动态相对指标 = \frac{700}{500} \times 100\% = 140\%$$

计算结果表明,该商场电动自行车销售量2017年对2016年相对的发展速度为140%。

动态相对指标在经济分析中应用很广,将在后面相关章节中进一步介绍。

三、计算和运用统计相对指标应注意的问题

(一)正确选择对比的基数

在计算和应用相对指标时,首先要选择好基数。因为基数是计算相对指标的依据和标准,基数选择不当,就会失去相对指标的作用。选择基数必须根据统计研究目的,结合研究对象的性质、特点和现象之间的关系加以确定。

(二)要保持两个对比指标的可比性

相对指标既然是两个有联系的指标之比,因此对比指标的可比性是计算相对指标的前提条件。这种可比性是指两个指标所包括的内容、范围和计算方法等相互适应,彼此协调。

(三)相对指标要与总量指标结合应用

相对指标是将现象总体的绝对水平抽象化,以揭示现象之间的相互联系和对比关系。但它只能反映现象之间相对程度的不同,不能反映现象之间绝对量上的差别。要深刻而全面地

对社会经济现象和发展变化做出正确的评价,就必须将相对指标与总量指标结合起来运用。

（四）各种相对指标要结合运用

一种相对指标只能反映某种现象的一方面的数量关系,对于复杂的社会经济现象,需要把各种相对指标结合起来进行分析,才能够全面深入地说明被研究现象的特征及其发展规律。

任务三　　平均指标

一、平均指标的涵义和作用

（一）平均指标的涵义

平均指标也称为统计平均数或平均数,是反映同类现象在一定时间、地点条件下某一数量标志的标志值所达到一般水平的综合指标。它能够表明数据分布状况的综合数量特征,是同质总体内各单位变量值差异抽象化的结果,其实质是变量的集中值或中心值,可以把这些集中值或中心值称为变量的代表值。例如某班学生统计考试的平均分数为 78 分,这就表明该班学生统计课考试的一般水平是 78 分,它是该班学生考试分数的代表值,由全班学生考试分数差异抽象化的结果。由此,在理解平均指标时要注意把握三个特点:

（1）平均指标是现象一般水平的代表值。

（2）平均指标是由总体各单位标志值的具体差异抽象化的结果。

（3）平均指标反映了总体变量值的集中趋势。

需要注意的是,平均指标分为两类:一类是反映同一时间同类现象的一般水平,称为静态平均数,也称为一般平均数;另一类是反映不同时间同类现象的一般水平,称为动态平均数,也称为序时平均数。本节只讨论静态平均数,动态平均数的内容将在第五章时间数列分析中介绍。

（二）平均指标的作用

平均指标在统计研究中运用广泛,其主要作用是:

（1）平均指标便于不同空间同类现象水平的对比分析。对比不同空间同类现象水平的高低,必须利用平均指标。例如,要比较两个班统计学考试成绩的优劣,只有用平均分数进行比较。

（2）利用平均指标可以分析现象之间的依存关系。要反映现象之间相互依存的数量表现,也常常运用平均指标。例如,在反映农作物的施肥量与产量之间、费用水平与商品流转规模之间的依存关系时,都要使用平均指标。

（3）平均指标常用于推断或计算其他指标。有些统计指标的计算是离不开平均指标的。例如,在第 8 章抽样推断技术中,必须要用样本平均指标推断总体平均指标。

二、平均指标的计算方法

由于可以采用不同的途径寻找各变量值的代表值,就有了计算平均指标的不同方法。常用的平均指标计算方法有两类：一是根据总体标志值计算的，如算术平均数、调和平均数、几何平均数等，称为数值平均数；另一类是根据标志值所处的位置决定的，如中位数、众数等，称为位置平均数。

（一）算术平均数

算术平均数是计算平均指标最基本的方法，它是同质总体内总体标志总量与总体单位总量之比。由于在计算时所有变量值均参加了计算，因此，算术平均数反映全面，能够代表所有的变量值。应该注意的是算术平均数对极端值很灵敏，容易受两侧极端数值的影响。

算术平均数的基本计算公式为：

$$算术平均数 = \frac{总体标志总量}{总体单位总量} \tag{4.12}$$

在运用算术平均数时，要注意与强度相对数的区别。我们在相对数中所介绍的某些强度相对数，如人均国民收入、人均粮食（钢）产量等，虽含有平均的涵义，但与算术平均数存在本质的区别。

由算术平均数基本公式可以知道，算术平均数非常强调总体标志总量和总体单位总量必须同属于同一总体这一前提，并要求在计算的内容、口径等方面保持绝对一致。即每个总体单位都是标志总量的承担者，而标志总量是所属的每个总体单位的标志值的总和。但是，强度相对数中的分子与分母是两个总体的总量指标，不存在这种一一对应关系。由此，可以将它们的区别归纳为三点：

（1）它们反映现象的内容不同。算术平均数是说明某一现象的一般水平；强度相对数说明事物的强度、密度和普遍程度。

（2）它们的分子、分母所属总体关系不同。算术平均数的分子、分母必须属于同一总体；强度相对数的分子、分母没有这种要求，不管它是否属于同一总体，都可以得到强度相对数。

（3）它们的分子、分母数值的汇总关系不同。算术平均数的分子（总体标志总量）是由分母（总体单位总量）的标志值汇总而得，也就是说分子、分母要一一对应；而强度相对数则不需要这样的汇总关系，这是算术平均数与强度相对数区别的关键之处。

算术平均数在实际计算时，根据掌握的数据不同，通常采用不同的计算方法。

1. 简单算术平均数

利用统计调查搜集的原始数据，直接计算算术平均数时，叫简单算术平均数。采用公式如下：

$$\bar{x} = \frac{x_1 + x_2 + x_3 + \cdots + x_n}{n} = \frac{\sum x}{n} \tag{4.13}$$

式中：$\bar{x}$ 表示算术平均数；x 表示变量值；n 表示总频数；$\sum$ 表示加总符号。

【例4.14】某公司销售科有5名业务人员，某月的销售提成分别是6 200元、6 800元、7 100元、7 600元、9 000元。

则，可以用简单算术平均数计算平均销售提成为：

$$\bar{x} = \frac{\sum x}{n} = \frac{6\ 200 + 6\ 800 + 7\ 100 + 7\ 600 + 9\ 000}{5} = 7\ 340（元）$$

2. 加权算术平均数

统计调查收集的数据在经过分组整理后计算算术平均数,叫加权算术平均数。常常要利用频数分布表,其计算是变量总值与总频数之比。具体公式如下:

$$\bar{x} = \frac{x_1f_1 + x_2f_2 + x_3f_3 + \cdots + x_nf_n}{f_1 + f_2 + f_3 + \cdots + f_n} = \frac{\sum xf}{\sum f} \quad (4.14)$$

式中:$\bar{x}$ 表示算术平均数;x 表示各组变量值;f 表示各组变量值出现的次数,即频数;$\sum$ 表示加总符号。

【例4.15】某车间共有50个工人,日产量资料整理如表4-3所示。

根据资料,代入公式(4.14)可以计算该车间50名工人的平均日产量为:

$$\bar{x} = \frac{\sum xf}{\sum f} = \frac{850}{50} = 17(件)$$

表4-3　　　　　　　　某车间50名工人日产量算术平均数计算表

日产量(件) x	工人人数(人) f	xf
10	2	20
15	8	120
16	25	400
20	10	200
22	5	110
合计	50	850

由计算公式 $\bar{x} = \frac{\sum xf}{\sum f}$ 可以看到,在分组数据计算算术平均数时,其数值的大小受两个因素的影响:一个是受各组变量值 x 的影响;另一个是受各组变量出现的次数,即频数 f 的影响。当各组变量值 x 不变时,各组变量值出现的次数 f 对于算术平均数 $\bar{x}$ 的大小起着权衡轻重的作用,算术平均数 $\bar{x}$ 总是趋向于出现次数最多的那个变量值。在上例中,平均日产量17件趋向于工人人数最多,即频数最大的那一个变量值16件。因此,频数 f 又称为权数,这种计算算术平均数的方法,叫加权平均法。用这种方法计算的算术平均数,就叫加权算术平均数。

需要注意的是,权数不仅可以用绝对数,即频数 f 表示,也可以用相对数,即频率或比重 $\frac{f}{\sum f}$ 表示。如将上面加权算术平均数公式变换一下,则可以得到按频率或比重 $\frac{f}{\sum f}$ 作为权数的加权算术平均数公式:

$$\bar{x} = \frac{\sum xf}{\sum f} = \sum \left(x \cdot \frac{f}{\sum f} \right) \quad (4.15)$$

仍用表4-3中的资料,用频率 $\frac{f}{\sum f}$ 作权数,来计算加权算术平均数,见表4-4。

表 4 - 4　　　　　　　　　　某车间 50 名工人日产量算术平均数计算表

日产量(件) x	工人人数(人) f	人数比重(%) $\dfrac{f}{\sum f}$	$x \cdot \dfrac{f}{\sum f}$
10	2	4	0.4
15	8	16	2.4
16	25	50	8.0
20	10	20	4.0
22	5	10	2.2
合计	50	100	17.0

根据资料,计算算术平均数为:

$$\bar{x} = \sum \left(x \cdot \frac{f}{\sum f} \right) = 17(件)$$

用频率 $\dfrac{f}{\sum f}$ 作权数,比用频数 f 作权数,更能直观地表明权数对平均数的影响。即权数对平均数发生作用,实质在频率 $\dfrac{f}{\sum f}$ 的变化,若在一个变量数列中,各组频数均增加一倍,频率仍不变,平均数也不变。

上面所介绍的都是用单项变量数列来计算加权算术平均数的方法。如果我们掌握的是组距数列的资料,则计算加权算术平均数的方法是:先计算各组的组中值,用组中值代表变量值 x,然后根据要求,用频数(f) 或频率($\dfrac{f}{\sum f}$) 作为权数,代入公式,则可得加权算术平均数。组距数列计算加权算术平均数的关键是确定各组的代表值,即组中值。组中值的确定在第三章任务三中已经介绍,这里就不再赘述。

【例 4.16】某车间有工人 50 人,每人每月工资收入情况如表 4 - 5 所示。

表 4 - 5　　　　　　　某车间 50 名工人工资加权算术平均数计算表

月工资收入 (元)	组中值 x	工人数(人)f	比重(%) $\dfrac{f}{\sum f}$	$x \cdot f$	$x \cdot \dfrac{f}{\sum f}$
800 以下	750	2	4	1 500	30
800 ~ 900	850	6	12	5 100	102
900 ~ 1 000	950	14	28	13 300	266
1 000 ~ 1 100	1 050	18	36	18 900	378
1 100 ~ 1 200	1 150	8	16	9 200	184
1 200 以上	1 250	2	4	2 500	50
合计	—	50	100	50 500	1 010

根据资料,分别代入公式(4.14)和(4.15)计算工人的平均工资为:

$$\bar{x} = \frac{\sum xf}{\sum f} = \frac{50\ 500}{50} = 1\ 010(元)$$

$$\bar{x} = \sum \left(x \cdot \frac{f}{\sum f} \right) = 1\ 010(元)$$

综上所述,加权算术平均数的计算中,应当以各组的组平均数乘以相应的频数计算各组的变量值总量。在组距数列中,由于缺乏组平均数资料,是以各组的组中值作为组平均数的代表值来计算各组的变量值总量。作这样变通处理是假定各组变量值在组内的分布是完全均匀的,因此,其计算结果只能是一个近似值。另外,简单算术平均数与加权算术平均数之间并没有根本区别,因为一个变量值乘上一个频数(权数)与多次加总这个变量值,意义是完全相同的。

3. 算术平均数的数学性质

(1) 算术平均数与总体单位数的乘积等于总体各单位标志值的总和。

简单算术平均数:$n\bar{x} = \sum x$

加权算术平均数:$\sum f \cdot \bar{x} = \sum xf$

(2) 如果对每一变量加或减任意数值 A,则算术平均数也要增加或减少那个 A 值。

简单算术平均数:$\dfrac{\sum (x \pm A)}{n} = \bar{x} \pm A$

加权算术平均数:$\dfrac{\sum (x \pm A)f}{\sum f} = \bar{x} \pm A$

(3) 如果各个变量值乘以或除以任意数值 A,则算术平均数也要乘以或除以那个 A 值。

简单算术平均数:$\dfrac{\sum Ax}{n} = A\bar{x}$

加权算术平均数:$\dfrac{\sum Afx}{\sum f} = A\bar{x}$

(除以 A,实际就是乘以 $1/A$。)

(4) 各变量值与算术平均数的离差之和等于零。

简单算术平均数:$\sum (x - \bar{x}) = 0$

加权算术平均数:$\sum (x - \bar{x})f = 0$

(5) 各个变量值与算术平均数离差平方和取得最小值。

简单算术平均数:$\sum (x - \bar{x})^2 = $ 最小值

加权算术平均数:$\sum (x - \bar{x})^2 f = $ 最小值

(二) 调和平均数

调和平均数是标志值倒数的算术平均数的倒数,又称为倒数平均数。直接计算调和平数没有意义,只有在实际统计工作中,由于资料的限制,不能直接计算算术平均数时,采用调和平均数的形式间接计算算术平均数,其计算结果与算术平均数完全相同。因此,我们把对调和平均数形式的应用,看成是算术平均数的变形形式,二者没有本质的区别。

比如已知销售价格和销售额,要求计算平均价格;已知各种职工工资水平和各种职工所发放的工资额,要求计算平均工资等。这些情形都不能直接计算算术平均数,就要采用调和平均数的方法进行计算。

调和平均数也有简单调和平均数和加权调和平均数两种。

1. 简单调和平均数

简单调和平均数适用于未分组资料或资料已分组,但各组标志总量均相等的情况。其计算公式为:

$$\overline{x_H} = \frac{1+1+1+\cdots+1}{\frac{1}{x_1}+\frac{1}{x_2}+\frac{1}{x_3}+\cdots+\frac{1}{x_n}} = \frac{n}{\sum \frac{1}{x}} \tag{4.16}$$

式中:

$\overline{x_H}$ 代表调和平均数;n 代表标志总量;x 代表标志值。

【例4.17】假如某超市出售三种苹果,每千克的单价分别为0.5元、0.8元、1元,若各买1元的苹果,试问平均单价是多少?

按照公式要求,标志总量应是总金额,即 $1+1+1=3$ 元,而单位总量是购买的总千克数为:$\frac{1}{0.5}+\frac{1}{0.8}+\frac{1}{1.0}=4.25$(千克),则苹果的单价为:$\frac{3}{4.25}=0.71$(元/千克)。

(思考:若各买1千克时,单价是多少?提示:算术平均法计算。)

2. 加权调和平均数

加权调和平均数适用于资料已分组,且各组标志总量不相等的情况。

在实际应用中要特别注意什么情况下使用加权算术平均数,什么情况下使用加权调和平均数。

【例4.18】某种农产品在三个不同地区的单位价格及销售量资料如表4-6所示。

表4-6　　　　　　　　　　某农产品价格及销售额资料

地区	价格(元/千克)	销售量(千克)
甲	10	21 000
乙	12	18 000
丙	8	20 000
合计	—	59 000

要求计算该种商品的平均价格。见表4-7。

表4-7　　　　　　　　　　　算术平均数计算表

地区	销售价格(元／千克)	销售量(千克)	销售额(元)
	x	f	$x \cdot f$
甲	10	21 000	210 000
乙	12	18 000	216 000
丙	8	20 000	160 000
合计	—	59 000	586 000

根据资料,代入公式(4.15)计算:

$$平均价格\ \bar{x} = \frac{\sum xf}{\sum f} = \frac{586\ 000}{59\ 000} = 9.9(元／千克)$$

上例中,每千克农产品是总体单位,销售量是总体单位数f,销售量合计是总体单位总量$\sum f$;价格是该商品的变量,三个地区的具体价格是变量值x,销售额的合计数是总体标志总量$\sum xf$。

在统计的实际工作中,若各地区的商品价格x和销售额xf(设为m)已知,而销售量f未知,则平均价格的计算就不能直接用算术平均数计算,要先计算出总体单位总量($\sum f$),然后,仍用总体标志总量($\sum xf$)与总体单位总量进行对比,而求得平均数,这实际上是算术平均数进行了变形。

【例4.19】某种农产品在三个不同地区的单位价格及销售额资料如表4-8所示。

表4-8　　　　　　　　　　**某农产品价格及销售额资料**

地区	销售价格(元／千克)	销售额(元)
甲	10	210 000
乙	12	216 000
丙	8	160 000
合计	—	586 000

试计算三个地区该种农产品的平均价格。见表4-9。

表4-9　　　　　　　　　　**调和平均数计算表**

地区	销售价格(元／千克)	销售额(元)	销售量(千克)
	x	$m(xf)$	$f = \dfrac{m}{x}$
甲	10	210 000	21 000
乙	12	216 000	18 000
丙	8	160 000	20 000
合计	—	586 000	59 000

$\sum m$ 是标志总量,因为 $m = xf$,所以 $\dfrac{m}{x} = f$,是各组单位数, $\sum \dfrac{m}{x}$ 就是总体总量。

加权调和平均数的公式为:

$$\overline{x_H} = \frac{m_1 + m_2 + m_3 + \cdots + m_n}{\dfrac{m_1}{x_1} + \dfrac{m_2}{x_2} + \dfrac{m_3}{x_3} + \cdots + \dfrac{m_n}{x_n}} = \frac{\sum m}{\sum \dfrac{m}{x}} \tag{4.17}$$

根据表 4 - 9 资料,该商品平均价格

$$\overline{x_H} = \frac{\sum m}{\sum \dfrac{m}{x}} = \frac{586\,000}{59\,000} = 9.9(元 / 千克)$$

调和平均数有以下特点:

(1)调和平均数由于是根据所有变量值计算的,所以易受极端值的影响。当数列中呈明显偏态时,调和平均数的代表性也会受到影响。

(2)分母为 0 时无意义。因此,当数列中有一数据值为 0,则调和平均数无法计算。

(3)加权调和平均数一般作为加权算术平均数的变形形式使用。因为,在社会经济生活作为变量值倒数的算术平均数的倒数,所表现的数量关系并不多见,此计算也没有多大的实际意义。

(三)几何平均数

几何平均数是 n 个变量值的连乘积的 n 次方根。当社会经济现象的总量等于各个具体变量值连乘积,并且其变量值连乘的积有明确的内涵和直观的解释时,其平均数宜采用几何平均数的形式来计算。因此,它是计算平均数的另一种形式,主要应用场合一般有以下几种:一是连续生产的产品合格率;二是连续销售的本利率;三是连续储蓄的本息率;四是连续比较(环比)的发展速度。可以说,几何平均数通常在计算平均比率和平均速度时使用。

几何平均数的计算公式是:

$$\overline{x_G} = \sqrt[n]{x_1 \cdot x_2 \cdot x_3 \cdots x_n} = \sqrt[n]{\prod x} \tag{4.18}$$

式中:

$\overline{x_G}$——几何平均数

x——各个变量值

n——变量值的个数

$\prod$——连乘符号

【例 4.20】某企业生产某一种产品,要经过铸造、金属加工、电镀三道工序,铸造车间的产品合格率为 90%,金属加工车间的产品合格率为 98%,电镀车间的产品合格率为 85%,全厂产品平均合格率应为多少?

类似这种问题,就要采用几何平均法计算平均数。因为三道工序产品合格率连乘积 90% × 98% × 85% = 74.97%,是该产品从投产到产出成品的总合格率,乘积的结果有明确的意义,这符合计算几何平均数的条件。

因此,平均合格率为:

$$\overline{x_G} = \sqrt[n]{\Pi x} = \sqrt[3]{90\% \times 98\% \times 85\%} = 90.8\%$$

注意:在知道三个连续工序的产品废品率,要求计算平均废品率时,不能够直接计算,一定要把废品率推算为合格率,通过求出平均合格率后得出平均废品率。

几何平均数的计算中,由于要开高次方根,通常可用对数法或使用计算器来计算结果。

如果含有几何级数的变量值形成的变量数列,需要用加权几何平均的公式:

$$\overline{x_G} = \sqrt[f_1+f_2+\cdots+f_n]{x_1^{f_1} \cdot x_2^{f_2} \cdot x_3^{f_3} \cdots x_n^{f_n}} \tag{4.19}$$

【例4.21】某人在银行存入一笔钱,其利息按复利计算,前6年利率为5%,后4年利率为6%,求这笔存款的年平均利率。

首先必须将利息率还原为本息率,即前6年是1.05,后4年是1.06。则:

$$年平均利率 = \sqrt[f_1+f_2+\cdots+f_n]{x_1^{f_1} \cdot x_2^{f_2} \cdot x_3^{f_3} \cdots x_n^{f_n}} - 1$$

$$= \sqrt[6+4]{1.05^6 \times 1.06^4} - 1 = 1.0539 - 1 = 0.0539 = 5.39\%$$

计算结果表明:该笔存款10年的年平均利率为5.39%。

(四) 众数

众数(Mode)也是一种平均数,可以缩写为Mo。它是被研究总体中出现次数最多的那个变量值。众数最适宜总体单位的变量值分布集中的情况,尤其在变量数列有极值,甚至极值很大的情况,采用众数作为代表值效果更好。众数的实质是一种位置平均数,不受极值的影响。在正态分布和一般偏态分布中,分布最高点所对应的横坐标上的数值即是众数。众数可能不存在或不唯一。例如,在图4-1和图4-2中各有一个众数,图4-3中有两个众数,图4-4中无众数。

需要说明的是,平均数的代表值只有一个,而众数则可能有两个或两个以上。在一个总体中有两个众数的称为复众数。

确定众数必须对资料进行整理(统计分组),即要根据变量数列来确定。

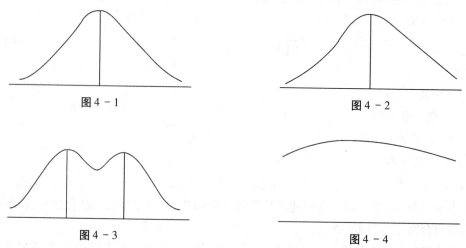

图4-1　　　　　　　　　　　　图4-2

图4-3　　　　　　　　　　　　图4-4

1. 根据单项数列确定众数

单项数列确定众数不需要计算,可以直接通过观察寻找。在统计分组后,频数最大(出现次数最多)的那个变量值就是众数。

【例 4.22】某村 200 户家庭按儿童数分组如表 4-10 所示,确定该村每个家庭儿童数的平均水平。

表 4-10　　　　　　　　　　　　某村农民家庭儿童数资料

家庭按儿童数分组(个/户)	家庭数(户)
0	15
1	25
2	120
3	32
4	8
合计	200

从表中可以看出,该村中儿童数为 2 个的家庭数最多(120 户),所以 $Mo = 2$(个),即众数是 2 个。也可以说,该村每个家庭儿童数的平均水平是 2 个。

2. 根据组距数列确定众数

由组距数列求众数,一般分为两步,现以【例 4.23】说明如何确定众数。

【例 4.23】某商场有 200 名营业员,随机抽取一天的销售额资料如表 4-11,试确定该商场营业员日销售额的平均水平。

表 4-11　　　　　　　　　　　某商场营业员的一天销售额资料

按日销售额分组(元)	营业员人数(人)
2 000 ~ 4 000	5
4 000 ~ 6 000	35(f_{m-1})
(L)6 000 ~ 8 000(U)	120(f_m)
8 000 ~ 10 000	38(f_{m+1})
10 000 以上	2
合计	200

第一步:确定众数组。

在表中次数最多的是 120,所以日销售额 6 000 ~ 8 000 元组是众数组。

第二步:用插补法确定众数的近似值。

下限公式:$M_O = L + \dfrac{f_m - f_{m-1}}{(f_m - f_{m-1}) + (f_m - f_{m+1})} \times i$　　　　　　　(4.20)

上限公式:$M_O = U - \dfrac{f_m - f_{m+1}}{(f_m - f_{m-1}) + (f_m - f_{m+1})} \times i$　　　　　　　(4.21)

式中:M_O 为众数;L 为众数所在组下限;U 为众数所在组上限;f_m 为众数组次数;f_{m-1} 为众数组下一组次数;f_{m+1} 为众数组上一组次数;i 为众数所在组组距。

根据表 4-11 资料代入公式(4.20)和(4.21),求得众数:

$$M_O = 6\,000 + \frac{120 - 35}{(120 - 35) + (120 - 38)} \times 2\,000 = 7\,017.96(元)$$

$$或：M_O = 8\,000 - \frac{120 - 38}{(120 - 35) + (120 - 38)} \times 2\,000 = 7\,017.96(元)$$

可见，下限公式与上限公式的计算结果相同。在计算众数时，选其中之一即可。由于是按比例方法推算，该众数只能是近似值。这种平均数在市场调查中被普遍应用。

应该注意的是，众数的计算有一定条件，即必须针对大量现象，而且具有明显的集中趋势，否则计算众数是没有实际意义的。当次数分布呈偏态分布时，用众数反映现象的一般水平较其他平均数具有更大的代表性，而且众数只与次数的分配情况有关，不受极值大小的影响，这与算术平均数相比则具有较高的代表性。同样，众数也存在三点不足：一是对变量值变化的影响小，众数缺少敏感性；二是在一个数列中出现不止一个众数时，就分散了对现象的代表性；三是当现象没有显著集中趋势，就找不出用众数表现的平均数。

（五）中位数

中位数（Median）也是一种位置平均数，可以缩写为（Me）。它是将某一变量的全部数值，按大小顺序排列后，处于中央位置的那一个变量值。实际上中位数把全部数据分为两半，一半数值比它小，一半数值比它大。中位数是由数值的位置确定的，因此，其结果不受极值的影响，但中位数缺乏敏感性，不能反映大多数数值的变化。

中位数在实际计算时，根据掌握的数据不同，要采用不同的计算方法。

1. 由未分组数据确定中位数

对未分组资料确定中位数，首先要确定它在数列中的位置，然后才能确定中位数。根据未分组资料确定中位数的过程是：将一组未分组资料按照从大到小（或从小到大）的顺序排列，那么位居中点位置上的那个变量值就是中位数。

在计算中位数时，关键是要确定中位数的位置。中点位置用下列公式确定：

$$中点位置 = \frac{n + 1}{2}$$

式中：n 为各变量值个数之和。如果 n 为奇数，中位数就是中点位置的变量值。

【例4.24】某班组有9名工人生产某种产品，某日产量分别为：15、10、20、16、17、18、17、19、15 件。试确定工人日产量的中位数。

① 日产量排序：10、15、15、16、17、17、18、19、20

② 确定中点位置 $= \frac{9 + 1}{2} = 5$

③ 确定中位数：即第五位工人的日产量17 件是中位数。

如果 n 为偶数，中位数则应取中点位置相邻的两个变量值的平均值为中位数。

【例4.25】某班组有8名工人生产某种产品，某日产量分别为：15、10、20、16、18、18、19、15 件。试确定工人日产量的中位数。

① 日产量排序：10、15、15、16、18、18、19、20

② 确定中点位置 $= \frac{8 + 1}{2} = 4.5$

③ 确定中位数：即第四位和第五位工人之间为中位数位置。第四位工人的日产量是16

件,第五位工人的日产量是 18 件,则:

$$中位数(Me) = \frac{16 + 18}{2} = 17(件)$$

2. 由分组数据确定中位数

在统计实务中,数据往往很多,常常是先进行数据整理,编制分配数列表,再计算中位数。

(1) 在单项式数列中,先计算各组的累计次数,然后根据中点位置的计算公式确定中位数所在的组,该组的变量值就是中位数。

$$中点位置 = \frac{\sum f}{2}$$

【例4.26】某车间 50 个工人日产量数据整理如表4 - 12 所示,计算该车间工人日产量的中位数。

表 4 - 12　　　　　　　　　　某车间 50 个工人日产量的分配数列表

日产量(件) x	工人人数(人) f	累计次数
13	4	4
14	14	18
15	22	40
16	8	48
17	2	50
合计	50	—

中点位置 $= \frac{50}{2} = 25$,中位数是第 25 位工人日产量,根据累计次数表,第三组的累计次数 40 包含 25,则中位数在第三组,第三组的工人日产量 15 件即是中位数。

(2) 在组距式数列中,确定中位数也要先计算累计次数和确定中位数的位置,然后确定中位数所在的组,但这时的中位数所在的组对应着一个变动区间,可用比例推算中位数的近似值。比例推算中位数的计算公式可用上限公式或下限公式。计算步骤如下:

① 计算累计次数,然后用 $\frac{\sum f}{2}$ 计算中点位置,并确定中位数所在组。

② 代入公式,计算中位数的近似值。

计算中位数也有上限公式和下限公式两种方法计算。

$$下限公式:Me = L + \left(\frac{\sum f}{2} - S_{m-1}\right) \times \frac{i}{f_m} \tag{4.22}$$

$$上限公式:Me = U - \left(\frac{\sum f}{2} - S_{m+1}\right) \times \frac{i}{f_m} \tag{4.23}$$

式中:Me 为中位数;L 为中位数所在组的下限;U 为中位数所在组的上限;f_m 为中位数所

在组的次数；i 为中位数所在组的组距；$\sum f$ 为总次数；S_{m-1} 为向上累计至中位数所在组前一组的次数；S_{m+1} 为向下累计至中位数所在组后一组的次数。

【例 4.27】某班学生统计基础期末考试成绩整理后编制的分配数列表如表 4 - 13 所示，试计算该班学生考试成绩的中位数。

表 4 - 13　　　　　某班学生统计基础期末考试分配数列表

考试成绩(分)	人数(人)	向上次数累计	向下次数累计
60 以下	4	4	50
60 ~ 70	10	14	46
70 ~ 80	18	32	36
80 ~ 90	12	44	18
90 ~ 100	6	50	6
合计	50	—	—

在本例中，中点位置 $\dfrac{\sum f}{2} = \dfrac{50}{2} = 25$，说明在中点位置向上或向下累计到包含 25 的位置。最后，找出包括中点位置的累计次数所对应的组，该组即为中位数所在组，是 70 ~ 80 分。

最后代入公式(4.22)或(4.23)计算中位数的近似值。

由表 4 - 13 资料可知：$L = 70,U = 80,f_m = 18,i = 10,\sum f = 50,S_{m-1} = 14,S_{m+1} = 18$。

则，由下限公式计算：

$$Me = 70 + \left(\frac{50}{2} - 14\right) \times \frac{10}{18} = 76.11(\text{分})$$

由上限公式计算：

$$Me = 80 - \left(\frac{50}{2} - 18\right) \times \frac{10}{18} = 76.11(\text{分})$$

可见，采用上限公式和下限公式计算中位数的结果是一致的，因此，选其中任何一个公式计算均可。

（六）应用平均数应注意的问题

（1）平均数只能在同质总体中才能计算。这是计算平均数的必要前提和基本原则。马克思在《资本论》中曾经指出："平均量始终只是同种的许多不同的个别量的平均数"。因为只有同质总体中，总体各单位才具有共同的特征，从而才能计算它们的平均数来反映其一般水平。如果把不同的事物混合在一起计算平均数，这样会将事物的根本差别掩盖起来，非但不能说明事物的性质及其规律性，反而会歪曲事实的真相。

（2）用组平均数补充说明总平均数。如表 4 – 14 所示。

表 4 – 14　　　　　　　　甲、乙两企业组平均工资和总平均工资

按工人性质 分组	甲企业				乙企业			
	工人数 （人）	比重 （%）	工资总额 （元）	平均工资 （元）	工人数 （人）	比重 （%）	工资总额 （元）	平均工资 （元）
正式工	2 340	90	3 378 960	1 444	1 260	78	1 965 600	1 560
合同工	260	10	230 400	900	640	22	614 400	960
合计	2 600	100	3 609 360	1 388	1 900	100	2 580 000	1 358

从上表可以看到,甲企业的总平均工资是 1 390 元,乙企业的总平均工资是 1 122 元,甲企业高于乙企业。但从分组资料看:正式工平均工资,甲企业 1 444 元,乙企业 1 560 元;合同工平均工资,甲企业 900 元,乙企业 960 元。两组工人的平均工资都是乙企业高于甲企业。为什么会出现这种现象呢?原因是各种工人数在总体中所占的比重有差别,从而使总平均数掩盖了各组工人由于结构的不同所导致的组平均水平的不同,因此,需要计算组平均数以补充说明总平均数。

（3）用分配数列和典型个体补充说明总平均数。总平均数是总体各单位数量差异抽象化的数值。由于总体各单位在数量上存在着差异,在研究总平均数时,就必须结合总体各单位的次数分布特征,对总平均数进行补充说明。又由于平均数只能说明现象的一般水平,而不能反映现象的具体差异,因此,从平均数上是不能反映出先进和后进的情况的。为了总结先进经验,帮助后进,带动中间,促进共同发展,在运用平均数时,应与个别先进或落后个体的数值相结合,来补充说明平均数。

任务四　　标志变异指标

一、标志变异指标的意义和作用

（一）标志变异指标的意义

在统计分析和研究中,我们经常用到一个重要指标,就是标志变异指标,简称变异指标,又称为标志变动度。平均指标是反映现象集中趋势的指标,是变量重要数量特征的一个方面,但仅仅掌握对集中趋势的度量,只能够对变量分布的中心位置进行描述,这是不全面的。为此,我们还需要了解变量数列围绕中心位置分布情况所表现出来的另一个方面的重要数量特征 —— 离中趋势,即离散状况,它是由变异指标反映的。

变异指标就是反映变量的离散状况,即离散范围和离散程度的指标,它们是变量数量特征的另一个方面。要进一步描述变量分布的数量特征,就需要计算变量的离中趋势（变异指标）,它是与集中趋势（平均指标）相辅相成,是共同反映变量分布规律性的一对对立统一的数量代表值。二者的异同表现在:

（1）相同点 —— 两者都是代表值。

平均指标代表现象的一般水平；变异指标代表现象的差异水平。

（2）不同点 —— 两者对变量值差异的处理不同。

平均指标是将差异抽象化，使人看不到差异；变异指标是要反映差异，使人了解差异的大小。

（二）标志变异指标的作用

（1）标志变异指标可以用来测定平均指标代表性的高低。平均指标是一个代表值，其代表性的高低由各变量值之间差异的大小决定。变量值之间的差别越大，标志变异指标就越大，平均数的代表性越低；反之，变量值之间的差别越小，标志变异指标就越小，平均指标的代表性越高。

【例4.28】某车间有甲、乙两个班组，每个班组都是5个工人，某月的奖金资料如下：

甲班组：680、690、700、710、720，$\bar{x} = 700$（元）

乙班组：500、600、700、800、900，$\bar{x} = 700$（元）

两个班组工人的平均奖金都是700元，但两班组工人奖金水平的差异程度是不同的。如以平均奖金700元去询问甲班组工人，他们会同意，说明700元能代表他们的奖金水平；如以平均奖金700元去询问乙班组工人，他们会有较大的异议，说明700元不能代表他们的奖金水平。所以，变量值差异的大小能直接决定平均数代表性的高低。

（2）标志变异指标可以衡量总体现象发展过程的均衡性和稳定性。从上一个例子可以看到，甲班组工人的奖金分配比较均衡，是因为变量值之间的差异小。因此，可以说标志变异指标越小，现象的发展就越均衡和稳定。

（3）标志变异指标在抽样调查中有重要作用。标志变异指标的大小与抽样方式的选择和抽样数目的确定都有密切的联系。这个问题将在第八章抽样推断技术中介绍。

二、标志变异指标的计算和应用

（一）极差

极差也称为全距，是变量数列中最大值与最小值之差。它能反映变量的离散程度，是最简单的标志变异指标，用公式可表示为：

$$全距(R) = 最大变量值 - 最小变量值 \tag{4.24}$$

对组距数列计算极差，可用下式近似计算：

$$全距(R) = 最高值组上限值 - 最低值组下限值 \tag{4.25}$$

式中，R表示极差。

如前例，有甲、乙两个班组，每个班组5个工人，某月的奖金资料如下：

甲班组：680、690、700、710、720，$\bar{x} = 700$，　　$R = 720 - 680 = 40$（元）

乙班组：500、600、700、800、900，$\bar{x} = 700$，　　$R = 900 - 500 = 400$（元）

用极差来评价变量值的离散程度是：极差值越小，说明变量值离散程度较小，变量值较集中，平均数的代表性较大；反之，极差值越大，说明变量值离散程度较大，变量值较分散，平均数代表性较小。

应用极差来反映标志变异程度,其计算较简便,能够较快地直接作出判断,但它只考虑了最大值与最小值之差,主要反映变量的离散范围。由于没有联系变量数列中其他数值的差异情况,不能较好地表现离散程度,只能粗略反映离散状况。鉴于它对极端数值反应灵敏,在误差监测与控制中有重要应用。

（二）标准差和方差

方差和标准差是在统计实务中最重要,也是最常用的对现象离散程度的度量方法,二者关系紧密。

1. 标准差

离差有正有负,为了避免相互抵消,在计算离差后,采用了数学平方的方法消除离差中出现的负号。但是,对于扩大了离差的倍数需要还原,所以在求出离差平方的平均数后需要开方,这样计算的就是标准差。实际上标准差是方差的算术方根,习惯上用字母"σ"表示。因此,标准差也叫均方差,标准差的计量单位与变量值的计量单位相同。

计算公式为:

简单式标准差:$\sigma = \sqrt{\dfrac{1}{n}\sum_{i=1}^{n}(x_i - \bar{x})^2}$ (4.28)

加权式标准差:$\sigma = \sqrt{\dfrac{1}{\sum f}\sum_{i=1}^{n}(x_i - \bar{x})^2 \cdot f}$ (4.29)

式中符号的意义与方差相同。

在计算标准差时,根据原始数据计算,对离差平方之和采用简单平均法,即简单式;根据分组数据计算,对离差平方之和采用加权平均法,即加权式。

现仍以前面甲、乙两个班组的例子来说明简单式标准差的计算方法。见表4 - 15 和表4 - 14。

表4 - 15　　　　　　　　　甲班组月奖金标准差计算表

月奖金(元) x	离差$(x - \bar{x})$ $(\bar{x} = 700$元$)$	离差平方 $(x_i - \bar{x})^2$
680	- 20	400
690	- 10	100
700	0	0
710	10	100
720	20	400
合计	—	1 000

代入公式(4.28),则:

$$\sigma_{甲} = \sqrt{\dfrac{\sum_{i=1}^{n}(x_i - \bar{x})^2}{n}} = \sqrt{\dfrac{1\,000}{5}} = 14.14(元)$$

表4-16 乙组月奖金标准差计算表

月奖金（元） x	离差$(x - \bar{x})$ $(\bar{x} = 700$ 元$)$	离差平方 $(x_i - \bar{x})^2$
500	-200	40 000
600	-100	10 000
700	0	0
800	100	10 000
900	200	40 000
合计	—	100 000

代入公式(4.28)，则：

$$\sigma_{乙} = \sqrt{\frac{\sum_{i=1}^{n}(x_i - \bar{x})^2}{n}} = \sqrt{\frac{100\ 000}{5}} = 141.4(元)$$

计算结果表明，乙班组标准差比甲班组标准差大，所以乙班组变量值的离散程度比甲班组大，即甲班组变量分布范围比乙班组集中，甲班组平均数代表性大。

在计算加权式标准差时，分为单项式数列和组距式数列两种情况，它们的差别只有一点：单项式数列可以直接计算；组距式数列要先计算组中值，以组中值作为各组的代表值进行计算。下面以组距式数列为例说明：

【例4.29】某车间100名工人月奖金分组资料如表4-17所示，试计算月奖金的标准差。

表4-17 某车间100名工人月奖金的标准差计算表

月奖金 （元）	工人数 （人）f_i	组中值 x	xf	$x - \bar{x}$	$(x - \bar{x})^2$	$(x - \bar{x})^2 \cdot f_i$
150 ~ 250	20	200	4 000	-110	12 100	242 000
250 ~ 350	50	300	15 000	-10	100	5 000
350 ~ 450	30	400	12 000	90	8 100	243 000
合计	100	—	31 000	—	—	490 000

① 计算组中值。以组中值为各组的变量值 x。

② 计算算术平均数。$\bar{x} = \dfrac{\sum xf_i}{\sum f_i} = \dfrac{31\ 000}{100} = 310(元)$

③ 计算月奖金的标准差。$\sigma = \sqrt{\dfrac{\sum_{i=1}^{n}(x_i - \bar{x})^2 \cdot f_i}{\sum f_i}} = \sqrt{\dfrac{490\ 000}{100}} = 70(元)$

2. 方差

方差是各变量值与其算术平均数的离差的平方的平均数。习惯上用"σ^2"表示。方差的计算过程是：

① 用各个变量值减去其算术平均数，得出离差，即 $x - \bar{x}$。

② 计算离差平方值之和，即 $\sum (x - \bar{x})^2$

因为离差有正离差和负离差之分，而且正离差之和等于负离差之和，正负离差相抵消后等于 0，即 $\sum (x - \bar{x}) = 0$。为了避免正负离差抵消，可取离差的平方值求和 $\sum (x - \bar{x})^2$。

③ 离差平方值之和除以项数 n 或总次数 $\sum f$，则求得方差。

计算公式为：

简单式方差：$\sigma^2 = \dfrac{1}{n} \sum\limits_{i=1}^{n} (x_i - \bar{x})^2$　　　　　　　　　　　　　　　　(4.26)

加权式方差：$\sigma^2 = \dfrac{1}{\sum f} \sum\limits_{i=1}^{n} (x_i - \bar{x})^2 \cdot f$　　　　　　　　　　　　(4.27)

式中：σ^2 为方差；$(x_i - \bar{x})$ 为离差；f 为各项次数；n 或 $\sum f$ 为总次数。

(三) 标准差系数

全距、方差、标准差都有与平均数相同的计量单位，也与各单位标志值的计量单位相同，它们代表相同的实物量，是反映总体各单位标志值差异的绝对量指标。其数值的大小，要受变量值本身绝对量水平高低的影响。若研究的总体不相同，或计量单位不相同，或平均数不相同，它们变异指标的绝对数是不可以直接比较的。为此，需要计算变异指标的相对数，即离散系数。

离散系数有几种，最常使用的是标准差系数，它是利用反映某种现象变量分布状况的标准差除以平均数来表明每单位平均数的离散程度，用百分数表示。标准差系数习惯上用字母"V_σ"表示。计算公式为：

$$V_\sigma = \frac{\sigma}{\bar{x}} \times 100\%　　　　　　　　　　　　　　　　(4.30)$$

【例 4.30】某地粮食平均亩产 600 千克，标准差为 60 千克；某企业工人的月平均工资是 1 500 元，标准差为 120 元。问哪个平均数的代表性大？

单从标准差来看，粮食平均亩产的标准差小于企业工人的月平均工资的标准差，若以此得出结论：某地粮食平均亩产 600 千克的代表性大，这是错误的。因为，两个平均数属于不同总体，而且计量单位不同，最主要的是平均数也不同，所以单凭标准差是不能判定两个平均数代表性的大小，而应该计算标准差系数来进行判断。

粮食亩产的标准差系数：$V_\sigma = \dfrac{\sigma}{\bar{x}} \times 100\% = \dfrac{60}{600} \times 100\% = 10\%$

某企业工人工资的标准差系数：$V_\sigma = \dfrac{\sigma}{\bar{x}} \times 100\% = \dfrac{120}{1\,500} \times 100\% = 8\%$

计算结果表明：由于某企业工人工资的标准差系数小于粮食亩产，所以某企业工人月平均工资的离散程度小，其平均工资 1 500 元的代表性大。

本章小结

综合指标分析是统计分析的基本方法,利用综合指标进行分析的方法就是综合指标分析法。综合指标是通过对数据采集获得的原始数据进行整理、汇总、计算后得到的,常用的综合指标有总量指标、相对指标、平均指标和标志变异指标等。具体包括:

1. 总量指标

总量指标是反映社会经济现象发展的总规模、总水平的综合指标。按反映内容不同分为总体单位总量和总体标志总量;按反映时间状况不同分为时期指标和时点指标。特别注意时期指标和时点指标的区别。

2. 相对指标

相对指标是由两个相互联系的统计指标对比计算得到的反映社会经济现象之间数量联系程度的综合指标。按研究的目的和任务不同,对比基础不同,相对指标有计划完成相对指标、结构相对指标、比例相对指标、比较相对指标、强度相对指标和动态相对指标。相对指标的表现形式有无名数和有名数两种,有名数主要用来表现强度相对指标的数值。六种相对指标中,重点和难点在计划完成相对指标。

3. 平均指标

平均指标是表明同类现象在一定时间、地点条件下所达到一般水平的综合指标。平均指标有算术平均数、调和平均数、几何平均数、中位数和众数,前三种是数值平均数,后两种是位置平均数。算术平均数,特别是加权算术平均数的计算和应用是学习的重点和难点。

4. 标志变异指标

标志变异指标是反映总体各单位标志值差别和离散状态的综合指标。它与平均指标关系紧密,相辅相成,常用它来反映平均指标代表性的大小。标志变异指标主要有全距、标准差和离散系数。

案例分析

平均指标与变异指标结合运用,全面认识和评价总体

将平均指标与变异指标结合运用,既能说明总体的一般水平,又能说明总体内部的差异程度。在对企业分析中,常将两个指标结合,来对两个总体平均数代表性大小的比较,以及生产均衡性的分析。

例如,在劳动竞赛中,某车间两个班组都是 5 个工人,并且生产同一种产品。某月两个班组工人产品产量资料如下表:

表4－18					某车间某月两个班组工人产量资料表		
工人编号	1	2	3	4	5	合计	平均产量
甲组(件)	300	250	200	150	100	1 000	200
乙组(件)	208	205	202	200	185	1 000	200

经过计算,两个班组工人的平均产量都是200件/人。就劳动生产率来看,两个班组完全相同,但现在只能评一个先进班组,可结合计算产量的变异指标进行比较。

常用的变异指标是标准差,其计算公式为:

$$\sigma = \sqrt{\frac{1}{n} \sum_{i=1}^{n} (x_i - \bar{x})^2}$$

甲班组工人产量的标准差为:

$$\sigma = \sqrt{\frac{(300-200)^2 + (250-200)^2 + (200-200)^2 + (150-200)^2 + (100-200)^2}{5}}$$

$$= 70.71 (件)$$

乙班组工人产量的标准差为:

$$\sigma = \sqrt{\frac{(208-200)^2 + (205-200)^2 + (202-200)^2 + (200-200)^2 + (185-200)^2}{5}}$$

$$= 7.97 (件)$$

计算结果表明:在劳动生产率相同的前提下,乙班组工人产量的标准差小于甲班组。即乙班组工人劳动生产率的稳定性好于甲班组,应评乙班组为先进班组。

生产的均衡性是指企业、车间或班组能按月、按旬、按日完成生产任务,或一年之内各月、一月之内各旬、一旬之内各日均衡完成生产任务,无前松后紧或前紧后松等不良现象,以保证生产的节奏性和秩序性,保证设备、劳动力充分利用,保证产品质量。运用平均指标和变异指标的结合,可分析生产的均衡性。

问题思考

1. 什么是总量指标?有何作用?
2. 举例说明总体单位总量和总体标志值总量。
3. 什么是时期指标和时点指标?二者有何区别?
4. 什么是相对指标?有哪些表现形式?
5. 什么是计划完成相对指标?如何评价计划完成情况?
6. 如何区别算术平均数与强度相对指标?
7. 什么是加权算术平均数?如何理解权数的意义?
8. 什么是标志变异指标?主要有哪几种?

本章教学要点概览

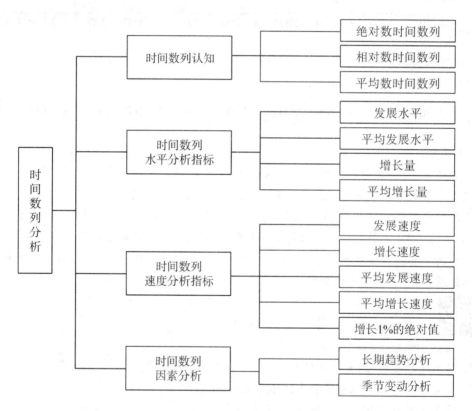

【情境导入】

2007—2016 年我国人口数据

年份	历年总人口（万人）	男性人口（万人）	女性人口（万人）	城镇人口（万人）	乡村人口（万人）
2007	132129	68048	64081	60633	71496
2008	132802	68357	64445	62403	70399

表（续）

年份	历年总人口（万人）	男性人口（万人）	女性人口（万人）	城镇人口（万人）	乡村人口（万人）
2009	133450	68647	64803	64512	68938
2010	134091	68748	65343	66978	67113
2011	134735	69068	65667	69079	65656
2012	135404	69395	66009	71182	64222
2013	136072	69728	66344	73111	62961
2014	136782	70079	66703	74916	61866
2015	137462	70414	67048	77116	60346
2016	138271	70815	67456	79298	58973

资料来源：国家统计数据网.

分析：时间数列分析是一种广泛应用的数量分析方法，它主要用于描述和探索现象发展变化的数量规律性。本章主要讨论时间数列分析方法在社会经济领域中的一些应用，具体包括时间数列中各指标的对比分析和时间数列的构成分析两方面内容。

本章教学内容提示

静止是相对的，运动是绝对的，社会经济现象也不例外，它们时时都处在发展变化过程中。本章学习目标在于使学生通过时间数列来认识现象的发展变化，并预测未来。

时间数列分析是一种广泛应用的数量分析方法，它主要用于描述和探索现象发展变化的数量规律性。本章主要讨论时间数列分析方法在社会经济领域中的一些应用，具体包括时间数列中各指标数值的对比分析和时间数列的构成分析两方面内容。

任务一　时间数列

一、时间数列的概念

为了探索某些现象发展变化的规律性，我们需要不间断地观察其活动的数量特征，来取得被观察现象在不同时间上的指标数值。

时间数列是指同一观察现象在不同时间的指标数值按照时间先后顺序排列而形成的数列。时间数列亦称为时间序列或动态数列。所谓动态，就是指观察对象的数量在时间上的发展变化。

【例5.1】某企业近几年有关统计资料如表5-1。

表5-1   某企业近几年有关统计资料

年份	2012年	2013年	2014年	2015年	2016年	2017年
利润额(万元)	320	322	315	340	360	342
年初职工人数(人)	405	410	420	422	418	426

时间数列总是以指标数值本身的时间限制要素作为排序单位,反映时间变化与数量的相互对应关系。如表5-1所示,时间数列在形式上由两部分构成:一是统计资料所属时间,排列的时间可以是年份、季度、月份或其他任何时间形式;二是现象在不同时间上对应的指标数值。它们是构成时间数列的两个基本要素。

二、时间数列的作用

时间数列是对各指标数值进行对比分析,考察影响因素,预测现象发展趋势的基础。具体表现在:

(1)通过时间数列各时间上指标数值的比较,可以具体地描述现象数量发展变化的过程和状态。

(2)通过时间数列的指标数值,可以计算一系列动态分析指标,进一步反映现象发展的绝对水平和相对水平。

(3)根据时间数列的指标数值,建立间接计量模型,为统计预测和决策提供依据,以便评价当前,安排未来。

因此,时间数列分析是社会经济统计的重要分析方法。

三、时间数列的种类

时间数列按其数列中统计指标的表现形式不同,可分为绝对数时间数列、相对数时间数列和平均数时间数列三种。其中,绝对数时间数列是基本数列。

(一)绝对数时间数列

将一系列同类的绝对数(总量指标)按时间先后顺序排列而形成的时间数列,称为绝对数时间数列。它是反映社会经济现象在各时间达到的绝对水平及其发展变化情况。如果按所反映的社会经济现象性质来看,可分为时期数列和时点数列。

1. 时期数列

当时间数列中所包含的各时间单位上的绝对数都是反映社会经济现象在某一段时期内的发展过程时,这种绝对数时间数列就称为时期数列,例如表5-1所列示的利润额资料。时期数列中各个绝对数都是时期指标。

时期数列的特点主要有:

(1)时期数列中各个指标数值可以相加,相加后的数值表示现象在更长时期内发展过程的总量。

(2)时期数列中每个指标数值的大小与时期的长短有直接关系。"时期"是指时间数列中每个指标数值所属的时间长度。一般来讲,时间愈长,指标数值愈大;反之,指标数值愈小 (指标数值出现负数除外)。也就是说时期指标是具有时间长度的。

(3) 时期数列中的指标数值一般采用连续登记办法获得。因为时期数列各指标数值是 反映现象在一段时间内发展过程的总量,它就必须对在这段时间内所发生的数量逐一登记 后进行累计。

2. 时点数列

当时间数列所包含的各时间单位上的绝对数都是反映社会经济现象在某一时点上所达 到的水平时,这种绝对数时间数列就称为时点数列。例如表 5 - 1 所列示的职工人数资料。时 点数列中各个指标数值都是时点指标。

时点数列又分为连续时点数列和间断时点数列,具体见本章任务三平均发展水平的相 关内容。

时点数列的特点主要有:

(1) 时点数列中各指标数值不具有可加性。由于时点数值显示的是社会经济在某一时 点(或时刻)上所处的状态或水平,因而将各个不同时点上的数值相加,无法说明这个数值 是属于哪一个时间状态或水平,一般相加无实际意义。

(2) 时点数列每个指标数值只表明现象在某时点的数量,其指标数值的大小与时间间 隔的长短无直接关系。如某时点现象的年末数值可能大于月末数值,也可能小于月末数值。 即时点指标不具有时间长度。

(3) 时点数列的指标数值一般采用间断登记办法获得。因为时点数列的各指标数值都 是反映现象在某一时刻上的数量,只要在某一时点上进行统计,就可以取得该时点的资料, 不必连续进行登记。

★ 知识链接

> 时期指标也称为流量,时点指标也称为存量。流量和存量是国民经济核算中的两个非 常重要的概念,二者是紧密联系的。例如,资产负债都是与一定时点相对应的量,即都是存 量。期初的资产存量是国民经济流量运行的条件,而期末存量又是本期国民经济流量运行 的结果,同时,期末存量又是下期国民经济运行的条件。

(二) 相对数时间数列

将某一个相对指标在各个时间上的指标数值按时间先后顺序排列而形成的时间数列叫 相对数时间数列。它反映社会经济现象之间相互联系的发展过程、状态和趋势。在相对数时 间数列中各指标数值是不能相加的。

【例5.2】某家用电器厂生产的某产品在本市同类企业生产的同种产品中所占比重(即 企业生产比重)与市场占有率资料如表 5 - 2 所示。

表 5 - 2 　　　　　　　　　　　某家用电器厂生产、销售比重

年份	2013 年	2014 年	2015 年	2016 年	2017 年
企业生产比重(%)	22.3	25.5	26.4	26.0	27.1
市场占有率(%)	32.1	30.2	23.8	18.5	15.2

上述资料表明：

（1）2013—2014 年该厂产品的竞争能力相当强,市场占有率远大于生产比率。

（2）2015—2016 年该厂产品的竞争能力迅速下降,市场占有率已经小于生产比率,说明此时该厂产品在市场虽还能勉强站住脚。但若照此速率下降,两三年后,该厂产品在市场将无立足之地。

因为相对数有六种,所以相对数时间数列也有六种。

【例 5.3】如上例的家用电器厂的其他资料如表 5 - 3 所示。

表 5 - 3 　　　　　　　　　　　某家用电器厂其他资料

序号	指标名称	2014 年	2015 年	2016 年	2017 年	动态数列种类
1	生产计划完成程度(%)	103	110	106	112	计划完成程度
2	市场占有率(%)	30.2	23.8	18.5	15.2	结构
3	生产人员占非生产人员(%)	128	142	140	148	比例
4	甲车间为乙车间产量的(%)	85	88	90	93	比较
5	每千个名职工保健医生数	3	3	4	5	强度
6	职工人数为上年的(%)	101	104	98	105	动态

在编制相对数时间数列时,要注意百分号、千分号的表示,以及在表中的位置与应用。

（三）平均数时间数列

将某一个平均指标在各个时间上的指标数值按时间先后顺序排列而形成的时间数列叫平均数时间数列。它反映社会经济现象一般水平的发展趋势。在平均数时间数列中各个指标数值同相对数时间数列一样,直接相加没有经济意义。

【例 5.4】某省历年职工平均工资排列形成的时间数列即为平均数时间数列,如表 5 - 4。

表 5 - 4 　　　　　　　　　　　某省历年职工平均工资资料表

时间	2013 年	2014 年	2015 年	2016 年	2017 年
职工月平均工资(元)	1 250	1 340	1 560	1 820	1 900

综上所述,时间数列的种类可以用图 5 - 1 所示。

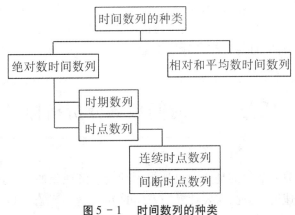

图 5-1　时间数列的种类

四、编制时间数列的原则

编制时间数列的重要目的是为了进行动态分析,通过比较同类现象在不同时间上的指标数值,来研究社会经济现象的发展变化过程或趋势。因此,保证数列中各指标数值之间的可比性,是编制时间数列应遵循的基本原则。可比性的具体要求是:

（一）时间上要具有可比性

对于时期数列,它的观察值的大小与包含的时间长短有直接关系,所以同一时期数列,各指标数值所属的时间长短应当一致,即同为月度、季度或年度资料;对于时点数列,每一个指标数值反映的是现象在某一瞬间上的总量,指标数值的大小与时间间隔长短没有直接联系,理论上时点数列的时点间隔可以不相同,但在实践过程中,一般要求各时点的间隔尽可能相等,以便准确地研究现象发展变化的动态或趋势。

（二）总体范围应该一致

指标数值的大小与被研究现象所属总体空间范围有直接关系。例如,研究四川省自改革开放以来的经济发展情况时,对重庆市划出成为直辖市前后四川省的各项经济指标是不能直接进行对比的,必须调整后,同一总体范围内的各年经济指标对比方才说明问题。

（三）指标的经济内容要一致

对于指标名称相同,而前后时期经济内容不一致的,不能进行对比,需要作调整。例如,劳动生产率有按国内生产总值计算的劳动生产率和按总产出计算的劳动生产率,两者不能混淆。又如,国民经济的两个核算体系:物质平衡体系(MPS) 和国民账户体系(SNA)。前者与计划经济体制相适应,后者与市场经济条件下的国家宏观管理要求相适应,这两个核算体系的范围、内容和方法都有差异。新中国建立后一直实行的是 MPS 的核算体系,从 1992 年开始实行新的核算体系,对同一个国民经济总量指标,在不同的核算体系下,内涵是不一样的。

（四）计算方法、计算价格和计量单位应一致

对于指标名称相同,经济内容一致时,有时因计算方法不一致,各时间的指标数值也不具有可比性。如果某种统计指标的计算方法作了重大改变,利用时间数列进行比较时,要统一计算方法。另外,在计算时所使用的价格种类较多,同类指标的计算价格不同,指标数值的大小也就不一样。因此,在时间数列中同类指标数值的计算价格要统一,实物指标的计量单

位也要相同,当计量单位作了改变,要注意将其调整成一致。例如,GDP 有三种计算方法:生产法、收入法和支出法;计算价格有两种:现行价格和不变价格。在编制 GDP 时间数列时,要注意采用同一种计算方法、计算价格和计量单位。

任务二 时间数列分析指标

编制和运用时间数列的目的是要深刻地揭示社会经济现象的发展过程和规律,反映现象的发展水平和发展速度。为此,需要计算一系列的指标,进行动态分析。需要计算的指标包括发展水平、平均发展水平、增长量、平均增长量、发展速度、增长速度、平均发展速度、平均增长速度和增长 1% 的绝对数等。这些动态分析指标我们分为三个部分进行学习,即时间数列的分析指标、平均发展水平和平均速度。

一、发展水平和增长量

(一) 发展水平

在时间数列中,现象在不同时间上对应的指标数值叫发展水平或时间数列水平,它是时间数列的两个构成要素之一,也是计算其他动态分析数据的基础。它可以用绝对数表示,也可以用相对数或平均数来表示。

时间数列中第一个指标数值称为最初水平,最后一个指标数值称为最末水平,其余各个指标数值称为中间水平,这是根据各个指标数值在时间数列中所处的位置不同划分的。在动态分析中,我们将所研究的那一时期的指标数值称为报告期水平或计算期水平,而将用来比较的作为基础时间的指标数值称为基期水平。在本章用 a 代表时间数列中的各个发展水平,对于给定的时间数列:$a_0, a_1, a_2, \cdots, a_{n-1}, a_n$,则 a_0 为最初水平,a_n 为最末水平,其余各项 $a_1, a_2, \cdots, a_{n-1}$ 为中间水平。期初、期末、报告期、基期发展水平的概念是相对的,他们要随研究目的的不同而变化。

发展水平在文字使用上一般用"增加到"、"增加为"、"降低到"、"降低为"来表示。例如,在表5-4的资料中,对职工月平均工资的表述为:从2013年1 250元增加到2017年1 900元。

(二) 增长量和平均增长量

1. 增长量

增长量是报告期水平与基期水平之差,表明现象报告期水平比基期水平增加或减少的数量。

增长量 = 报告期水平 - 基期水平

如果增长量是正值,表明报告期比基期绝对量增加;如果增长量是负值,表明报告期比基期绝对量减少。因此,增长量也可以叫"增减量"。

【例5.5】某地区2017年粮食产量为578万吨,2016年粮食产量为560万吨,则2017年与2016年相比,粮食的增长量为:

$$578 - 560 = 18(万吨)$$

增长量表明所观察的现象发展变化的方向和规模。则该例的粮食增长量说明:粮食产量2017 年是增长的,增长的规模是 18 万吨。

由于采用基期的不同,增长量可分为两种:逐期增长量和累计增长量。

(1)逐期增长量

逐期增长量是以前期水平作为基期,即:

逐期增长量 = 报告期水平 - 前期水平

它表明相邻两个时期每一个报告期比前一个时期增长的绝对数量。公式为:

$$a_1 - a_0,a_2 - a_1,a_3 - a_2,\cdots,a_n - a_{n-1} \tag{5.1}$$

(2)累计增长量

累计增长量是以固定基期水平作为基期,即:

累计增长量 = 报告期水平 - 固定基期水平

它表明现象在一段时期内报告期比某一固定时期水平总的增加或减少数量。公式为:

$$a_1 - a_0,a_2 - a_0,a_3 - a_0,\cdots,a_n - a_0 \tag{5.2}$$

【例 5.6】根据表 5 - 5 分别计算各年逐期增长量与累计增长量。

表 5 - 5　　　　　　某地区近几年粮食产量资料及增长量计算表　　　　　　单位:万吨

年份	2012 年	2013 年	2014 年	2015 年	2016 年	2017 年
符号	a_0	a_1	a_2	a_3	a_4	a_5
粮食产量	400	440	500	540	560	578
逐期增长量	-	40	60	40	20	18
累计增长量	-	40	100	140	160	178

上表资料说明了该地区粮食产量每年增长的幅度和累计增长的规模。

(3)累计增长量与逐期增长量的关系

累计增长量与逐期增长量之间存在一定关系,即累计增长量等于各期逐期增长量之和。以算式表现其关系为:

$$a_n - a_0 = (a_1 - a_0) + (a_2 - a_1) + \cdots + (a_n - a_{n-1}) \tag{5.3}$$

如表 5 - 5 中,2017 年粮食产量较 2012 年增加了 178 万吨,为 2012—2017 年各年逐期增长量之和。即:

$$40 + 60 + 40 + 20 + 18 = 178(万吨)$$

同时,累计增长量与逐期增长量的关系还表现在:相邻两个累计增长量之差,等于相应时期的逐期增长量。即:

$$a_n - a_{n-1} = (a_n - a_0) - (a_{n-1} - a_0) \tag{5.4}$$

即 2017 年的逐期增长量 = 178 - 160 = 18(万吨)

2. 平均增长量

平均增长量也是一种序时平均数。它是将各个逐期增长量相加以后,除以逐期增长量的个数,反映现象在一定期内各期平均增长的数量。公式为:

$$平均增长量 = \frac{逐期增长量之和}{逐期增长量个数} = \frac{累计增长量}{时间数列项数 - 1} \tag{5.5}$$

根据表 5 - 5 中的资料,计算 2012—2017 年,该地区每年的平均粮食增长量:

$$年均粮食增长量 = \frac{40 + 60 + 40 + 20 + 18}{5} = \frac{178}{5} = 35.6(万吨)$$

计算平均增长量,可以分析社会现象在一段时期内增长的一般水平,作为编制中、长期计划和进行考核的依据。

二、发展速度与增长速度

(一)发展速度

发展速度是用报告期水平与基期水平进行对比,所得到的动态相对数,用来反映社会经济现象发展变化的程度。其计算公式为:

$$发展速度 = \frac{报告期水平}{基期水平} \times 100\%$$

例如:根据表 5 - 5 资料 2017 年粮食产量与 2016 年粮食产量进行对比,所得的发展速度为:

$$发展速度 = \frac{报告期水平}{基期水平} \times 100\% = \frac{578}{560} \times 100\% = 103.21\%$$

计算结果表明该地区粮食产量 2017 年比 2016 年发展变化程度为 103.21%,增长了 3.21%。

在计算发展速度中,由于所选择基期的不同,分为环比发展速度和定基发展速度。

1. 环比发展速度

环比发展速度是以报告期水平与其前一期水平对比所得到的动态相对数。表明现象逐期的发展变动程度。计算公式为:

$$环比发展速度 = \frac{报告期水平}{前一期水平}$$

用符号表示为:

$$\frac{a_1}{a_0}, \frac{a_2}{a_1}, \frac{a_3}{a_2}, \cdots, \frac{a_n}{a_{n-1}} \tag{5.6}$$

【例 5.7】由表 5 - 5 的资料来计算速度指标得表 5 - 6。

表 5 - 6 　　　　　　某地区近几年粮食产量资料及速度指标计算表 　　　　　单位:万吨

年份	2012 年	2013 年	2014 年	2015 年	2016 年	2017 年
符号	a_0	a_1	a_2	a_3	a_4	a_5
粮食产量	400	440	500	540	560	578

表5-6（续）

年份	2012 年	2013 年	2014 年	2015 年	2016 年	2017 年
环比发展速度(%)	–	110.00	113.64	108.00	103.70	103.21
定基发展速度(%)	100	110.00	125.00	135.00	140.00	144.50
环比增长速度(%)	–	10.00	13.64	8.00	3.70	3.21
定基增长速度(%)	–	10.00	25.00	35.00	40.00	44.50

在表 5 - 6 中,2013 年、2014 年 ……2017 年的环比发展速度,分别为:110.00%、113.64%、108.00%、103.70%、103.21%。

2. 定基发展速度

定基发展速度是用报告期水平与某一固定基期水平(通常为最初水平)对比所得到的动态相对数,用来表明所观察现象在一段时期内发展的总速度。计算公式为:

$$定基发展速度 = \frac{报告期水平}{固定基期水平}$$

用符号表示为:

$$\frac{a_1}{a_0}, \frac{a_2}{a_0}, \frac{a_3}{a_0}, \cdots, \frac{a_n}{a_0} \tag{5.7}$$

在表 5 - 6 中,以 2012 年为固定基期,各年的定基发展速度分别为:110.00%、125.00%、135.00%、140.00%、144.50%。

3. 两者之间的关系

二者在数量上存在着依存关系:

$$\frac{a_n}{a_0} = \frac{a_1}{a_0} \times \frac{a_2}{a_1} \times \frac{a_3}{a_2} \times \cdots \times \frac{a_n}{a_{n-1}} \tag{5.8}$$

即定基发展速度等于同时期内各环比发展速度的连乘积。

如表 5 - 6 所示,2017 的粮食产量年为 2012 年的 144.50%,它等于这一段时期内各年环比发展速度的连乘积。即:

144.50% = 110.00% × 113.64% × 108.00% × 103.70% × 103.21%

$$\frac{a_n}{a_{n-1}} = \frac{a_n}{a_0} \div \frac{a_{n-1}}{a_0} \tag{5.9}$$

即两个相邻时期的定基发展速度之商等于相应时期的环比发展速度。

如表 5 - 6 所示,2017 年的定基发展速度除以 2016 年的定基发展速度,等于 2017 年环比发展速度。即:

103.21% = 144.50% ÷ 140.00%

(二) 增长速度

增长速度是用增长量与基期水平对比所得到的相对数。它是扣除了基数后的变动程度,表明现象增长(或下降)的相对程度。计算公式为:

$$增长速度 = \frac{增长量}{基期水平} = \frac{报告期水平 - 基期水平}{基期水平}$$

$$= \frac{报告期水平}{基期水平} - 1 = 发展速度 - 1$$

计算得到的比率有正有负,正值表明所研究现象的增长程度,其发展方向是上升的;负值表明所研究现象的减少程度,其发展方向是下降的。

根据时间数列计算增长速度时,由于选择期的不同,可以分为环比增长速度和定基增长速度。

1. 环比增长速度

环比增长速度是选择前一期水平作基期,表明现象逐期增长(或降低)的程度及方向。即:

$$环比增长速度 = \frac{逐期增长量}{前一期水平} = 环比发展速度 - 1(或100\%)$$

以符号表示的算式为:

$$\frac{a_1 - a_0}{a_0}, \frac{a_2 - a_1}{a_1}, \frac{a_3 - a_2}{a_2}, \cdots, \frac{a_n - a_{n-1}}{a_{n-1}}$$

$$或 \frac{a_1}{a_0} - 1, \frac{a_2}{a_1} - 1, \frac{a_3}{a_2} - 1, \cdots, \frac{a_n}{a_{n-1}} - 1 \qquad (5.10)$$

如表5-6所示,2012年,2013年……2017年的环比增长速度分别为:10.00%、13.64%、8.00%、3.70%、3.21%。

2. 定基增长速度

定基增长速度是选择固定基期水平作为基期,表明现象在一个较长时期内总的增长(或减少)的程度及方向,又称总增长速度。即:

$$定基增长速度 = \frac{累计增长量}{固定基期水平} = 定基发展速度 - 1(或100\%)$$

以符号表示的算式为:

$$\frac{a_1 - a_0}{a_0}, \frac{a_2 - a_0}{a_0}, \frac{a_3 - a_0}{a_0}, \cdots, \frac{a_n - a_0}{a_0}$$

$$或 \frac{a_1}{a_0} - 1, \frac{a_2}{a_0} - 1, \frac{a_3}{a_0} - 1, \cdots, \frac{a_n}{a_0} - 1 \qquad (5.11)$$

如表5-6所示,以2012年为固定基期,各年的定基增长速度(即各年与2012年比较的总增长速度)分别为10.00%、25.00%、35.00%、40.00%、44.50%。

需要特别强调的是,两种增长速度都是发展速度的派生指标,它只反映现象增长(或减少)的相对程度,所以,定基增长速度不等于各环比增长速度的连乘积,相互间不能直接推算,若要由环比增长速度求定基增长速度,必须将环比增长速度加上基数1(或100%)还原为环比发展速度,然后再将各环比发展速度连乘得到定基发展速度,最后将其结果减1(或100%)就是定基增长速度。

如表5-6所示,已知2012年至2017年环比增长速度分别为10.00%、13.64%、8.00%、3.70%、3.21%,在这段时间粮食产量总增长速度为:

$$(10\% + 1) \times (13.64\% + 1) \times (8\% + 1) \times (3.7\% + 1) \times (3.21\% + 1) - 1 = 44.5\%$$

三、增长 1% 的绝对值

现象的增长量是说明现象的增长的绝对数量,而增长速度是说明现象增长的相对程度。有时速度快,但增长的绝对数量可能很小;有时速度慢,但增长的绝对数量可能较大。为了全面反映现象的发展变化情况,必须计算增长 1% 的绝对值。它实际上是水平分析和速度分析的结合。

增长 1% 的绝对值,可采用以下两个公式计算:

$$增长1\%的绝对值 = \frac{逐期增长量}{环比增长速度} \times 1\% \tag{5.12}$$

$$= \frac{前一期水平}{100} \tag{5.13}$$

这两个公式,在内容上是一致的。即:

$$增长1\%的绝对值 = \frac{逐期增长量}{环比增长速度} \times 1\% = \frac{逐期增长量}{\frac{逐期增长量}{前一期水平}} \times \frac{1}{100} = \frac{前一期水平}{100}$$

【例 5.8】有甲、乙两个企业 2016 年和 2017 年总产值资料如表 5 - 7。

表 5 - 7　　　　　　　甲、乙两个企业 2016 年和 2017 年总产值资料

年份	甲企业		乙企业	
	总产值(万元)	增长速度(%)	总产值(万元)	增长速度(%)
2016 年	4 000	—	100	—
2017 年	4 400	10	130	30

$$甲企业增长1\%的绝对值 = \frac{4\ 400 - 4\ 000}{10\%} \times 1\% = 40(万元)$$

$$或:甲企业增长1\%的绝对值 = \frac{4\ 000}{100} = 40(万元)$$

$$乙企业增长1\%的绝对值 = \frac{130 - 100}{30\%} \times 1\% = 1(万元)$$

$$或:乙企业增长1\%的绝对值 = \frac{100}{100} = 1(万元)$$

从增长速度上看,乙企业比甲企业高,而增长 1% 的绝对值甲厂为 40 万元,乙企业为 1 万元,甲企业远高于乙企业。所以,用增长 1% 的绝对值来分析研究问题,能够帮助我们看到问题的实质,抓住问题的关键和重点,而不是被单纯的速度所迷惑。

任务三　平均发展水平

平均发展水平是对时间数列中不同时间上各发展水平计算的平均数,它表明现象在整

个发展过程中发展变动的一般水平,又称为序时平均数或动态平均数。它与第四章讲的一般平均数一样,都是抽象了现象的数量差异,概括地反映现象的一般水平。但两者间仍存在差别:序时平均数是根据时间数列计算,将现象在不同时间上的数量差异抽象化,从动态上反映现象的一般水平;一般平均数是根据变量数列计算,将某一数量特征在总体各单位间的差异抽象化,从静态上反映现象的一般水平。

由于时间数列中各指标数值性质有不同特点,因此,根据不同的时间数列计算序时平均数时应采用不同的计算方法。

一、由绝对数时间数列计算平均发展水平

(一)由时期数列计算平均发展水平

由于时期数列的各项指标数值可以相加,所以,由时期数列计算序时平均数可采用简单算术平均法。其公式为:

$$平均发展水平 = \frac{数列中各项观察数值之和}{项数}$$

若用字母符号表示,则计算公式为:

$$\bar{a} = \frac{a_1 + a_2 + a_3 + \cdots + a_n}{n} = \frac{\sum a}{n} \tag{5.14}$$

式中:$\bar{a}$ 为时间数列的平均发展水平;$a_1, a_2, \cdots, a_n$ 为时间数列中各期发展水平;n 为时间项数;$\sum a$ 是 $\sum_{i=1}^{n} a$ 的简单表达式,以后公式相同。

【例5.9】某企业2017年上半年有关资料如表5-8,计算该企业月平均增加值和月平均利税额。

表5-8　　　　　　　　　　时期数列序时平均数计算举例

月份	1月	2月	3月	4月	5月	6月	合计
月增加值(万元)	300	300	340	340	3 650	400	2 040
月利税额(万元)	40	40	50	60	50	60	300

这是两个时期数列,应采用简单算术平均法计算序时平均数。例:

月平均增加值:$\bar{a} = \dfrac{\sum a}{n} = \dfrac{2\,040}{6} = 340$(万元)

月平均利税额:$\bar{a} = \dfrac{\sum a}{n} = \dfrac{300}{6} = 50$(万元)

(二)由时点数列计算平均发展水平

因为时点数列中各项指标不能直接相加,在计算平均发展水平时,是以假定相邻时点间现象均匀变动为前提。在统计实务中,将"天"作为最小的统计单位,如果知道每天的资料,则认为数据的统计是连续的,所形成的时间数列称为连续时点数列;如果不是每天的资料,而是间隔一段时间统计一次获得数据资料,则形成的时间数列称为间断时点数列。我们分别对连续时点数列和间断时点数列运用不同方法计算。

1. 根据连续时点数列计算平均发展水平

(1) 如果每天的资料都掌握,则用数列中每天的指标数值之和,除以日历天数,即采用简单算术平均法计算序时平均数。其公式为:

$$\bar{a} = \frac{\sum a}{n} \tag{5.15}$$

【例5.10】某班学生一周内每天的出勤情况如表5-9,计算一周平均出勤人数。

表5-9 某班一周内每天出勤人数资料

日期	星期一	星期二	星期三	星期四	星期五
出勤人数(人)	55	56	53	57	54

这是一个连续时点数列,应采用简单算术平均法计算。则:

$$\bar{a} = \frac{\sum a}{n} = \frac{55 + 56 + 53 + 57 + 54}{5} = 55 \text{（人）}$$

(2) 社会经济现象在很多时候并不是时时在发生变化,我们不必每天进行统计,只需要在数量发生变化时才记录一次。此时计算平均发展水平,以数据持续的天数作为权数,采用加权算术平均法。计算公式为:

$$\bar{a} = \frac{\sum af}{\sum f} \tag{5.16}$$

式中:f 为各时点水平持续的天数,即权数。

【例5.11】某企业在2017年6月份职工人数变动资料如表5-10。

表5-10 某企业2017年6月份职工人数变动资料

日期	1~8日	9~15日	16~25日	26~30日
职工人数(人)	500	510	520	516

该企业6月份职工平均人数为:

$$\bar{a} = \frac{\sum af}{\sum f} = \frac{500 \times 8 + 510 \times 7 + 520 \times 10 + 516 \times 5}{8 + 7 + 10 + 5} = \frac{15\,350}{30} = 511.7 \approx 512\text{（人）}$$

2. 根据间断时点数列计算平均发展水平

在实际工作中,由于社会经济现象复杂多变,不可能对各种现象时点的变动随时进行登记,往往每隔一定时间或周期进行登记,这种间隔一定时间进行记录所形成的时间数列称为间断时点数列。例如人口数、资产存量等,它们一般只统计期初或期末的数字。间断时点数列分为间隔相等和间隔不相等两种情况处理。

(1) 由间隔相等的间断时点数列计算平均发展水平。当掌握时间数列的各个指标数值是间隔相等的期初或期末资料,在计算序时平均数时有一个前提条件,即假设指标数值在两个相邻时点间是均匀变动的。这时的计算步骤是:首先将指标数值的期初数加期末数除以2,即得本期的序时平均数;然后将各段时期的序时平均数相加,除以时期数,则得整个时期的序时平均数。

【例5.12】某企业有关资料如表5-11,求月平均职工人数及月平均固定资产额。

表5-11　　　　　　　　　　　某企业某年上半年统计资料

月份	1月	2月	3月	4月	5月	6月	7月
月初职工人数(人)	124	126	124	122	126	128	124
月初固定资产额(万元)	60	60	61	64	64	70	70

根据表5-11中的资料,计算该企业上半年月平均人数,先求各月的职工平均人数。其计算公式如下:

$$平均人数 = \frac{期初人数 + 期末人数}{2}$$

在这里,可以将上月末人数当作本月初人数,因为上月末与本月初的这两个时点一般是同一数值。同理,可以将本月末人数当作下月初人数。因此,各月平均人数如下:

$$1月份的平均人数 = \frac{124 + 126}{2} = 125(人)$$

$$2月份的平均人数 = \frac{126 + 124}{2} = 125(人)$$

$$3月份的平均人数 = \frac{124 + 122}{2} = 123(人)$$

$$4月份的平均人数 = \frac{122 + 126}{2} = 124(人)$$

$$5月份的平均人数 = \frac{126 + 128}{2} = 127(人)$$

$$6月份的平均人数 = \frac{128 + 124}{2} = 126(人)$$

将上面6个月的平均人数相加,除以6,则得上半年月平均人数。计算如下:

$$上半年月平均人数 = \frac{125 + 125 + 123 + 124 + 127 + 126}{6} = 125(人)$$

若把上面两个步骤合并,可导出简捷公式:

$$\bar{a} = \frac{\frac{124 + 126}{2} + \frac{126 + 124}{2} + \frac{124 + 122}{2} + \frac{122 + 126}{2} + \frac{126 + 128}{2} + \frac{128 + 124}{2}}{7 - 1}$$

$$= \frac{\frac{124}{2} + 126 + 124 + 122 + 126 + 128 + \frac{124}{2}}{7 - 1}$$

用符号代替得：

$$\bar{a} = \frac{\frac{a_1}{2} + a_2 + a_3 + a_4 + a_5 + a_6 + \frac{a_7}{2}}{7 - 1}$$

将上列计算过程概括为下列一般计算公式：

$$\bar{a} = \frac{\frac{a_1}{2} + a_2 + a_3 + \cdots + \frac{a_n}{2}}{n - 1} \tag{5.17}$$

以上公式被称为"首末折半法"。但必须注意的是该公式只适用于各时点之间间隔相等的情况。

如表5－11资料，计算上半年平均各月的固定资产额为：

$$\bar{a} = \frac{\frac{60}{2} + 60 + 61 + 64 + 64 + 70 + \frac{70}{2}}{7 - 1} = 64$$

如果将上式稍加变形，可得：

$$\bar{a} = \frac{\frac{a_0 + a_1}{2} + \frac{a_1 + a_2}{2} + \cdots + \frac{a_{n-1} + a_n}{2}}{n}$$

$$\bar{a} = \frac{\bar{a}_1 + \bar{a}_2 + \bar{a}_3 + \cdots + \bar{a}_n}{n} \tag{5.18}$$

若掌握的是各时段时点的平均数，便可以直接用此公式计算序时平均数。

（2）由间隔不等的间断时点数列计算序时平均数。时点数列的各指标数值在时点间隔不相等时，要以各时点间隔的时间长度为权数，采用加权平均法计算序时平均数。计算公式为：

$$\bar{a} = \frac{\frac{a_1 + a_2}{2} \times f_1 + \frac{a_2 + a_3}{2} \times f_2 + \cdots + \frac{a_{n-1} + a_n}{2} \times f_{n-1}}{\sum_{i=1}^{n-1} f_i} \tag{5.19}$$

式中：f为各时点的时隔长度。

【例5.13】某企业2017年有关职工人数资料如表5－12。

表5－12　　　　　　　　　某企业2017年职工人数资料

时间	1月1日	4月1日	7月31日	12月31日
职工人数（人）	500	560	580	600

根据公式计算该企业2017年的职工平均人数为：

$$\bar{a} = \frac{\frac{500 + 560}{2} \times 3 + \frac{560 + 580}{2} \times 4 + \frac{580 + 600}{2} \times 5}{3 + 4 + 5} \approx 568（人）$$

根据间断时点数列计算序时平均数，是假定研究现象在相邻两个时点之间的变动是均匀的,实际上各种现象的变动一般是不均匀的,因此,其计算结果只能是近似值。为了使计算结果能尽量反映实际情况,间断时点数列的间隔不宜过长,以缩小计算误差。

二、由相对数时间数列计算平均发展水平

相对数时间数列是绝对数时间数列的派生数列,由于相对数时间数列的每一个相对数对比的基础不同,不能够直接相加,因此相对数时间数列不能直接计算平均发展水平,必须先计算各相对数分子数列的序时平均数,再计算其分母数列的序时平均数,最后将分子数列的序时平均数与分母数列的序时平均数进行对比,所得的比值就是相对数时间数列的平均发展水平。计算公式如下:

$$相对数时间数列平均发展水平 = \frac{分子数列的序时平均数}{分母数列的序时平均数}$$

用符号表示,则:

$$\bar{c} = \frac{\bar{a}}{\bar{b}} \tag{5.20}$$

式中:$\bar{c}$ 为相对数时间数列的平均发展水平;$\bar{a}$ 为分子数列的序时平均数;$\bar{b}$ 为分母数列的序时平均数。

相对数时间数列的分子数列与分母数列有以下几种情况:

（一）相对数时间数列的分子和分母都是时期数

若构成相对数时间数列的分子和分母都是时期数,则分别用时期数列的公式,计算其序时平均数。计算公式为:

$$\bar{c} = \frac{\bar{a}}{\bar{b}} = \frac{\frac{\sum a}{n}}{\frac{\sum b}{n}} = \frac{\sum a}{\sum b} \tag{5.21}$$

【例 5.14】某企业有关财务资料如表 5 - 13 所示,计算该企业月平均成本费用利润率。

表 5 - 13　　　　　　　　　　某企业有关资料

年份	2012 年	2013 年	2014 年	2015 年	2016 年	2017 年	合计
利润总额(万元)a	400	400	500	600	500	600	3 000
成本费用总额(万元)b	3 000	3 000	3 400	3 400	3 600	4 000	20 400

因为:月平均成本费用率 $= \frac{利润总额}{成本费用总额} \times 100\%$

则,该企业上半年的月平均成本费用率为:

$$\bar{c} = \frac{\bar{a}}{\bar{b}} = \frac{\sum a}{\sum b} = \frac{3\ 000}{20\ 400} \times 100\% = 14.7\%$$

在分子数列或分母数列的资料没有直接告诉的时候,首先要计算分子或分母资料,再代入公式计算。

【例 5.15】某企业第一季度各月的计划产量及计划完成程度资料如表 5 - 14。

表 5 - 14　　　　　　　　　　某企业第一季度计划完成情况

月份	1 月	2 月	3 月
计划成程度(%)c	90	110	120
计划产量(件)b	600	700	720

求第一季度月平均计划完成程度。

在此,必须注意,不能直接用各月产量计划完成程度相加,除以 3 求得。而必须先计算各月实际产量(即计划产量 × 计划完成程度)。

1 月实际产量 = 600 × 90% = 540(件)

2 月实际产量 = 700 × 110% = 770(件)

3 月实际产量 = 720 × 120% = 864(件)

代入公式,计算该企业第一季度月平均计划完成程度。

$$\bar{c} = \frac{\bar{a}}{\bar{b}} = \frac{\sum a}{\sum b} = \frac{540 + 770 + 864}{600 + 700 + 720} = 107.62\%$$

(二) 相对数时间数列中的分子、分母为时点数

如果相对数时间数列中的分子、分母为时点数,并且各时点间隔相等,则分子、分母均采用"首末折半法"。

【例 5.16】某企业有关资料如表 5 - 15。求该企业上半年人均占有固定资产额。

表 5 - 15　　　　　　　　　某企业固定资产和职工人数资料

月份	1 月	2 月	3 月	4 月	5 月	6 月	7 月
月初固定资产额(万元)a	60	60	61	64	64	70	70
月初职工人数(人)b	124	126	124	122	126	128	124

因为:人均占有固定资产额 = $\dfrac{\text{平均固定资产额}}{\text{平均职工人数}}$

则,该企业上半年人均占有固定资产额为:

$$\bar{c} = \frac{\bar{a}}{\bar{b}} = \frac{\dfrac{\dfrac{60}{2} + 60 + 61 + 64 + 64 + 70 + \dfrac{70}{2}}{7 - 1}}{\dfrac{\dfrac{124}{2} + 126 + 124 + 122 + 126 + 128 + \dfrac{124}{2}}{7 - 1}} = 0.512(万元／人)$$

如果分子、分母的各时点数间隔不相等,则分别采用加权平均法。

【例 5.17】某企业 2017 年工人人数统计资料如表 5 - 16。

表 5 - 16　　　　　　　　　　　某企业 2017 年工人人数统计资料

时间	1 月 1 日	5 月 1 日	7 月 1 日	10 月 31 日	12 月 31 日
固定工	700	700	710	720	740
合同工 a	8	10	12	20	24

求该年合同工占全部工人的平均比重。

因为:合同工的比重 $= \dfrac{合同工}{合同工 + 固定工}$

则,该年合同工占全部工人的平均比重为:

$$\bar{c} = \frac{\bar{a}}{\bar{b}} = \frac{\dfrac{8+10}{2} \times 4 + \dfrac{10+12}{2} \times 2 + \dfrac{12+20}{2} \times 4 + \dfrac{20+24}{2} \times 2}{4+2+4+2} \Bigg/ \frac{\dfrac{708+710}{2} \times 4 + \dfrac{710+722}{2} \times 2 + \dfrac{722+740}{2} \times 4 + \dfrac{740+764}{2} \times 2}{4+2+4+2} = 1.91\%$$

(三)相对数时间数列中,分子数列是时期数,而分母数列是时点数

如果构成相对数时间数列的分子是时期数,按公式 $\bar{a} = \dfrac{\sum a}{n}$ 计算,其分母是间隔相等的时点数,按"首末折半法"计算。

【例 5.18】某企业 2017 年上半年有关财务资料如表 5 - 17 所示。

表 5 - 17　　　　　　　　　某企业 2017 年上半年有关财务资料

月份	1 月	2 月	3 月	4 月	5 月	6 月	7 月
月增加值(万元)a	30	30	34	34	36	40	—
月初职工人数(人)b	124	126	124	122	126	128	124

求上半年全员劳动生产率。

因为:全员劳动生产率 $= \dfrac{月平均增加值}{月平均人数}$

分子的月增加值属于时期数列,分母的月初职工人数属于间隔相等的间断时点数列。即全员劳动生产率是一个时期数与一个时点数的对比。则,上半年全员劳动生产率(人均实现增加值)为:

$$\bar{c} = \frac{\bar{a}}{\bar{b}} = \frac{\dfrac{30+30+34+34+36+40}{6}}{\dfrac{\dfrac{124}{2}+126+124+122+126+128+\dfrac{124}{2}}{7-1}} = 0.272(万元 / 人·月)$$

三、平均数时间数列计算平均发展水平

平均数时间数列与相对数时间数列一样,也不能直接计算序时平均数,必须用构成平均

数的分子数列的序时平均数与其分母数列的序时平均数对比求得。其计算的基本公式如下：

$$平均数时间数列的平均发展水平 = \frac{分子数列的序时平均数}{分母数列的序时平均数}$$

用符号表示为：

$$\bar{c} = \frac{\bar{a}}{\bar{b}}$$

其计算方法与相对数时间数列相同，也要注意派生数列 c，与基本数列 a、b 的关系。

【例5.19】某企业2017年某种产品成本资料如表5-18。

表5-18　　　　　　　　　　某企业2017年某种产品成本资料

时间	一季度	二季度	三季度	四季度	合计
产量(只)b	366	324	382	402	1 474
单位成本(元)c	122.8	136.1	118.5	118.5	123.4

求平均单位成本。

因为：$单位成本(c) = \dfrac{总成本(a)}{产量(b)}$

在表5-18中，缺少分子数列(a)的资料，可以利用 $a = bc$ 的关系计算。

根据上表资料，该企业2017年某种产品平均单位成本为：

$$\bar{c} = \frac{\bar{a}}{\bar{b}} = \frac{\dfrac{\sum a}{n}}{\dfrac{\sum b}{n}} = \frac{\sum a}{\sum b} = \frac{\sum bc}{\sum b} \qquad 则：$$

$$\bar{c} = \frac{366 \times 122.8 + 324 \times 136.1 + 382 \times 118.5 + 402 \times 118.5}{366 + 324 + 382 + 402} = \frac{181\,920}{1\,474} = 123.42(元)$$

根据平均数时间数列计算序时平均数时，如果数列中各个时期的间隔相等，可用简单算术平均法计算(见表5-19)；如果数列中各时期的间隔不等，则以时间间隔的长度为权数，用加权算术平均法计算(见表5-20)。

【例5.20】某水泥厂2017年各季平均月产量如表5-19，计算全年平均月产量。

表5-19　　　　　　　　　　2017年某水泥厂各季平均每月产量资料

季度	一季度	二季度	三季度	四季度
平均月产量(万吨)	230	270	280	260

表5-19中，各季水泥产量时期相等，可用简单算术平均法计算全年平均月产量。

$$全年平均月产量 = \frac{230 + 270 + 280 + 260}{4} = 260(万吨)$$

【例5.21】某旅游区2017年游客人数资料如表5-20，计算全年平均每月的游客人次。

表 5 - 20   2017 年某旅游区游客的月平均人数资料

月份	1 月	2 ~ 3 月	4 ~ 8 月	9 ~ 11 月	12 月
月平均人次（万人次）	10	13	16	14	10

表 5 - 20 中，游客月平均人次的时期不等，应采用加权算术平均法计算全年平均每月的游客人次。

$$全年平均每月游客人次 = \frac{10 \times 1 + 13 \times 2 + 16 \times 5 + 14 \times 3 + 10 \times 1}{1 + 2 + 5 + 3 + 1} = 14（万人次）$$

任务四　　平均速度

时间数列的速度分析指标除了发展速度和增长速度之外，还包括平均发展速度和平均增长速度。平均发展速度也是序时平均数，它是对时间数列中不同时间单位上环比发展速度的平均，反映现象在较长时期内平均每一期的发展程度。平均增长速度是说明现象在一段时期内平均每年增长的程度，它比平均发展速度能更好地反映现象的发展变化。

平均增长速度不能直接根据环比增长速度或增长量计算，而只有先计算平均发展速度，将其减 1（或 100%）即可。公式为：

平均增长速度 = 平均发展速度 - 1（或 100%）   (5.22)

平均发展速度的计算不能采用算术平均的方法，而是要采用几何平均法和方程式法两种。我们重点掌握几何平均法的计算。

一、几何平均法（水平法）

几何平均法是以各期环比发展速度的连乘积开项数次方求平均发展速度。公式为：

$$\bar{x} = \sqrt[n]{x_1 \cdot x_2 \cdot x_3 \cdots x_n} \tag{5.23}$$

$$= \sqrt[n]{\frac{a_n}{a_0}} \tag{5.24}$$

$$= \sqrt[n]{R} \tag{5.25}$$

式中：$\bar{x}$ 为平均发展速度；$x_1, x_2, \cdots, x_n$ 为各期环比发展速度；a_0 为基期水平；a_n 为报告期水平；R 为总速度；n 为环比发展速度的项数。

平均发展速度是表明现象在一定发展阶段内发展变动的一般程度，是总速度 R（定基发展速度 $\frac{a_n}{a_0}$）的平均数，而总速度又是各期环比发展速度的连乘积。因此，计算平均发展速度的三个公式实质是一样的，在应用中根据已知资料不同选择使用。

【例 5.22】某企业钢铁产量如表 5 - 21，计算 2013—2017 年钢铁产量平均发展速度。

表 5 - 21　　　　　　　　　　　　　　某企业钢铁产量资料

年份	2012	2013	2014	2015	2016	2017
钢产量(万吨)	200	240	300	340	360	378
环比发展速度(%)	-	120	125	113.33	105.88	105
定基发展速度(%)	100	120	150	170	180	189

$$\bar{x} = \sqrt[5]{120\% \times 125\% \times 113.33\% \times 105.88\% \times 105\%} = 113.58\%$$

$$或\ \bar{x} = \sqrt[5]{\frac{378}{200}} = 113.58\%$$

$$或\ \bar{x} = \sqrt[5]{189} = 113.58\%$$

上述三种方法计算结果完全一致,实际应用中可以选择其一计算。

注意在开高次方根时,有两种方法:

(1)用计算器直接开方

(2)利用对数计算

如将公式 $\bar{x} = \sqrt[n]{x_1 \cdot x_2 \cdot x_3 \cdots x_n}$ 的等式两端同时取对数:

$$\lg\bar{x} = \frac{1}{n}(\lg x_1 + \lg x_2 + \lg x_3 + \cdots + \lg x_n)$$

根据计算的结果,查反对数,则可得平均发展速度 $\bar{x}$。

【例5.23】某地区社会商品零售额2012年为1 558.6万元,2017年增加到2 849.4万元,从2012年至2017年社会商品零售额的平均增长速度是多少?

$$平均增长速度 = \sqrt[n]{\frac{a_n}{a_0}} - 1 = \sqrt[5]{\frac{2\ 849.4}{1\ 558.6}} - 1 = 0.128 \quad 即 12.8\%$$

几何平均法的特点是:从最初水平 a_0 出发,在平均发展速度 $\bar{x}$ 下,经过几期达到最末水平 a_n。这种方法重点在于考察最末的水平,因此,又叫水平法。

二、方程式法(累计法)

方程式法计算平均发展速度的着眼点是从最初水平 a_0 出发,各期按一个平均发展速度计算发展水平,则计算的各期发展水平累计总和等于各期实际发展水平的总和。

时间数列 $a_0, a_1, a_2, \cdots, a_n$,则各期理论发展水平为:

$$a_1 = a_0\bar{x}, a_2 = a_0\bar{x}^2, \cdots, a_n = a_0\bar{x}^n \tag{5.26}$$

$$则: \sum a_i = a_0\bar{x} + a_0\bar{x}^2 + \cdots + a_0\bar{x}^n \tag{5.27}$$

这就是要建立的代数方程,由此计算平均发展速度的方法称为方程法,而这种方法重点要考察各期发展水平的累计总和($\sum a_n$),所以又称为累计法。

解此高次方程,其正根为平均发展速度。但是,要求解这个方程式比较复杂。在统计工作中,往往利用事先编好的查对表进行计算,这里不作详细介绍。

任务五　时间数列趋势分析与预测

一、时间数列变动的因素分析

对时间数列的分析，除了通过水平分析和速度分析计算一系列时间数列的分析指标外，还需要对影响时间数列变化的各种因素进行分析。社会经济现象的发展通常要受到多种因素的影响，时间数列的分析要求从现象的总变动中分离出不同的影响因素及其影响程度。这些因素是比较复杂的，在实际工作中我们将各种影响因素按不同性质归纳为四类，然后分别测定其变动的程度。

（一）长期趋势的变动

在影响时间数列各观察值变化的诸多因素中，有些是基本因素，即对现象的各个时期都起决定性作用的因素。它能促使时间数列各期发展水平沿着一个方向（上升或下降）持续发展。例如，由于居民生活水平不断提高，社会商品零售额呈不断增长趋势。现象在一个相当长时期内的这种持续发展变动趋势就是长期趋势变动，它是时间数列分析首先要研究的变动趋势。测定和分析现象变动的长期趋势，主要方法是对时间数列进行修匀。

（二）季节变动

季节变动是指现象随着季节更替而产生的周期性波动，它基本上是受自然因素的影响。如防寒衣服的销售量，不同蔬菜的产量等，都要因季节更替而变化。季节变动是通过计算季节比率来测定的。

（三）循环变动

循环变动是指现象以若干年为周期而呈现的涨落起伏的变动。由于引起波动的原因不同，使其波动周期的长短、波动的程度也不相同。比如，资本主义国家的周期性经济危机属于循环变动。

（四）不规则变动

不规则变动是由于临时的偶然因素引起的非趋势或非周期性的随机变动。如水灾、风灾、地震等，这些变动是无法预知和计算的。

时间数列因素分析的基本任务就是采用科学的方法，测定长期趋势、季节变动、循环变动和不规则变动对某一现象的时间数列影响状况，为预测现象的未来提供依据。

本节主要讨论长期趋势和季节变动的分析方法。

二、长期趋势的分析

长期趋势是时间数列的主要构成要素，它是指事物由于受某些根本性因素的影响，在较长时期内持续发展变化（增加或减少）的一种趋势或状态。例如，新中国成立以来，我国的粮食生产虽然在某些年份因受天灾人祸等因素的影响而出现过下降，但由于国家对农业的重视，对水利建设的大力投入，以及农业科学技术的发展等根本性因素的影响，从60多年的较长时期来看,我国粮食生产的总趋势是持续增加,这就是长期趋势。认识和掌握事物的长期趋势,可以把握住事物发展变化的基本特点。

当时间数列不能明显地反映出社会经济现象的长期趋势时,需要对原来的时间数列进行重新加工,以使现象的总趋势呈现出来。这种对时间数列加工的方法,叫时间数列修匀,也就是测定长期趋势的方法。

下面介绍几种常用的社会经济现象进行修匀的方法:

（一）时距扩大法

时距扩大法是在原时间数列不能明显反映现象发展趋势时,将其不同时间单位上的数据加以合并形成一个新的时间数列,新时间数列中各数据时距间隔被扩大,以此来消除较小时距单位受到的不规则变动影响。

【例5.24】某市2017年社会商品零售额资料如表5-22。

表5-22　　　　　　　　某市2017年社会商品各月零售额资料　　　　　　单位:亿元

月份	1	2	3	4	5	6	7	8	9	10	11	12
社会商品零售额	320	450	280	500	480	530	650	600	660	890	500	790

在这个时间数列中,不能明显反映现象的发展趋势,因为各月的社会商品零售额不是逐月上升(或下降),而是有升有降。现在我们采用时距扩大法,即将时距由月扩大到季。具体有两种方法:

（1）时距扩大总和法。即将每季度中各月的零售额相加,则得各季的零售额。见表5-23。

表5-23　　　　　　　　某市2017年社会商品各季度零售额资料　　　　　　单位:亿元

季度	一季度	二季度	三季度	四季度
社会商品零售额	1 050	1 510	1 910	2 180

这个新数列就可以明显地反映出该市商品零售额的发展趋势,即零售额是逐季上升。

应用时距扩大总和法要注意两点:其一,扩大时期法只适合于时期数列,这是因为时期数列中各时期数据具有可加性,而时点数列的数据不可加,而不宜采用扩大时期法修匀;其二,扩大后的时期既要求相等,又要求考虑扩大的时期长短。时距相等,便于进行比较,至于时期的长短要看它能否正确反映现象发展变化的长期趋势。时距过短,不能消除现象变动中偶然因素的影响;时距过长,新数列的资料会因为太少而不利于分析,同时会掩盖现象在不同时期发展变化的具体差异。

（2）时距扩大平均数法。时距扩大法还可以通过计算序时平均数,而由序时平均数组成一个新的时间数列。如表5-24。

表 5 - 24		某市 2017 年社会商品各季度平均零售额资料		单位:亿元
季度	一季度	二季度	三季度	四季度
社会商品零售额	350	503.3	636.7	726.7

由序时平均数构成的新时间数列,也明显地反映现象的发展趋势,说明该市 2017 年社会商品零售额是逐季上升的。时距扩大平均数法可以用于时点数列。

(二)移动平均法

移动平均法是从时间数列的第一项开始,按一定项数求序时平均数,然后每次向后移动一项计算一系列序时平均数,从而形成一个新的时间数列。通过移动平均对原数列进行了修匀,消除了偶然因素的影响,使隐藏在原数列中的长期趋势显现出来,使原数列变得更平滑。

1. 移动平均法的计算步骤

【例 5.25】某啤酒企业 2003—2017 年各年啤酒产量资料如表 5 - 25 所示。

表 5 - 25		某啤酒企业历年啤酒产量移动平均计算表			单位:吨
年份	产量	$K = 3$	$K = 4$		$K = 5$
			一次平均	移正平均	
2003 年	4 942	—	—	—	—
2004 年	5 041	5 072		—	—
2005 年	5 232	5 553	5 400	5 573	5 585
2006 年	6 385	5 980	5 745	5 928	5 897
2007 年	6 323	6 403	6 111	6 258	6 170
2008 年	6 502	6 411	6 405	6 384	6 367
2009 年	6 408	6 376	6 363	6 298	6 251
2010 年	6 218	6 143	6 233	6 117	6 100
2011 年	5 802	5 864	6 000	5 925	5 961
2012 年	5 571	5 727	5 850	5 845	5 914
2013 年	5 807	5 851	5 839	5 913	5 949
2014 年	6 174	6 124	5 986	6 117	6 111
2015 年	6 390	6 393	6 247	6 352	6 237
2016 年	6 615	6 552	6 457		
2017 年	6 650		—	—	

(1)确定移动平均数的项数,一般用 K 表示。

(2)计算出每次的移动平均值,每一移动平均值位于移动项数的中点位置。若移动项数为奇数,一次移动平均,就可对正移动项数的中点位置;若移动项数为偶数,中点位置为正中两项的中间位置,还需要进行第二次平均对正相应时期,称为移正平均,将需要移正的两项数值除以 2。

(3)将各期的移动平均值编制成新的时间数列,观察长期趋势。

当 $K = 3$ 时,第一个移动平均值 $= \dfrac{4\,942 + 5\,041 + 5\,232}{3} = 5\,072$,中间位置为第二期;

第二个移动平均值 $= \dfrac{5\,041 + 5\,232 + 6\,385}{3} = 5\,553$，中间位置为第三期。

以此类推，可以计算剩余各期的移动平均值。

当 $K = 4$ 时，第一个移动平均值 $= \dfrac{4\,942 + 5\,041 + 5\,232 + 6\,385}{4} = 5\,400$，中间位置为第二期和第三期的中间；

第二个移动平均值 $= \dfrac{5\,041 + 5\,232 + 6\,385 + 6\,323}{4} = 5\,553$，中间位置为第三期和第四期的中间。

以此类推，可以计算剩余各期的移动平均值。

移动项数为偶数时，需要再进行一次移正平均，如第一、第二两个移动平均值移正为：$\dfrac{5\,072 + 5\,553}{2} = 5\,573$，对准第三期（2000 年）。依次计算其他移正平均数。

当 $K = 5$ 时，计算方法同 $K = 3$。

2. 移动平均法的特点

（1）移动平均对时间数列通过平滑作用，使长期趋势更明显。移动项数越多，平滑修匀效果越好。但要注意的是，移动项数并不是越大越好，移动项数过大，数据缺失越多，数据波动的敏感性也会降低。

从表 5 - 25 可见：移动平均数构成的时间数列首尾都少相同的项数，当 K 取奇数时，首尾各少 $\dfrac{K-1}{2}$ 项；当 K 取偶数时，首尾各少 $\dfrac{K}{2}$ 项。

（2）当时间数列包含季节变动时，移动项数 K 应与季节变动长度一致（季节数据 $K = 4$，月度数据 $K = 12$），从而消除季节变动的影响；当时间数列包含循环变动时，移动项数 K 应与循环变动的平均周期长度一致，从而消除一部分循环变动的影响。

（3）由于移动项数 K 取偶数时，需要进行第二次移动平均，所以在统计实务中，为简单起见，移动项数 K 多取奇数。

（三）最小平方法

最小平方法，也称为最小二乘法或趋势模型法，是数学模型法中重要的一种方法。它是利用回归分析的成果，建立数学模型，对原时间数列配合适当的趋势线进行修匀，以显示出数列长期趋势的一种方法。由于现象发展变化的差异，有的是直线趋势，有的是曲线趋势，所以必须先了解现象变化类型，才能配合以适当的趋势线。当现象在一定时期内逐期增长量大致相等时，就是直线趋势，即可配合直线方程式；当现象是按一定的速度增加，就是曲线趋势，即可配合曲线方程式。在此只介绍直接方程式的配合。

对于同一个表现为直线趋势的时间数列，可以配合许多个方程，画出不同的直线，但总有一条最接近原趋势线，可以配合一个最适当的方程式，使实际观察值 y 与用该方程计算出的趋势值 y_c 之间的离差平方和最小，这就是最小平方法。用公式表示为：

$$\sum (y - y_c)^2 = 最小值$$

其直观意义是：在平面直角坐标中，时间数列的实际观察值到趋势值形成直线的距离平均为最小。

趋势直线方程为：

$$y_c = a + bt$$

式中：t 为时间序号，可以是年、月、日；a 为直线在 y 轴上的截距，即 t 为零时的 y 值；b 为直线斜率，表示 t 每增加一个单位时 y_c 的变动值；y_c 为根据直线方程计算的趋势值。

将 $y_c = a + bt$ 代入 $\sum(y - y_c)$，确定 a、b 使取最小值，即：

$$\sum(y - a - bt)^2 \text{ 确定 } a, b \text{ 使取最小值。}$$

使用数学中求函数极值的方法可得出一对联立方程：

$$\begin{cases} \sum y - na - b \sum t = 0 \\ \sum ty - a \sum t - b \sum t^2 = 0 \end{cases} \tag{5.28}$$

解联立方程可求出直线方程的参数 a、b：

$$\begin{cases} b = \dfrac{n \sum ty - \sum t \cdot \sum y}{n \sum t^2 - (\sum t)^2} \\ a = \dfrac{\sum y}{n} - b \cdot \dfrac{\sum t}{n} \end{cases} \tag{5.29}$$

在已知时间数列 y 及时间序号 t 的情况下，列表计算 $\sum y$、$\sum t$、$\sum ty$、$\sum t^2$ 的数值，代入上面公式，从而得到 a、b。要注意的是，使用这种方法对时间数列进行预测必须注明原点和计算单位。

【例5.26】某化肥厂2007—2017年化肥产量资料如表5 − 26。

表5 − 26　　　　　　　　　　某化肥厂化肥产量资料　　　　　　　　　　单位：万吨

年份	2007年	2008年	2009年	2010年	2011年	2012年	2013年	2014年	2015年	2016年	2017年
产量	21	23	25	26	24	23	26	28	30	32	31
逐期增长量	—	2	2	1	− 2	− 1	3	2	2	2	− 1

由表5 − 26可见，该现象的逐期增长量大体相等，则属于直线趋势。

为了更直观地反映该现象的发展趋势，即所呈现出来的类型，可以将表5 − 26中的资料，以时间顺序为横坐标 t，按2007年、2008年、2009年……2017年，分别为时间顺序1，2，…，11；以产量为纵坐标 y，绘出散点图5 − 1。能较直观看出现象近似成直线趋势。

以表5 − 26资料列出计算表如表5 − 27。

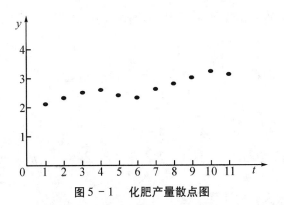

图 5 - 1　化肥产量散点图

表 5 - 27　　　　　　　　　　　　最小平方法计算表

t	y	ty	t^2	y_c
0	21	0	0	21.42
1	23	23	1	22.39
2	25	50	4	23.36
3	26	78	9	24.33
4	24	96	16	25.30
5	23	115	25	26.27
6	26	156	36	27.24
7	28	199	49	28.21
8	30	240	64	29.18
9	32	288	81	30.15
10	31	310	100	31.12
55	289	1 552	385	288.97

计算的数据为:$n = 11$,$\sum y = 289$,$\sum t = 55$,$\sum ty = 1\,552$,$\sum t^2 = 385$

代入 a、b 参数公式,则:

$$b = \frac{11 \times 1\,552 - 55 \times 289}{11 \times 385 - 55^2} = 0.97$$

$$a = \frac{289}{11} - 0.97 \times \frac{55}{11} = 21.42$$

所以,趋势直线为:

$$y_c = 21.42 + 0.97\,t$$

可以预测 2018 年和 2019 年化肥产量为:

$$y_{2018} = 21.42 + 0.97 \times 11 = 32.09(万吨)$$

$$y_{2019} = 21.42 + 0.97 \times 12 = 33.06(万吨)$$

为了简化计算,可以把时间顺序,重新赋值,使其 $\sum t = 0$。通常,当时间数列为奇数项时,可用中间项那一年为原点"0",其上、下两方分别以 $-1, -2, -3, \cdots$ 和 $1,2,3,\cdots$ 表示,这

样 $\sum t = 0$；当时间数列为偶数项时，则用两个中间项的中点为原点，即中间两项时间顺序用 -1 与 1 表示，其上、下两方分别是 -3，-5，…… 与 $3,5$，……，仍然使 $\sum t = 0$

当以上两种情况出现时，$\sum t = 0$，原标准方程：

$$\begin{cases} \sum y = na + b\sum t \\ \sum ty = a\sum t + b\sum t^2 \end{cases} \quad 简化为：\begin{cases} \sum y = na \\ \sum ty = b\sum t^2 \end{cases} 则：\begin{cases} a = \dfrac{\sum y}{n} \\ b = \dfrac{\sum ty}{\sum t^2} \end{cases}$$

这样处理，可以大大简化计算过程。

三、季节变动的分析

（一）季节变动的意义

在商业活动中，我们常听到"销售旺季"或"销售淡季"这类术语；在旅游业中，我们也常使用"旅游旺季"或"旅游淡季"这类术语。这些术语都表明，它们都因季节的不同而发生着变化。

季节变动是指事物因受自然条件或社会因素的影响，在一年内随着季节的更替而呈现出一种周期性变动。它是时间数列的又一个主要构成要素。

季节变动中的"季节"一词是广义的，它不仅仅是指一年中的四季，其实它是指任何一种周期性的变化，而且其反复的循环周期是比较短的。在现实生活中，季节变动是一种极为普遍的现象，不论是社会现象，还是自然现象都很多。例如水果、蔬菜的上市量，某地区旅游收入的增减数额等，都随着自然条件的变化而有明显的季节差异。由社会因素引起的季节变动也是比较普遍的。如在国家法定节日"五一"、"十一"期间，假期较长，旅游特别旺盛，被称为"黄金周"。而寒暑假及春节前后，由于人员流动较大，客运特别繁忙。如果我们能通过季节变动的测定，掌握其规律性，就能够妥善组织，安排好旅游和客运活动，满足各方面的需要。

（二）季节变动的测定

测定季节变动的方法很多，这里只介绍平均数季节指数法，又叫按月（季）平均法。这种方法是指在不考虑长期趋势的影响下，而直接通过计算各月（季）平均数，然后与总平均数之比来确定季节指数，通过季节指数可以显示和分析季节变动的规律性。

进行季节变动分析，需要有较完整的资料，至少应有 3 年以上的各月（或季）资料，才能测定季节变动。

【例5.27】某商场2014—2017年各月电冰箱销售数量如表5-28。试用按月平均法计算季节指数来测定季节变动程度。

表 5 - 28　　　　　　　　　某商场各月电冰箱销售数量季节比率计算表　　　　　　　　单位:台

月份	2014 年	2015 年	2016 年	2017 年	四年合计	同月平均	季节指数(%)
1	21	38	43	45	147	36. 75	37. 93
2	25	37	38	40	140	35. 00	36. 12
3	55	83	65	42	245	61. 25	63. 21
4	86	100	106	110	402	100. 50	103. 73
5	176	193	219	200	788	197. 00	203. 32
6	211	255	303	320	1 089	272. 25	208. 99
7	179	212	205	240	836	209. 00	215. 71
8	107	114	108	115	444	111. 00	114. 56
9	34	73	49	50	206	51. 50	53. 15
10	28	34	38	42	142	35. 50	36. 64
11	16	23	28	35	102	25. 50	26. 32
12	21	30	31	28	110	27. 50	28. 38
合计	959	1 192	1 233	1 267	4 651	1 162.75	1 200. 00
平均	79. 9	99. 3	102. 8	105. 6	387. 6	96. 9	100. 00

具体计算如下:

(1) 求各年同月平均数,如表 5 - 28 中 1 月份为 $\frac{147}{4}$ = 36. 75,二月份为 $\frac{140}{4}$ = 35……;

(2) 求全部数据的总平均数,如表 5 - 28 中 $\frac{4\ 651}{48}$ = 96. 9 或 $\frac{387.6}{4}$ = 96. 9;

(3) 以各年同期月平均数除以总平均数,得季节指数,见表 5 - 28 最后一栏。

表中可见,季节指数各月平均为 100% ,全年有 12 个月,则合计为 1 200% (按季计算就为 400%)。以大于或小于 100% 分出经营活动的"淡"季、"旺"季。该商场电冰箱销售的旺季是 4 ~ 8 月,其余为淡季,其中 7 月是最旺季,而 11 月是最淡季。

由此可见,季节变动是以计算季节指数来确定的。

$$季节指数 = \frac{同月(季)平均数}{总的月(季)平均数} \times 100\% \qquad (5.30)$$

从理论上讲,若给出月度资料,季节指数之和为 1 200% ;若给出季节资料,季节指数之和为 400% 。但是由于误差的存在,若实际算出的季节指数之和不等于理论上的季节指数之和,需要对季节指数进行调整。

$$调整系数 = \frac{理论季节指数之和}{实际季节指数之和} \qquad (5.31)$$

调整后的季节指数 = 实际季节指数 × 调整系数

【例 5.28】某旅游景区 2015—2017 年门票收入资料如表 5 - 29,试计算景区门票收入的季节变动指数,为景区搞好游客接待工作提供依据。

表 5 - 29　　　　　　　　　　某旅游景区门票收入资料　　　　　　　　单位:万元

年份	一季度	二季度	三季度	四季度	总平均数
2015 年	5 400	8 200	10 100	6 100	-
2016 年	6 500	9 300	11 200	7 300	-
2017 年	7 100	9 700	12 400	8 000	-
同季平均数	6 333	9 067	11 233	7 133	8 442
季节指数(%)	75.02	107.40	133.06	84.49	399.97
调整后季节指数(%)	75.03	107.41	133.07	84.49	400.00

第一步,计算各年同季的平均数:

第一季度的同季平均数 $= \dfrac{5\ 400 + 6\ 500 + 7\ 100}{3} = 6\ 333(万元)$

同理,计算其余三个季度的统计平均数,将结果列入表 5 - 29 中。

第二步,计算总的季平均数:

总的季平均数 $= \dfrac{同季平均数之和}{4}$

$$= \dfrac{6\ 333 + + 9\ 067 + 11\ 233 + 7\ 133}{4} = 8\ 442(万元)$$

第三步,计算季节指数:

第一季度的季节指数 $= \dfrac{6\ 333}{8\ 442} \times 100\% = 75.02\%$

同理,分别计算其余季节指数,将结果列入表 5 - 29 中。

第四步,调整季节指数。

因为实际季节指数之和为 399.97%,不等于 400%,故需要调整。

调整系数 $= \dfrac{400\%}{399.97\%} = 1.000\ 075$,将调整后的季节指数列入表 5 - 29 中。

从表中资料分析可见:该景区的旅游旺季在二、三季度,特别是第三季度,其相应部门要做好安排。

在统计实务中,可以利用季节指数进行预测,来指导工作。

如在前例中,假如我们知道 2018 年一、二季度景区门票收入分别为 7 800 万元和 11 200 万元,可通过预测三季度门票收入,来确定游客人数,指导我们安排好接待工作。

2018 年第三季度预计门票收入

$$= \dfrac{133.07\%}{75.03\% + 107.41\%} \times (7\ 800 + 11\ 200) = 13\ 858.42(万元)$$

本章小结

(1) 时间数列是指某一现象在不同时间上的指标数值,按时间先后顺序排列而形成的数列。它由两部分构成:资料所属的时间和时间上对应的指标数值。根据指标数值的表现形式不同,分为绝对数时间数列,相对数时间数列和平均数时间数列。绝对数时间数列是基本数列,可分为时期数列和时点数列。

编制时间数列时,要注意指标数值在时间长短、总体范围、经济内容和计算方法等方面的可比性。

(2)编制和运用时间数列的目的是要揭示现象的发展过程和规律性,需要计算一系列动态分析指标,包括水平分析指标,如发展水平、平均发展水平、增长量、平均增长量,其中,平均发展水平是本章学习的难点和重点。另外还有速度分析指标,如发展速度、增长速度、平均发展速度、平均增长速度,速度分析指标的计算是以水平指标为基础,其中,平均发展速度的计算要重点把握。还有水平分析和速度分析结合的指标,即增长1%的绝对值。在学习时要注意各指标之间的数量关系。

(3)对时间数列的分析,还需要对影响数列变动的各种因素进行分析,主要有四类:长期趋势的变动、季节变动、循环变动和不规则变动。主要讨论长期趋势和季节变动的分析方法。

案例分析

通川市是1986年新建的一个县级市,建市时人口62万人,全年社会总产值48亿元。20多年来,经济建设取得了巨大的成绩,在继续抓好农业生产的基础上,大力发展了工业和第三产业,经济增长迅速。具体的社会总产值平均增长是:1987—1993年为15%,1994—1995年为13%,1996—1999年为9%,2000—2003年为17%,2004—2008年为8%。根据以上资料,计算一些数据,为下一步工作提供依据。

1.1986—2008年的社会总产值增长情况为:

$$R - 1 = 115\%^7 \times 113\%^2 \times 109\%^4 \times 117\%^4 \times 108\%^5 - 1$$
$$= 1\,321.10\% - 1 = 1\,221.10\%$$

$$\bar{x} - 1 = \sqrt[22]{1\,321.10\%} - 1 = 112.45\% - 1 = 12.45\%$$

共增长了12.2倍,平均每年增长12.45%,没有超过平均增长速度的年份有:1996—1999年,2004—2008年。

2. 按这种平均速度发展,至2012年该市社会总产值将达到:

$$a_n = 48 \times 112.45\%^{26} = 1\,014.35(亿元)$$

3. 该市2008年年末人口为78万人,全国人口自然增长率平均为1%。该市人口增长状况为:

$$\bar{x} - 1 = \sqrt[22]{\frac{78}{62}} - 1 = 101.05\% - 1 = 1.05\%$$

超过全国人口平均增长速度。

结论:

通川市经过20多年的建设,经济迅速发展,社会总产值至2008年增长了12.2倍,从1996年的48亿元发展到2008年的634.08亿元(48×13.21),全面实现了小康。照此速度,到

2012 年可以达到 1 014.35 亿元,进一步走向富裕。平均增长速度为 12.45%,在同类地区中发展是较快的。需要注意的是人口的增长速度为 1.05%,超过了全国人口 1% 的增长速度。因此,今后在发展经济的同时,要注意人口的控制。我们相信,经过全市人民的奋斗,通川市的经济建设发展会更快,人民的生活会更美好。

 问题思考

1. 什么是时间数列?它有什么作用?
2. 时间数列分为几类?时期数列和时点数列有何区别?
3. 什么是序时平均数?与一般平均数有何相同和不同点?
4. 影响时间数列变动的因素有哪些?
5. 什么是季节指数?季节变动分析的步骤是什么?

项目六　**统计指数应用**

本章教学要点概览

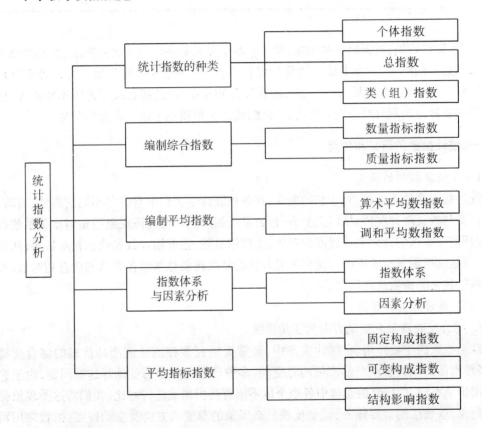

【情境导入】

2017 年 12 月份,全国居民消费价格(CPI)同比上涨 1.8%。其中,城市上涨 1.9%,农村上涨 1.7%;食品价格下降 0.4%,非食品价格上涨 2.4%;消费品价格上涨 1.1%,服务价格上涨 3.0%。12 月份,全国居民消费价格环比上涨 0.3%。其中,城市上涨 0.3%,农村上涨 0.4%;食品价格上涨 1.1%,非食品价格上涨 0.1%;消费品价格上涨 0.5%,服务价格上涨 0.1%。①

---

① 资料来源:国家统计数据网。

分析:指数与人们生活息息相关,它们是怎样反映商品在数量及价格上的变动呢?

本章教学内容提示

统计指数的应用也是一种动态的统计分析方法,它是对第五章时间数列分析的继续和深化。本章学习的目标是要利用统计指数来反映那些不能直接相加和对比的现象的综合变动情况。

任务一 统计指数

在 18 世纪后期,欧洲的一些国家,随着资本主义商品生产社会化的发展,商品价格的涨落越来越被人们所关注。为了反映物价的变动程度,一些经济学家开始研究并计算价格指数,这就是统计指数的起源。到了今天,随着社会的发展,统计指数应用范围不断扩大,已经成为反映各种经济现象综合变动的统计方法,统计指数得到了前所未有的发展。

一、统计指数的涵义和作用

（一）统计指数的涵义

统计指数简称为指数,对于它的概念,在各种统计学著作中有许多不同的提法,目前,主要有广义和狭义两种解释。从广义上看,指数是泛指表明社会经济现象数量对比关系的相对数,包括前面学过的计划完成程度相对数、比较相对数、强度相对数和动态相对数等;从狭义上讲,指数仅指用来反映不能直接相加或对比的复杂现象总体综合变动的动态相对数。本章主要基于狭义的指数进行研究。

（二）统计指数的作用

1. 综合反映现象总变动方向和变动程度

这是指数的主要作用。在统计实务中,经常要研究多种商品或产品价格的综合变动情况,多种商品的销售量或产品产量的总变动,多种产品的成本总变动等这类问题,由于它们的使用价值不同,所研究的总体中各个个体不能直接相加或进行对比,我们将这类现象称为复杂现象。指数法的首要任务,就是反映复杂现象的总变动方向及变动程度。指数常用百分数表示,大于或小于 100% ,表明现象是上升还是下降。

2. 分析现象总体变动中受各个因素变动的影响情况

现象的数量变化是由构成它们的诸多因素变动综合影响的结果。统计指数不仅能分析复杂现象的综合变动情况,还能测定各个因素的变动对总体数量变动的影响情况。例如,编制商品销售量指数和商品价格指数,它们可以反映商品销售额总变动中受价格和销售量影响变动的相对数和绝对数。

3. 反映现象的变动趋势

编制一系列反映同类现象变动情况的指数形成指数数列,可以反映被研究现象的变动趋势。

二、统计指数的种类

（一）按研究范围分类

指数按其研究对象的范围不同，分为个体指数和总指数。

1. 个体指数

个体指数是反映个别现象变动的相对数。如个别产品产量和价格指数，个别商品的销售量和销售价格指数等。

个体指数的计算是用报告期指标数值与基期指标数值进行对比，通常记作 K，用 q 表示数量指标，p 表示质量指标，下标 1 和 0 分别代表报告期和基期。即：

个体数量指标指数 $K_q = \dfrac{q_1}{q_0}$

个体质量指标指数 $K_p = \dfrac{p_1}{p_0}$

2. 总指数（$\bar{K}$）

总指数是表明复杂社会经济现象综合变动的相对数，如多种商品的销售量指数、总产量指数、零售物价指数、单位成本指数等。总指数是在复杂现象总体条件下进行编制的，它的计算形式有综合指数和平均指数两种。

3. 组（类）指数。

组（类）指数是介于个体指数与总指数之间的一种指数，即说明不同种类现象总变动中某一部分现象综合变动的相对数，如零售物价指数中分食品类、衣着类、日用品类、文化娱乐用品类、书报杂志类、医药用品类、燃料类等大类的商品价格指数。对总指数而言，它是个体指数；对个体指数而言，它是总指数。

（二）按其反映的指标性质分类

指数按其所反映指标的性质不同分为数量指标指数和质量指标指数。

1. 数量指标指数

数量指标指数是根据数量指标编制的，如工业产品产量指数、商品销售量指数、货运量指数等，它是反映现象数量变动程度的相对数，包括数量指标个体指数和数量指标总指数。

2. 质量指标指数

质量指标指数是根据质量指标编制的，如产品成本指数、物价指数、劳动生产率指数等，它是反映现象质量变动程度的相对数，包括质量指标个体指数和质量指标总指数。

任务二　　总指数的编制与应用

要综合反映复杂现象总的变动方向和变动程度，首先要编制总指数。总指数的编制有两种方法：综合指数和平均指数。两种方法各有特点，但也有联系，下面分别进行介绍。

一、综合指数的编制与计算分析

(一)综合指数的概念

综合指数是编制和计算总指数的一种基本形式,它是由两个总量指标对比而形成的指数。凡是一个总量指标可以分解为两个或两个以上的因素指标时,将其中一个或一个以上的因素指标固定下来,仅观察其中一个因素指标的变动程度,这样总指数就称为综合指数。综合指数有两种,一种是数量指标综合指数,另一种是质量指标综合指数。

表 6 – 1   某商场三种商品的有关资料

商品	单位	销售量 q		销售价格 p(万元)	
		基期 q_0	报告期 q_1	基期 p_0	报告期 p_1
甲	米	400	600	0.25	0.20
乙	件	500	600	0.40	0.36
丙	台	200	180	0.50	0.60

(二)数量指标指数的编制方法

【例6.1】某商场三种商品的销售资料如表6-1所示,计算与分析三种商品的销售量和价格综合变动情况。

对商品销售量综合指数的编制,根据出现的问题和解决问题的办法,可分为以下步骤:

(1)不同商品由于使用价值不同,不能简单相加(即 $\sum q$ 无意义)。

(2)使用同度量因素,使多种不能相加的量过渡到能相加的销售额($\sum qp$)。由此引入同度量因素的概念:同度量因素是将不能直接相加或对比的数量过渡到能够直接相加或对比数量而使用的一种媒介因素。如【例6.1】中 $\sum q$ 无意义, $\sum qp$ 有意义,其价格 p 就是同度量因素。

同度量因素的作用有两点:一是同度量作用,也就是把不同的度量单位过渡到相同的度量单位;二是权数作用,即同度量因素大的那一组对指数影响要大些,反之,则小些。

(3)研究数量指标的总变动。即:

$$\frac{\sum q_1 p}{\sum q_0 p}$$

(4)同度量因素的固定,通常情况下,有以下三种情况:

Ⅰ:以质量指标的基期作为同度量因素,

即,$\dfrac{\sum q_1 p_0}{\sum q_0 p_0}$

Ⅱ:以质量指标的报告期作为同度量因素,

即,$\dfrac{\sum q_1 p_1}{\sum q_0 p_1}$

Ⅲ：以质量指标的不变期作为同度量因素，

即，$\dfrac{\sum q_1 p_n}{\sum q_0 p_n}$

以上三种情况都是科学的、合理的，适用的场合不同，为了资料的统一，一般都采用第 Ⅰ 种形式，即编制数量指标指数时以基期的质量指标作为同度量因素。则：

$$\overline{K_q} = \dfrac{\sum q_1 p_0}{\sum q_0 p_0} \tag{6.1}$$

将表 6 - 1 的资料代入公式(6.1)，即：

$$\overline{K_q} = \dfrac{\sum q_1 p_0}{\sum q_0 p_0} = \dfrac{600 \times 0.256\,00 \times 0.418\,0 \times 0.5}{400 \times 0.256\,00 \times 0.420\,0 \times 0.5} = \dfrac{480}{400} = 120\%$$

$$\sum q_1 p_0 - \sum q_0 p_0 = 480 - 400 = 80(万元)$$

以上计算结果表明，三种商品的销售量平均增长了 20%（120% - 100%），由此而增加了 80 万元的销售额。

(三) 质量指标指数的编制方法

质量指标指数的编制步骤与数量指标指数相似，具体为：

(1) 不同的质量指标由于使用价值不同，不能简单相加（即 $\sum p$ 无意义）。

(2) 使用同度量因素，使不能相加的质量指标过渡到能相加的总量指标（$\sum qp$），用数列指标 q 为同度量因素。

(3) 研究质量指标的总变动。即：

$$\dfrac{\sum qp_1}{\sum qp_0}$$

(4) 同度量因素的固定，通常情况下，也有以下三种情况：

Ⅰ：以数量指标的基期作为同度量因素，

即，$\dfrac{\sum q_0 p_1}{\sum q_0 p_0}$

Ⅱ：以数量指标的报告期作为同度量因素，

即，$\dfrac{\sum q_1 p_1}{\sum q_1 p_0}$

Ⅲ：以数量指标的不变期作为同度量因素，

即，$\dfrac{\sum q_n p_1}{\sum q_n p_0}$

以上三种方法都是科学的、适用的，它们适用于不同的场合，为了资料的统一，一般采用第 Ⅱ 种形式。即编制质量指标指数时以报告期的数量指标作为同度量因素。则：

$$\overline{K_q} = \frac{\sum q_1 p_1}{\sum q_1 p_0} \tag{6.2}$$

将表 6 - 1 的资料代入公式(6.2),即

$$\overline{K_q} = \frac{\sum q_1 p_1}{\sum q_1 p_0} = \frac{600 \times 0.260\ 0 \times 0.361\ 80 \times 0.6}{600 \times 0.256\ 00 \times 0.418\ 0 \times 0.5} = \frac{444}{480} = 92.5\%$$

$$\sum q_1 p_1 - \sum q_1 p_0 = 444 - 480 = -36(万元)$$

以上计算结果表明,三种商品的销售价格平均下降了 7.5%(92.5% - 100%),由此而减少了 36 万元的销售额。

二、平均指数的编制与计算分析

(一)平均指数的概念

平均指数是总指数的另一种形式,是以某一时期的总量指标为权数对个体指数加权平均得到的总指数。在使用综合指数形式时,无论是数量指标综合指数,还是质量指标综合指数,都必须要计算一个假定的总量指数 $\sum q_1 p_0$,为什么说是假定的呢?因为企业要么有现在的资料 $\sum q_1 p_1$(报告期销售额、产值等),要么有过去资料 $\sum q_0 p_0$(基期销售额、产值等),不会用现在的销售量(或产量)去乘以过去的价格,即 $\sum q_1 p_0$。这样,综合指数公式在实际应用上就受到了一定限制,而平均指数是能够克服这一限制条件的另一种编制总指数的方法。在统计实务中个体指数容易取得,可以从个体指数出发来编制总指数。也就是先计算出各种产品或商品的数量指标或质量指标的个体指数,而后进行加权平均计算,来测定现象的总的变动程度。常用形式有两种:一是算术平均数指数;二是调和平均数指数。

(二)算术平均数指数

一般情况下,数量指标综合指数可以变形为加权算术平均数形式计算指数。即以数量指标综合指数相应的分母为权数,对数量指标个体指数加权算术平均计算总指数。

其计算公式是:

$$\overline{K_q} = \frac{\sum q_1 p_0}{\sum q_0 p_0}$$

$$\because K_q = \frac{q_1}{q_0} \qquad \therefore q_1 = K_q \cdot q_0$$

将此式代入数量指标综合指数。即:

$$\overline{K_q} = \frac{\sum K_q q_0 p_0}{\sum q_0 p_0} \tag{6.3}$$

【例 6.2】某商场三种商品的销售资料如表 6 - 2 所示,计算与分析三种商品的销售量的综合变动情况。

表 6 - 2　　　　　　　　　　　　　某商场三种商品的有关销售资料

商品	基期销售额(万元)q_0p_0	个体销售量指数(%)$K_q = \dfrac{q_1}{q_0}$
甲	100	150
乙	200	120
丙	100	90

解:销售量总指数

$$\overline{K_q} = \frac{\sum K_q q_0 p_0}{\sum q_0 p_0}$$

$$= \frac{1.5 \times 100 + 1.2 \times 200 + 0.9 \times 100}{100 + 200 + 100} = \frac{480}{400} = 120\%$$

$$\sum Kq_0p_0 - \sum q_0p_0 = 480 - 400 = 80(万元)$$

与【例6.1】比较可见:采用加权算术平均数计算的销售量指数和综合指数计算的销售量指数结果是一致的,它的经济意义也完全相同,所不同的是掌握的资料的不同和使用条件不同。

(三) 调和平均数指数

一般情况下,质量指标综合指数可以变形为加权调和平均数形式计算。即以质量指标综合指数相应的分子为权数,对质量指标个体指数加权调和平均计算总指数。

其计算公式是:

$$\overline{K_p} = \frac{\sum q_1 p_1}{\sum q_1 p_0}$$

$$\because K_p = \frac{q_1}{q_0} \quad \therefore p_0 = \frac{1}{K_p} \cdot p_1$$

将此式代入质量指标综合指数。即:

$$\overline{K_p} = \frac{\sum q_1 p_1}{\sum \dfrac{1}{K_p} q_1 p_1} \tag{6.4}$$

【例6.3】某商场三种商品的销售资料如表6-3所示;计算与分析三种商品的销售价格的综合变动情况。

表 6 - 3　　　　　　　　　　　　　某商场三种商品的有关销售资料

商品	报告期销售额(万元)q_1p_1	个体价格指数(%)$K_p = \dfrac{p_1}{p_0}$
甲	120	80
乙	216	90
丙	108	120

解:销售价格指数为:

$$\overline{K_p} = \frac{\sum q_1 p_1}{\sum \frac{1}{K_p} q_1 p_1}$$

$$= \frac{120 + 216 + 108}{\frac{120}{0.8} + \frac{216}{0.9} + \frac{108}{1.2}} = \frac{444}{480} = 92.5\%$$

$$\sum q_1 p_1 - \sum \frac{1}{K_p} q_1 p_1 = 444 - 480 = -36(万元)$$

与【例 6.1】比较可见:采用加权调和平均数指数计算的价格总指数与质量指标综合指数的价格总指数计算的结果是一致的,它的经济意义也完全相同,所不同的是掌握的资料不同和计算条件不同。

任务三　　指数体系与因素分析

在统计实务中,除了对现象自身的变动进行动态分析外,还需要对影响现象变动的因素发生变化而对现象产生的影响进行分析。这就要通过建立指数体系来进行因素分析。

一、指数体系

(一)指数体系的概念

任何现象都不是孤立存在的,许多现象之间存在相互依存,相互制约的关系,它们在数量上存在着必然的联系。例如:

商品销售额 = 商品销售量 × 商品价格

生产总成本 = 产品产量 × 单位成本

农作物总产量 = 播种面积 × 单位面积产量

这些都是现象之间存在的静态数量联系,在做动态分析时,也会保持着相同的数量关系,从而构成指数体系。

商品销售额指数 = 商品销售量指数 × 商品价格指数

总成本指数 = 产品产量指数 × 单位成本指数

农作物总产量指数 = 播种面积指数 × 单位面积产量指数

一般来说,我们将三个或三个以上的在内容上有联系、数量上有对等关系的指数所构成的整体称为指数体系。

指数体系从相对数来看,总变动指数等于各个因素指数的乘积;从绝对数看:总变动差额等于各个因素指数的分子、分母差额之和。以商品销售额指数体系为例:

商品销售额(qp) = 商品销售量(q) × 商品价格(p)

1. 相对数关系

商品销售额指数$(\overline{K_{qp}})$ ＝ 商品销售量指数$(\overline{K_q})$ × 商品价格指数$(\overline{K_p})$

$$\frac{\sum q_1 p_1}{\sum q_0 p_0} = \frac{\sum q_1 p_0}{\sum q_0 p_0} \times \frac{\sum q_1 p_1}{\sum q_1 p_0} \tag{6.5}$$

2. 绝对数关系

商品销售额变动差额 ＝ 销售量变动影响销售额变动差额 ＋ 价格变动影响销售额变动差额

$$\sum q_1 p_1 - \sum q_0 p_0 = \left(\sum q_1 p_0 - \sum q_0 p_0\right) + \left(\sum q_1 p_1 - \sum q_1 p_0\right) \tag{6.6}$$

指数体系中的数量关系深刻地揭示了现象之间的联系,即等式左边现象(称为总变动现象)的变化决定于等式右边多个现象(称为构成因素)的变化。也就是说,等式右边各构成因素的变化对总体现象变化的相对影响程度和绝对影响状况,这种联系为因素分析提供了客观的依据。

（二）指数体系的作用

指数体系在经济分析中的作用可以概括为两点:

1. 对现象总变动进行因素分析

研究指数体系的目的,主要在于从数量方面分析社会经济现象总变动中各因素变动影响的相对程度和绝对效果。

2. 利用现象之间内在的联系进行指数之间数量上推算

任何指数体系都由三个或三个以上的指数所构成,它们在数量上存在数量对等关系,因此当已知指数体系中的某几个指数时,可以推算出另一个未知指数。

【例6.4】某商场某月的销售量增长5%,销售价格平均增长2%,问销售额变化情况。

∵　销售额指数 ＝ 销售量指数 × 价格指数

即,销售额指数 ＝ 102% × 105% ＝ 107.1%

∴　销售额增长指数 ＝ 销售额指数 － 1 ＝ 107.1% － 1 ＝ 7.1%

【例6.5】某企业某月总成本增长10%,产量增长20%,则单位成本变化如何?

∵　总成本指数 ＝ 产量总指数 × 单位成本指数

$$单位成本指数 = \frac{总成本指数}{产量总指数} = \frac{1 + 10\%}{1 + 20\%} = 91.67\%$$

∴　单位成本降低指数 ＝ 单位成本指数 － 100% ＝ 91.67% － 100% ＝ －8.33%

在经济活动分析中,这种推算非常广泛。

二、因素分析

因素分析是利用指数体系从数量上分析现象的综合变动中受各因素影响的方向、程度和绝对数量的一种方法。根据所分析指标的表现形式不同,因素分析可以分为总量指标变动的因素分析和平均指标变动的因素分析。

（一）总量指标变动的因素分析

总量指标的因素分析包括两因素分析和多因素分析,重点掌握两因素分析。总量指标两因素分析,即现象总量可以分解为两个构成因素,这两个因素一定是一个数量指标和一个质量指标。进行因素分析的步骤是:首先计算所研究现象总量变动的相对程度和绝对差额;然后计算两个影响因素综合变动的相对程度和对总量变动影响的绝对差额;最后再根据指数体系列出三者之间的联系并进行综合分析说明。

【例6.6】某企业生产三种产品的产量和单位成本资料如表6-4所示,对三种产品的总成本变动进行因素分析。

表6-4　　　　　　　　　　某企业三种产品成本资料

产品名称	计量单位	产品产量		单位成本(元)		总成本(元)		
		基期 q_0	报告期 q_1	基期 p_0	报告期 p_1	基期 $q_0 p_0$	报告期 $q_1 p_1$	假定 $q_1 p_0$
甲	米	4 000	3 000	8.00	8.00	32 000	24 000	24 000
乙	件	400	728	60.00	45.00	24 000	32 760	43 680
丙	个	3 000	7 400	5.00	5.50	15 000	40 700	37 000
合计	—	—	—	—	—	71 000	97 460	104 680

解:① 总成本变动分析。

总成本总指数 $\overline{K_{qp}} = \dfrac{\sum q_1 p_1}{\sum q_0 p_0} = \dfrac{97\ 460}{71\ 000} = 1.372\ 7$ 或 137.27%

绝对量变动 $\sum q_1 p_1 - \sum q_0 p_0 = 97\ 460 - 71\ 000 = 26\ 460$(元)

② 影响因素分析。

产品产量总指数 $\overline{K_q} = \dfrac{\sum q_1 p_0}{\sum q_0 p_0} = \dfrac{104\ 680}{71\ 000} = 1.474\ 4$ 或 147.44%

绝对量变动 $\sum q_1 p_0 - \sum q_0 p_0 = 104\ 680 - 71\ 000 = 33\ 680$(元)

单位成本总指数 $\overline{K_p} = \dfrac{\sum q_1 p_1}{\sum q_1 p_0} = \dfrac{97\ 460}{104\ 680} = 0.931\ 0$ 或 93.10%

绝对量变动 $\sum q_1 p_1 - \sum q_1 p_0 = 97\ 460 - 104\ 680 = -7\ 220$(元)

③ 建立指数体系,进行因素分析。

$\overline{K_{qp}} = \overline{K_q} \times \overline{K_p}$　　即:137.27% = 147.44% × 93.10%

$\sum q_1 p_1 - \sum q_0 p_0 = \left(\sum q_1 p_0 - \sum q_0 p_0 \right) + \left(\sum q_1 p_1 - \sum q_1 p_0 \right)$

即:26 460 元 = 33 680 元 + (- 7 220) 元

计算结果表明:总成本报告期比基期增长37.27%,是产品产量增长47.44%,与单位成本下降6.9%(93.10% - 1)共同作用的结果。可以看出总成本的增长是产品产量增长产生的,是合理的。观察绝对额变动,产品产量的增长使总成本增加33 680 元,而单位成本的下降,反而使总成本减少了7 220 元,这两种因素共同作用导致总成本报告期比基期增加

26 460 元。

在总量指标的因素分析中,如果由于资料限制,不能直接进行分析,可以将综合指数形式变形为平均指数形式进行分析。

【例6.7】某企业的销售资料如表6-5所示,对该企业三种产品的销售额变动进行因素分析。

表6-5　　　　　　　　　　　某企业三种产品销售资料

产品名称	计量单位	销售额(万元)		2017年比2016年销售量增长率(%) $\frac{q_1}{q_0}$
		2016年 $q_0 p_0$	2017年 $q_1 p_1$	
甲	件	10 000	9 600	120
乙	台	20 000	22 500	100
丙	个	12 000	14 000	133
合计	—	42 000	46 100	—

解:① 销售额变动分析

销售额总指数 $\overline{K_{qp}} = \dfrac{\sum q_1 p_1}{\sum q_0 p_0} = \dfrac{46\ 100}{42\ 000} = 1.097\ 6$ 或 109.76%

绝对量变动 $\sum q_1 p_1 - \sum q_0 p_0 = 46\ 100 - 42\ 000 = 4\ 100$(万元)

② 影响因素分析

产品销售量总指数 $\overline{K_q} = \dfrac{\sum q_1 p_0}{\sum q_0 p_0}$

$= \dfrac{\sum Kq\, q_0 p_0}{\sum q_0 p_0}$

$= \dfrac{1.2 \times 10\ 000 + 1 \times 20\ 000 + 1.33 \times 12\ 000}{10\ 000 + 20\ 000 + 12\ 000}$

$= \dfrac{48\ 000}{42\ 000}$

$= 1.142\ 9$ 或 114.29%

绝对量变动 $\sum q_1 p_0 - \sum q_0 p_0 = 48\ 000 - 42\ 000 = 6\ 000$(万元)

单位成本总指数 $\overline{K_p} = \dfrac{\sum q_1 p_1}{\sum q_1 p_0} = \dfrac{46\ 100}{48\ 000} = 0.960\ 4$ 或 96.04%

绝对量变动 $\sum q_1 p_1 - \sum q_1 p_0 = 46\ 100 - 48\ 000 = -1\ 900$(万元)

③ 建立指数体系,进行因素分析

109.76% = 114.29% × 96.04%

4 100 万元 = 6 000 万元 + (-1 900)万元

计算结果表明:企业三种产品的销售额报告期比基期增长 9.76% ,增加的绝对额为 4 100 万元。由于产品销售量增长了 14.29% ,使销售额增加 6 000 万元;产品销售价格平均下降了 3.96% (96.04% − 1) ,使销售额减少 1 900 万元。

对总量指标变动的多因素分析也包括相对数和绝对数变动分析两个方面。编制指数时,首先要排列影响因素的先后顺序,一般应遵循数量因素在前,质量因素在后的原则。然后按连环替代法进行分析。其具体方法是:在分析第一个因素影响时,其他所有因素作为同度量因素固定在基期;在分析第二个因素的变动影响时,则把已经分析过的第一个因素固定在报告期,没有分析过的因素仍固定在基期;在分析第三个因素时,把已经分析过的两个因素固定在报告期,没有分析过的因素仍固定在基期,以此类推。

三因素分析指数体系的数量关系表现为:

相对数变动分析:

$$\frac{\sum q_1 m_1 p_1}{\sum q_0 m_0 p_0} = \frac{\sum q_1 m_0 p_0}{\sum q_0 m_0 p_0} \times \frac{\sum q_1 m_1 p_0}{\sum q_1 m_0 p_0} \times \frac{\sum q_1 m_1 p_1}{\sum q_1 m_1 p_0} \tag{6.7}$$

绝对数变动分析:

$$\sum q_1 m_1 p_1 - \sum q_0 m_0 p_0 = \left(\sum q_1 m_0 p_0 - \sum q_0 m_0 p_0 \right) + \left(\sum q_1 m_1 p_0 - \sum q_1 m_0 p_0 \right)$$
$$+ \left(\sum q_1 m_1 p_1 - \sum q_1 m_0 p_0 \right) \tag{6.8}$$

(二)平均指标变动的因素分析

前面所讲述的综合指数和平均指数都是从总量上对比反映总体的变动方向和变动程度的,而平均指标变动的因素分析是通过计算平均指标指数,从总体的两个总平均指标对比反映其变动方向和变动程度的,即用报告期的平均水平比基期的平均水平($\frac{\bar{x}_1}{\bar{x}_0}$)。由加权算术平均数公式 $\bar{x} = \frac{\sum xf}{\sum f}$ 或 $\sum \left(x \cdot \frac{f}{\sum f} \right)$ 可知,在分组条件下,总的加权算术平均数(简称总平均指标)的大小受两个因素的影响:一是各组标志值的水平,即各组平均数 x 的影响;二是各组的比重权数($\frac{f}{\sum f}$),即总体结构的影响。为了测定这两个因素对总平均指标变动的影响方向、程度和绝对效果,同样可以运用指数体系进行因素分析,即进行总平均指标的两因素分析。

平均指标指数体系包括可变构成指数(也称平均指标指数)、固定构成指数和结构影响指数三个。

1. 可变构成指数

可变构成指数是指报告期平均指标与基期平均指标之比,表明总平均指标的对比关系。

可变构成指数的计算公式为:

$$\overline{K_{可变}} = \frac{\bar{x}_1}{\bar{x}_0} = \frac{\dfrac{\sum x f_1}{\sum f_1}}{\dfrac{\sum x_0 f_0}{\sum f_0}} = \frac{\sum x_1 \cdot \dfrac{f_1}{\sum f_1}}{\sum x_0 \cdot \dfrac{f_0}{\sum f_0}} \tag{6.9}$$

可变构成指数的分子与分母之差,表示报告期的总平均指标与基期的总平均指标的差额。即:

$$\bar{x}_1 - \bar{x}_0 = \frac{\sum x_1 f_1}{\sum f_1} - \frac{\sum x_0 f_0}{\sum f_0} = \sum x_1 \cdot \frac{f_1}{\sum f_1} - \sum x_0 \cdot \frac{f_0}{\sum f_0} \qquad (6.10)$$

2. 固定构成指数

固定构成指数也称组平均指标指数,反映着各组的变量值(x)的变动对总平均指标变动($\frac{\sum xf}{\sum f}$)的影响状况。固定构成指数是将各组平均数作为要研究的因素,把各组的次数结构作为同度量因素,而且固定在报告期。固定构成指数的公式为:

$$\overline{K_{\text{固定}}} = \frac{\overline{x_1}}{\overline{x_n}} = \frac{\dfrac{\sum x_1 f_1}{\sum f_1}}{\dfrac{\sum x_0 f_1}{\sum f_1}} = \frac{\sum x_1 \cdot \dfrac{f_1}{\sum f_1}}{\sum x_0 \cdot \dfrac{f_1}{\sum f_1}} \qquad (6.11)$$

固定构成指数的分子与分母之差,表示由于各组变量值变动引起总平均指标变动的差额。即:

$$\bar{x}_1 - \bar{x}_n = \frac{\sum x_1 f_1}{\sum f_1} - \frac{\sum x_0 f_1}{\sum f_1} = \sum x_1 \cdot \frac{f_1}{\sum f_1} - \sum x_0 \cdot \frac{f_1}{\sum f_1} \qquad (6.12)$$

3. 结构影响指数

结构影响指数反映次数结构($\frac{f}{\sum f}$)的变动对总平均指标($\frac{\sum xf}{\sum f}$)变动的影响状况,结构影响指数就是把次数结构作为研究的因素,把各组的标志值作为同度量因素,而且固定在基期。结构影响指数的公式为:

$$\overline{K_{\text{结构}}} = \frac{\overline{x_n}}{\overline{x_0}} = \frac{\dfrac{\sum x_0 f_1}{\sum f_1}}{\dfrac{\sum x_0 f_0}{\sum f_0}} = \frac{\sum x_0 \cdot \dfrac{f_1}{\sum f_1}}{\sum x_0 \cdot \dfrac{f_0}{\sum f_0}} \qquad (6.13)$$

结构影响指数的分子与分母之差,表示由于各组结构变动引起总平均指标变动的差额。即:

$$\bar{x}_n - \bar{x}_0 = \frac{\sum x_0 f_1}{\sum f_1} - \frac{\sum x_0 f_0}{\sum f_0} = \sum x_0 \cdot \frac{f_1}{\sum f_1} - \sum x_0 \cdot \frac{f_0}{\sum f_0} \qquad (6.14)$$

以上三个指数都是平均指标进行对比,区分的重点在于构成,也可称为结构。第一个指数的变量和构成都发生了变化,所以称为可变构成指数;第二个指数的变量变动而构成不变,因此称为固定构成指数;第三个指数是变量不变而结构变动,反映结构变动对平均指标的影响程度,称为结构影响指数。根据三个指数之间的联系和数量关系,组成了总平均指标指数体系。

三个指数之间的关系是：

可变构成指数（$\overline{K_{可变}}$）＝ 固定构成指数（$\overline{K_{固定}}$）× 结构影响指数（$\overline{K_{结构}}$）

相对数变动分析是：

$$\frac{\dfrac{\sum x_1 f_1}{\sum f_1}}{\dfrac{\sum x_0 f_0}{\sum f_0}} = \frac{\dfrac{\sum x_1 f_1}{\sum f_1}}{\dfrac{\sum x_0 f_1}{\sum f_1}} \times \frac{\dfrac{\sum x_0 f_1}{\sum f_1}}{\dfrac{\sum x_0 f_0}{\sum f_0}} \tag{6.15}$$

绝对数变动分析是：

$$\frac{\sum x_1 f_1}{\sum f_1} - \frac{\sum x_0 f_0}{\sum f_0} = \left(\frac{\sum x_1 f_1}{\sum f_1} - \frac{\sum x_0 f_1}{\sum f_1} \right) + \left(\frac{\sum x_0 f_1}{\sum f_1} - \frac{\sum x_0 f_0}{\sum f_0} \right) \tag{6.16}$$

【例6.8】某企业工人的人数和工资资料如表6－6所示，对该企业工人的总平均工资的变动进行因素分析。

表6－6　　　　　　　　　　某企业工人人数和工资资料

工人类型	工人数（人）f		月平均工资（元）x	
	基期 f_0	报告期 f_1	基期 x_0	报告期 x_1
技术工人	300	400	2 800	3 000
学徒工人	200	600	1 600	1 800
合计	500	1 000	—	—

解：根据表6－6的资料可计算

$$\overline{x_1} = \frac{\sum x_1 f_1}{\sum f_1} = \frac{3\,000 \times 400 + 1\,800 \times 600}{400 + 600} = 2\,280 \,(元)$$

$$\overline{x_0} = \frac{\sum x_0 f_0}{\sum f_0} = \frac{2\,800 \times 300 + 1\,600 \times 200}{300 + 200} = 2\,320 \,(元)$$

$$\overline{xn} = \frac{\sum x_0 f_1}{\sum f_1} = \frac{2\,800 \times 400 + 1\,600 \times 600}{400 + 600} = 2\,080 \,(元)$$

第一步，计算总平均工资指数，即可变构成指数。

$$\overline{K_{可变}} = \frac{\dfrac{\sum x_1 f_1}{\sum f_1}}{\dfrac{\sum x_0 f_0}{\sum f_0}} = \frac{2\,280}{2\,320} = 98.28\%$$

$$\frac{\sum x_1 f_1}{\sum f_1} - \frac{\sum x_0 f_0}{\sum f_0} = 2\,280 - 2\,320 = -40\,(元)$$

第二步,计算固定构成指数和结构影响指数,分析总平均工资变动的具体的原因。

(1) 各组平均工资的变动(x) 对总平均工资变动($\dfrac{\sum xf}{\sum f}$) 影响。

$$\overline{K_{固定}} = \frac{\dfrac{\sum x_1 f_1}{\sum f_1}}{\dfrac{\sum x_0 f_1}{\sum f_1}} = \frac{2\ 280}{2\ 080} = 109.62\%$$

$$\frac{\sum x_1 f_1}{\sum f_1} - \frac{\sum x_0 f_1}{\sum f_1} = 2\ 280 - 2\ 080 = 200(元)$$

(2) 各组人数结构变动($\dfrac{f}{\sum f}$) 对总平均工资($\dfrac{\sum xf}{\sum f}$) 影响。

$$\overline{K_{结构}} = \frac{\dfrac{\sum x_0 f_1}{\sum f_1}}{\dfrac{\sum x_0 f_0}{\sum f_0}} = \frac{2\ 080}{2\ 320} = 89.66\%$$

$$\frac{\sum x_0 f_1}{\sum f_1} - \frac{\sum x_0 f_0}{\sum f_0} = 2\ 280 - 2\ 320 = -240(元)$$

第三步,形成三个平均指标指数的关系,即建立平均指标指数的指数体系。

相对数形式 $\overline{K_{可变}} = \overline{K_{固定}} \times \overline{K_{结构}}$

简写为 $\dfrac{\overline{x_1}}{\overline{x_0}} = \dfrac{\overline{x_1}}{\overline{x_n}} \times \dfrac{\overline{x_n}}{\overline{x_0}}$

$98.28\% = 109.62\% \times 89.66\%$

绝对数形式

简写为 $\overline{x_1} - \overline{x_0} = (\overline{x_1} - \overline{x_n}) + (\overline{x_n} - \overline{x_0})$

$-40\ 元 = 200\ 元 + (-240\ 元)$

第四步,文字说明。

该企业工人总平均工资报告期较基期下降了1.72%,每个工人工资收入水平平均减少了40元,是由于各组工人工资水平提高,使总平均工资提高了9.62%,使工人工资收入平均增加了200元,以及各组工人人数占工人总数的比重的变化使总平均工资下降了10.34%,工人工资收入平均减少了240元,两个因素共同影响和作用的结果。

注意:本题如果将工人人数设为q,平均工资设为p,则可进行总量指标的因素分析。

【例6.9】某商场两个部门营业员人数和人均销售额资料如表6-7所示,对人均销售额的变动进行因素分析。

表 6 - 7   某商场营业员劳动效率资料

部门	人数(人)		人均销售额(万元)		销售总额(万元)		
	基期 f_0	报告期 f_1	基期 x_0	报告期 x_1	基期 $x_0 f_0$	报告期 $x_1 f_1$	假定 $x_0 f_1$
1	70	48	5.4	5.5	378	264	295.2
2	30	72	8.0	7.0	240	504	576.0
合计	100	120	—	—	618	768	835.2

解:根据表 6 - 7 的资料可计算

第一步,计算总人均销售额指数,即可变构成指数。

$$\overline{K_{可变}} = \frac{\dfrac{\sum x_1 f_1}{\sum f_1}}{\dfrac{\sum x_0 f_0}{\sum f_0}} = \frac{\dfrac{768}{120}}{\dfrac{618}{100}} = \frac{6.40}{6.18} = 103.56\%$$

$$\frac{\sum x_1 f_1}{\sum f_1} - \frac{\sum x_0 f_0}{\sum f_0} = 6.40 - 6.18 = 0.22(万元)$$

第二步,计算固定构成指数和结构影响指数,分析总人均销售额变动的具体的原因。

(1) 各部门人均销售额的变动(x)对总人均销售额变动$\left(\dfrac{\sum xf}{\sum f}\right)$影响。

$$\overline{K_{固定}} = \frac{\dfrac{\sum x_1 f_1}{\sum f_1}}{\dfrac{\sum x_0 f_1}{\sum f_1}} = \frac{6.40}{\dfrac{835.2}{120}} = \frac{6.40}{6.96} = 91.95\%$$

$$\frac{\sum x_1 f_1}{\sum f_1} - \frac{\sum x_0 f_1}{\sum f_1} = 6.40 - 6.96 = -0.56(万元)$$

(2) 各部门人数结构变动$\left(\dfrac{f}{\sum f}\right)$对总人均销售额$\left(\dfrac{\sum xf}{\sum f}\right)$影响。

$$\overline{K_{结构}} = \frac{\dfrac{\sum x_0 f_1}{\sum f_1}}{\dfrac{\sum x_0 f_0}{\sum f_0}} = \frac{6.96}{6.18} = 112.62\%$$

$$\frac{\sum x_0 f_1}{\sum f_1} - \frac{\sum x_0 f_0}{\sum f_0} = 6.96 - 6.18 = 0.78(万元)$$

第三步,形成三个平均指标指数的关系,即,建立指数体系。

103.56% = 91.95% × 112.62%

0.22 万元 =（- 0.56 万元）+ 0.78 万元

第四步,文字说明。

该商场营业员平均劳动效率报告期较基期提高3.56%,平均每人增加销售额0.22万元。其中,由于人员结构变化引起劳动效率提高12.62%,导致人均销售额增加0.78万元;若剔除结构变化的影响,各部门营业员劳动效率不仅未提高,反而下降了8.05%（91.95% - 1）,使人均销售额减少了0.56万元,说明该商场在提高营业员劳动效率方面做得还不够。

任务四　几种常用的统计指数

一、商品零售价格指数

商品零售价格指数,是反映零售商品价格综合变动趋势的一种相对数。商品零售价格指数是编制财政计划、价格计划,制定物价政策、工资政策的重要依据。目前,统计工作一般都按月、季、年编制商品零售价格指数。商品零售价格指数采用加权算术平均公式计算。物价不可能进行全面调查,只能在部分市、县采用抽样调查。根据我国的人力、财力,选择了145个市、81个县城作为物价变动资料的基层填报单位。每种商品的指数采用代表规格品的平均价格计算。零售商品包括食品、饮料烟酒、服装鞋帽、纺织品、中西药品、化妆品、书报杂志、文化体育用品、日用品、家用电器、首饰、燃料、建筑装潢材料、机电产品等14个大类304种必报产品,各省（区、市）可根据当地实际情况适当增加一些商品。需要特别说明的是,从1994年起,商品零售价格指数不再包括农业生产资料。其权数每年要根据居民家庭收支调查的资料调整一次。（具体编制方法见后面的案例分析）

二、居民消费价格指数

居民消费价格指数过去叫"居民生活费用价格总指数"。是反映一定时期（年、季、月）内城市、农村居民所购买消费品价格和服务项目价格综合变动的相对数,它是综合了职工、农民消费价格指数计算取得的。运用居民消费价格总指数,可以观察居民生活消费品及服务项目价格的变动对城乡居民生活的影响,对于各级部门制定居民消费价格政策、工资政策以及测定通货膨胀等,具有重要的理论和现实意义。

计算居民消费价格指数所选商品和服务项目,大约300余种,主要大项目包括食品、衣着、家庭设备及用品、医疗保健、交通和通信、娱乐教育和文化用品、居住、服务项目等8大类商品及服务项目。在每大类中又分为若干中类,在每中类中可以分为若干小类,在每小类中又可分为具体商品。编制居民消费价格指数的类权数和大部分商品及服务项目的权数,是根据住户调查中居民的实际消费构成计算。

居民消费价格指数的编制与零售价格指数的计算方法相同。但两者也有区别,主要表现在以下几个方面：

第一，编制的角度不同。零售物价指数是从商品卖方的角度出发，着眼于零售市场，观察零售商品的平均价格水平及其对社会经济的影响；居民消费价格指数是从商品买方的角度出发，着眼于人民生活，观察生活消费品及服务项目价格的变动对城乡居民生活的影响。

第二，包括范围不同。它主要体现在两者所包括的项目和具体商品的不同上。零售物价指数分 14 大类，既包括生活消费品，又包括建筑装潢材料和机电产品等，但不包括非商品形态的服务项目。居民消费品价格指数分 8 大类，既包括生活消费品，又包括服务项目。

根据居民消费价格指数，我们可以计算几个相关指数：

1. 通货膨胀指数

$$通货膨胀指数 = \frac{报告期居民消费价格指数}{基期居民消费价格指数} \times 100\%$$

如果通货膨胀指数大于 100%，则说明存在通货膨胀；如果通货膨胀指数小于 100%，则说明存在通货紧缩现象。

2. 货币购买力指数

货币购买力指单位货币所能购买到商品或服务的数量。在支出额一定的情况下，商品的价格越高，货币购买力越低；反之，商品的价格越低，货币的购买力越高。货币购买力指数从相对数的角度，反映货币购买力的相对变动程度。货币购买力指数的计算公式为：

$$货币购买力指数 = \frac{100\%}{居民消费价格指数} \times 100\%$$

因为货币购买力的变动与消费品和劳务价格的变动呈反比例关系，所以，居民消费价格指数的倒数就是货币购买力指数。

3. 职工实际工资指数

职工实际工资指数可用于反映消费品和服务价格变动对职工的实际工资的影响。其计算公式为：

$$职工实际工资指数 = \frac{职工名义工资指数}{居民消费价格指数} \times 100\%$$

上式说明，职工在不同时期得到的货币工资额实际能够买到的消费品和服务项目在数量上的增减变化。

☆ 知识链接

消费者物价指数（CPI）：是根据与居民生活有关的商品及劳务价格统计出来的物价变动指标，通常作为观察通货膨胀水平的重要指标。

生产者物价指数（PPI）：生产者物价指数主要的目的在于衡量各种商品在不同的生产阶段的价格变化情形。

2008 年我国受金融危机影响，二者都呈逐月走低的趋势，全年的 CPI 为 5.9%，PPI 为 6.9%。

三、股票价格指数

在股票市场上有很多股票在交易，同一时间，各种股票的价格各不相同，它们随着时间在不断变化,有的股票价格上涨,有的股票价格下跌。仅用一种或几种股票价格的变化是无法反映整个股票市场的价格水平的。为了反映整个股票市场总的价格水平及其变动情况,便产生了股票价格指数。股票价格指数除了综合各类公司的股票进行编制外,还常就工业、农业、金融业等每一类公司的股票分别进行编制。由于股票市场上的上市公司在国家经济中占有重要的地位,因此股票价格指数可以反映一个国家或地区的经济发展趋势。

(一) 股票价格指数的编制

(1) 确定股票样本。股票市场上的股票数目很多,为了确保股票价格指数反映股票市场价格的变化情况和计算的方便,需要选择一定数量的、有代表性的公司的股票作为样本股。

(2) 不同种类的股票价格不能相加,故股票价格指数属于总指数,其计算一般采用综合指数方法。

$$加权股价指数 = \frac{\sum p_1 q}{\sum p_0 q}$$

式中:p_1 为报告期股票的价格;p_0 为基期的股票价格;q 为股票的发行量或成交量。

q 作为同度量因素,可以采用报告期水平、基期水平或某一固定时期的水平。

(二) 股票价格指数的种类

1. 道·琼斯股票价格平均指数(Dow Jones Industrial Average, DJIA)

道·琼斯股票价格平均指数,简称道·琼斯股票指数,是目前人们最熟悉、历史最悠久、最具权威性的一种股票指数。其基期为 1928 年 10 月 1 日,基期指数为 100。由美国道琼斯公司编制,在交易日每半小时计算一次,每天早晨在《华尔街日报》及其新闻报刊上公布,是表明美国股票行情变动的一种股票价格指数。道·琼斯指数在世界上久负盛名,为世界各股票交易所和股票投资者所看重。

2. 标准普尔股票价格指数(Standard and Poor's, 500Index S&P 500)

由美国标准普尔公司编制的反映美国股票市场行情变动的股票价格平均数,它也是美国股票市场涨跌的基本标准之一。

3. 英国金融时报股票指数(Financial Times Stock Exc hange 100 Index, FTSE 100)

金融时报股票指数是由伦敦证券交易所编制,并在《金融时报》上发布的股票指数。目前常用的是金融时报工业普通股票指数,其成分股由 30 种代表性的工业公司的股票构成。最初以 1935 年 7 月 1 日为基期,后来调整为以 1962 年 4 月 10 日为基期,基期指数为 100,采用几何平均法计算。

4. 日经股票平均指数(NI KKEI 225)

日经股票平均指数的编制始于 1949 年,它是由东京股票交易所第一组挂牌的 225 种股票的价格所组成。这个由日本经济新闻有限公司(NKS)计算和管理的指数,通过主要国际价格报道媒体加以传播,并且被各国广泛用来作为代表日本股市的参照物。

5. 香港恒生指数(Hang Seng Index, HSI)

恒生指数是由香港恒生银行于 1969 年 11 月 24 日开始编制的用以反映香港股市行情的一种股票指数。该指数的成分股由在香港上市的较有代表性的 33 家公司的股票构成。恒生指数现已成为反映香港政治、经济和社会状况的主要风向标。

本章小结

本章是研究统计分析的重要方法之一,统计指数的应用是对动态分析的继续和深化。包括统计指数的一般问题、总指数的编制与计算、指数体系和因素分析,以及几种常用指数的应用。具体包括:

1. 统计指数的一般问题

统计指数的涵义有广义和狭义之分。广义的指数是一个对比分析指标,即相对数;狭义的指数是一种特殊的相对数,反映的是不能直接相加的复杂经济现象总体数量综合变动的相对数。本章主要研究狭义指数的编制方法及其应用。统计指数可以从不同的角度进行分类,要重点把握各种统计指数的涵义。

2. 总指数的编制与计算

总指数的编制方法是本章的重点内容之一。编制方法有两种:综合指数和平均指数。综合指数的基本思路是通过引入同度量因素,解决复杂总体数量不能直接相加的问题,具体分为数量指标指数和质量指标指数;而平均指数是对个体指数进行加权平均得到总指数,分为加权算术平均数指数和加权调和平均数指数。平均指数一般是在资料限制不能使用综合指数时应用的,在一定的权数条件下,两种指数存在着变形关系。

3. 指数体系和因素分析

统计指数的因素分析方法是本章的又一重点内容。统计指数的因素分析法以总指数的计算及统计指数体系为基础。其主要思路是从相对数的角度分析总变动及影响因素变动的方向与程度,实质上就是计算总变动指数和影响因素指数,从绝对数的角度分析总变动增减的绝对值及每个因素对总变动的影响值。

在具体应用中包括对总量指标变动的因素分析和对平均指标变动的因素分析。

4. 几种常用指数的应用

几种常用的指数是与我们经济生活密切相关的统计指数,主要有三种:商品零售价格指数、居民消费价格指数和股票指数。

案例分析

商品零售物价指数的计算

商品零售物价指数是反映城市、农村商品零售物价变动趋势的一种经济指数,可以全面反映市场零售物价总水平变动趋势和程度。

表 6 - 8　　　　　　　　　　　某市商品零售物价指数计算表

商品类别	代表规格品	计量单位	平均价格(元)		固定权数(w)	指数(%)($k = \frac{p_1}{p_0}$)	指数×权数(kw)
			基期 p_0	报告期 p_1			
总指数					100		125.31
一、食品类					54	140.00	75.60
其中:							
1. 粮食					18	145.63	
(1) 细粮					95	146.12	
① 大米	上等米				78	153.49	
② 面粉	标准粉				22	120.00	
(2) 粗粮		千克	1.72	2.64	5	136.40	
2. 副食		千克	3.17	3.80	25	132.00	
二、饮料烟酒类					5	105.60	5.28
三、服装鞋帽类					6	106.60	6.40
四、纺织品类					6	105.30	6.32
五、中西药品类					5	107.10	5.36
六、化妆品类					2	109.00	2.18
七、书报杂志类					2	108.20	2.16
八、文化体育用品类					2	106.00	2.12
九、日用品类					2	110.00	2.20
十、家用电器类					10	114.00	11.40
十一、首饰类					1	101.00	1.01
十二、燃料类					3	105.00	3.15
十三、建筑装潢材料					1	118.00	1.18
十四、机电产品类					1	95.00	0.95

商品零售物价指数的具体编制方法说明如下:

(1) 对零售商品进行分类:将全部零售商品划分为食品、饮料烟酒、服装鞋帽、纺织品、中西药品、化妆品、书报杂志、文化体育用品、日用品、家用电器、首饰、燃料、建筑装潢材料、机电产品 14 大类后,对各大类再划分为若干中类,中类再分小类(小类还可细分)。

(2) 选择代表规格品:在分成的小类下面(或细类)选择若干代表规格品,国家按商品划类选样法,选择各类有代表性的商品,各地在代表商品集团中选择与居民生活密切相关、消费量大、生产供应比较稳定、价格变动有代表性趋势的规格品或价格变动趋势频繁的特殊的代表规格品。

(3) 采集价格资料:调查人员直接到商店柜台,集市摊位采集登记当天成交价格。采价原则:直接采价、定时定点、同质可比、实际成交。国家规定,对工业消费品每月采价 2 次,对鲜活商品每月 6 次。

(4) 计算平均价格:每一商品必须有 3 ~ 4 个零售点的价格加以平均。

(5) 权数的确定及指数的计算:商品权数是某类(个)商品零售额占计算指数的全部(某类)商品零售总额的比重。商品零售价格指数的权数根据批发零售贸易、餐饮业、综合统计中社会消费品零售构成资料和典型调查资料计算。确定了商品权数、分类权数后,即可根据商品的报告期和基期(对比期)价格计算单个商品价格指数,然后采用加权算术平均公式进行加权平均,逐一计算出类指数和总指数。

现以某市商品零售物价指数的编制为例具体说明我国零售物价指数的编制方法。

在上表资料中,该市某年零售物价总指数为:

$$k = \frac{\sum kw}{\sum w} = \frac{75.60 + 5.28 + 6.40 + 6.32 + 5.36 + 2.18 + \cdots + 0.95}{54 + 6 + 6 + 5 + 2 + \cdots + 1}$$

$$= \frac{125.31}{100} = 125.31\%$$

说明该市某年商品零售价格比基期平均上涨了 25.31%。

 问题思考

1. 什么是统计指数?统计指数的分类如何?

2. 总指数的编制方法有哪些?编制要点是什么?

3. 什么是同度量因素?有何作用?

4. 总量指标如何进行因素分析?

5. 平均指标指数体系包含哪些指数?如何计算?

项目七　相关与回归分析

本章教学要点概览

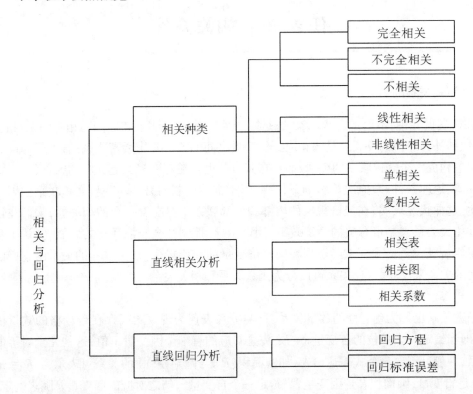

相关与回归分析
- 相关种类
  - 完全相关
  - 不完全相关
  - 不相关
  - 线性相关
  - 非线性相关
  - 单相关
  - 复相关
- 直线相关分析
  - 相关表
  - 相关图
  - 相关系数
- 直线回归分析
  - 回归方程
  - 回归标准误差

【情境导入】

什么是相关分析?什么是回归分析?它们之间有何区别与联系?

案例　我们都知道,父母身材较高,其子女身材也较高,他们的身高有一定的相关性。19世纪英国生物学家高尔登(Francis Galton)在研究子女身高与父母身高之间的关系时,发现下一代人身高有回归同时代人类平均身高的趋势。之后,统计学家卡尔·皮尔逊又用观察数据证实了这一现象,从而产生了回归(Regression)的

概念。

现在,相关与回归(Correlation and Regression)分析已经被广泛应用于农业生产、企业管理、商业决策、金融分析以及自然科学和社会科学等许多研究领域。

本章教学内容提示

相关与回归分析是分析现象之间相互关系的一种统计分析方法,是对现象之间变量关系的研究。本章学习的目标在于探讨各变量之间相互关系的密切程度及其变化的规律,从而准确认识现象,并进行必要的预测和控制。

任务一　　相关关系

一、相关关系的涵义

在现实世界中,不论是自然现象,还是社会经济现象,许多现象之间是相互联系、相互制约的。比如社会经济的发展总是与相应经济变量之间的数量变化紧密联系的,不仅与同它有关的现象构成一个普遍联系的整体,而且在其内部也存在着许多彼此关联的因素,在一定的社会环境、地理条件、政府决策影响下,一些因素推动或制约另外一些与之相联系的因素发生变化。这种状况表明,在经济现象的内部和外部联系中存在着一定的相关性,人们往往利用这种相关关系来制定有关的经济政策,用以指导、控制社会经济活动的发展。要认识和掌握客观经济规律就必须探求经济现象间经济变量的变化规律。现象之间的关系由它们的变量之间的关系来反映,这种关系可以分为函数关系和相关关系两大类。

(一)函数关系

函数关系也称为确定性的数量关系。这类关系表现为现象之间存在着严格的数量依存关系,即当给定一个单位的自变量 x 与之完全对应的有一个因变量 y 值,这种完全对等的数量关系,一般可用数量公式表达出来,如圆面积(R)与圆半径(r)的关系可表示为:$R = \pi r^2$,半径 r 是自变量,圆面积 R 是因变量,当给定一个自变量 r,与之对应的因变量 R 随之确定。类似于这种一一对应的数量依存关系,都是函数关系。

(二)相关关系

相关关系也称为不完全确定性的数量关系。这类关系表现为现象之间存在着不完全的数量依存关系,即当给定一个自变量 x,因变量 y 不是一个完全确定的值 ,而是在平均值上左右摆动。如将一块地绝对均匀地分成三等份,其光照、水分、种子、农药、土质、栽培技术都完全相同的情况下,施肥量与亩产量的关系如表 7 - 1 所示。

表 7 - 1 施肥量与亩产量的关系

| 施肥量(千克) | 亩产量(千克)y | | | 平均亩产量(千克) |
x	甲地块	乙地块	丙地块	$\bar{y}$
10	800	820	840	820
15	930	910	950	930
20	1 250	1 350	1 300	1 300
25	1 010	1 000	990	1 000

由表 7 - 1 可以看出,在其他条件不变的情况下,亩产的高低依存于施肥量的多少。在一定范围内,施肥多,亩产就高,但亩产量不是一个完全确定的值,而是在平均亩产左右摆动的值。因此,施肥量和亩产量是相关关系。同样的还有收入和消费的关系,广告费和销售额的关系,父母的身高和儿女的身高的关系等。现象之间的这种客观存在而又不确定的数量依存关系,就是我们通常所指的相关关系。

二、相关关系的类型

由于现象之间的联系非常复杂,因此,相关关系可以表现为各种不同的形式和类型。对于现象之间存在的相关关系,我们应该从不同角度上进行分类:

(一) 按现象间的相关程度不同分类

相关关系按现象之间的相关程度可以分为完全相关、不完全相关和不相关。这种相关程度一般都是通过相关系数 r 反映出来(相关系数的计算将在本章任务二介绍),当相关系数 $r = \pm 1$ 时,说明两现象之间完全相关,即函数关系。例如圆面积 $R = \pi r^2$;当相关系数 $-1 < r < +1$ 且 $r \neq 0$ 时,说明两现象之间是不完全确定的关系(不完全相关),即相关关系,例如,销售收入和销售利润,劳动生产率与单位成本之间的关系等;当相关系数 $r = 0$,则两个现象之间不相关,即两个现象各自独立,互不影响,如美国的人均收入与我国的人均消费等。

(二) 按现象间相关的方向不同分类

相关关系按现象之间相关关系的方向分为正相关和负相关。当两个现象之间,自变量 x 增加,因变量 y 增加,或自变量 x 减少,因变量 y 减少,这种相关关系为正相关。即自变量 x 与因变量 y 同方向变动。如在一定范围,施肥量增加,亩产量会随之增加;身高增加了,体重也会增加等,是属于正相关。当两个现象之间,自变量 x 增加,因变量 y 减少,或者自变量 x 减小,因变量 y 增加,这种两个变量反方向变动即为负相关。如当成本一定时,产量越高,则单位成本越低;受教育程度越高,则犯罪率就越低;交通法规知识越少,则交通事故越多等,就属于负相关。

(三) 按现象间相关因素的多少分类

相关关系按现象之间相关因素的多少可以分为单相关和复相关。只确定两个因素之间的相关关系叫单相关(x,y),如收入和消费之间的关系。研究三个或三个以上的因素之间的相关关系,叫复相关(即 $x,y,z\cdots$),如亩产的高低取决于施肥、种子、农药、土壤、气候、光照、pH 值、栽培技术、田间管理等。在社会经济现象中,一般是许多现象相互依存、彼此关联,它们更多表现的是复相关,但单相关是复相关的基础,本章主要研究单相关。

（四）按现象间相关的表现形式分类

相关关系按现象之间相关的表现形式可以分为线性相关和非线性相关。线性相关是指直线相关,根据其相关的密切程度可以进行定量研究,将其拟合成直线方程 $y = a + bx$。非线性相关是指曲线相关,根据情况可拟合成不同的曲线方程,如产品的寿命周期和销售之间的关系,本章我们主要研究直线相关。

三、相关关系分析的内容

对现象之间相关关系的研究,我们一般是从两个方面进行的:一是相关分析;二是回归分析。

（一）相关分析

相关分析先要进行定性分析,即判断现象之间有无相关关系;再作定量分析,即确定相关的形式和密切程度。

（1）判断现象间有无相关关系。现象间有无相关关系,这是相关分析的出发点,只有现象间确实存在相关关系,才能进一步进行分析。进行相关分析时,首先要通过定性分析来判断现象间是否确实存在相关关系,否则就会产生认识上的偏差,得出错误的分析结论。

（2）判定相关关系的表现形态和密切程度。相关关系是一种数量上不严格的相互依存关系。只有当变量间确实存在密切的相关关系时,才可能进行回归分析,从而对现象进行预测、推断和决策。因此,判断现象间存在相关关系后,需要进一步确定相关关系的表现形态和密切程度。统计上,一般是通过编制相关表、绘制相关图和计算相关系数来作出判定。根据相关图表可对相关关系的表现形态和密切程度作出一般性的判断,依据相关系数来做出数量上的具体分析。

（二）回归分析

在现象之间关系紧密时可以拟合回归方程进行推算,并对其结果进行检验。

（1）建立回归方程。当现象之间的相关关系比较密切时,就可以根据其相关关系的类型,确定相应的数学表达式用以反映或预测相关变量的数量关系及数值。所建立的数学表达式叫回归方程,这是进行推算和预测的依据。

（2）对因变量估计值的可靠程度进行检验。根据回归方程,可以给出自变量的若干数值,求得因变量相应的估计值。估计值与实际值之间是存在误差的,确定因变量估计值误差大小的指标叫回归标准误差。回归标准误差越小,则因变量估计值的可靠程度越高;反之,因变量估计值的可靠程度越低。

直线相关与回归分析是相关关系分析中最基本的方法,同时又是最简单的方法。本章主要介绍这种方法。

任务二　　直线相关分析

一、相关图和相关表

相关分析中,通过编制相关表和绘制相关图,可以对现象之间存在的相关关系,从方向、形式和密切程度上作出直观的、大致的判断。

(一)相关表

相关表就是把被研究对象的观察值对应排列所形成的统计表格。如果是将某一变量按其数值的大小顺序排列,然后再将与其相关的另一变量的对应值平行排列,得到的叫简单相关表,如表7－3所示。

【例7.1】对某企业2007—2017年的销售收入和广告费用进行调查,得到的资料如表7－2所示。

表7－2　　　　　　　　　　某企业销售收入和广告费用原始资料

年份	2007年	2008年	2009年	2010年	2011年	2012年	2013年	2014年	2015年	2016年	2017年
广告费用(万元)	33	40	65	58	80	80	33	30	56	90	72
销售收入(百万元)	12	13	20	14	26	26	12	12	14	30	22

将表7－2原始资料中的广告费用按从小到大顺序排列,对应的销售收入平行排列,即可编制简单相关表,如表7－3所示。

表7－3　　　　　　　　某企业销售收入和广告费用的简单相关表

广告费用(万元)	30	33	33	40	56	58	65	72	80	80	90
销售收入(百万元)	12	12	12	13	14	14	20	22	26	26	30

从表7－3可见,随着广告费用的增加,企业的销售收入有相应增加的趋势,两个变量之间存在明显的正相关关系。

如果将原始数据进行统计分组,加以整理后编制的表格叫分组相关表。最常见的是按照自变量分组,计算次数和各组相应的因变量的平均值。

【例7.2】有20块土地,按照耕作深度分组,计算各组平均亩产量如表7－4所示。

表7－4 耕作深度与亩产量的分组相关表

耕作深度（厘米）	田块数	各组平均亩产量（百千克／亩）
8	2	4.00
10	3	5.33
12	7	5.43
14	5	6.00
16	2	6.50
18	1	8.00
合计	20	—

将分组相关表与简单相关表对比，可以看出分组相关表更能反映两个变量之间相关关系的存在。从表7－4可见，耕作深度与亩产量之间存在着正相关的直线变动关系。

（二）相关图

相关图又叫散点图（Satter Plot），是以直角坐标系的横轴代表变量 x，纵轴代表变量 y，将两个变量对应的成对数据以坐标点的形式描绘出来，用于反映两个变量之间相关关系的图形。将表7－3的资料绘制成相关图，如图7－1所示。

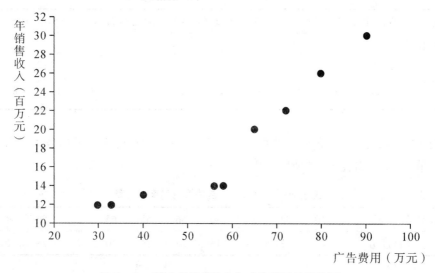

图7－1 某企业销售收入与广告费用的相关图

从图7－1可见，该企业的广告费用与销售收入之间呈现正相关关系，这些点虽然不完全在一条直线上，但有形成一条直线的趋势。

二、相关系数

相关表和相关图只能大致反映现象之间相关关系的方向和形式，为了说明现象之间相关关系的密切程度，需要测定相关系数。相关系数（Correlation Coefficient）是在直线相关条件下研究和判断两个现象之间密切程度的指标。要反映现象之间的密切程度，最简单的一种计算方法是积差法，它是用两个变量的协方差与其标准差的乘积之比来计算的。按其定义的

计算公式为:

（1）对自变量 x 求标准差: $\sigma_x = \sqrt{\dfrac{\sum (x - \bar{x})^2}{n}}$

（2）对因变量 y 求标准差: $\sigma_y = \sqrt{\dfrac{\sum (y - \bar{y})^2}{n}}$

（3）对自变量 x 和因变量 y 求标准差（协方差）: $\sigma_{xy} = \sqrt{\dfrac{\sum (x - \bar{x})(y - \bar{y})}{n}}$

则相关系数: $r = \dfrac{\sigma_{xy}^2}{\sigma_x \sigma_y}$ （7.1）

将标准差代入:

$$ r = \frac{\sum (x - \bar{x})(y - \bar{y})}{n \sqrt{\dfrac{\sum (x - \bar{x})^2}{n}} \cdot \sqrt{\dfrac{\sum (y - \bar{y})^2}{n}}} \qquad \text{约简得到:} $$

$$ r = \frac{\sum (x - \bar{x})(y - \bar{y})}{\sqrt{\sum (x - \bar{x})^2} \cdot \sqrt{\sum (y - \bar{y})^2}} \qquad (7.2) $$

将公式（7.2）化简,得到:

$$ r = \frac{n \sum xy - \sum x \sum y}{\sqrt{n \sum x^2 - \left(\sum x\right)^2} \sqrt{n \sum y^2 - \left(\sum y\right)^2}} \qquad (7.3) $$

利用相关系数 r 反映现象之间的相关关系时,要注意以下几个方面:

（1）相关系数只是研究两个变量(x, y)之间的密切程度,即单相关关系。

（2）自变量 x 和因变量 y 是不确定的（随机的）,即两个现象无须分辨自变量和因变量,谁作自变量或因变量其计算相关系数的结果都相同。

（3）相关系数的大小只能判断是否有直线相关关系及其关系的密切程度,不能作为非直线关系的判断依据。也就是说,当相关系数很小,或者为零时,只能说明不存在直线相关关系,而不能否定现象之间存在其他形式的相关关系。

（4）相关系数可反映两现象之间的变动方向,相关系数 $r > 0$,为正相关;相关系数 $r < 0$,则为负相关。

（5）相关系数的取值范围是$[-1 \leqslant r \leqslant 1]$（$|r| \leqslant 1$）,判断相关关系的密切程度是:

① 当相关系数 r 越接近 ± 1 时,则相关的程度越高,当相关系数 $r = \pm 1$,则完全相关,即函数关系。

② 当相关系数越接近于 0 时,则相关的程度越低,当相关系数 $r = 0$,则不相关（没有直线相关关系）。

③ 当 $0 < |r| < 0.3$ 时,为弱相关;

当 $0.3 \leqslant |r| < 0.5$ 时,为低度相关;

当 $0.5 \leqslant |r| < 0.8$ 时,为显著相关;

当 $0.8 \leqslant |r| < 1$ 时,为高度相关。

当两种现象之间存在显著或高度相关关系时,要进行进一步分析,即回归分析。

【例 7.3】某公司有 5 个企业,各企业的产品产量和单位成本资料如表 7 - 5 所示。

表 7 - 5 某公司各企业产品产量和单位成本计算表

序号	产量 x(万件)	单位成本 (元) y	x^2	y^2	xy
1	20	17.2	20^2	17.2^2	20×17.2
2	30	15.8	30^2	15.8^2	30×15.8
3	40	15.1	40^2	15.1^2	40×15.1
4	50	14.5	50^2	14.5^2	50×14.5
5	70	13.6	70^2	13.6^2	70×13.6
合计	210	76.2	10 300	1 168.70	3 099

解:将表 7 - 5 中计算的数据代入公式(7.3),则:

$$r = \frac{n \sum xy - \sum x \sum y}{\sqrt{n \sum x^2 - (\sum x)^2} \sqrt{n \sum y^2 - (\sum y)^2}}$$

$$= \frac{5 \times 3\ 099 - 210 \times 76.2}{\sqrt{5 \times 10\ 300 - 210^2} \sqrt{5 \times 1\ 168.7 - 76.2^2}} = -0.968$$

计算结果表明,企业的产品产量和单位成本之间存在负线性相关关系,而且高度相关。由于产品产量和单位成本之间具有高度相关关系,因此要作进一步分析,即回归分析。

任务三 直线回归分析

一、回归分析的意义

(一)回归分析的涵义

所谓回归分析,是指对具有显著或高度相关关系的现象之间数量变化的一般关系进行测定,建立一个相关的数学表达式,以便从一个已知量去推断另一个与之联系的未知量,进而进行估计和预测的统计方法。根据回归分析方法得出的数学表达式称为回归方程式,它可以是直线方程,也可以是曲线方程,本节只对直线回归分析的方法进行介绍。直线回归方程比曲线方程简单,而且许多曲线方程也可以通过变量转换的方法,以直线方程的形式来表现。

(二)回归分析与相关分析的区别与联系

1. 回归分析与相关分析的区别

(1)相关分析的变量是对等关系。两个变量都是随机的。哪个是自变量,哪个是因变量不影响相关系数的计算结果;而回归分析是变量是非对等关系,在回归分析中,必须首先确定自变量和因变量,自变量是可控制的变量,是非随机的,因变量是随机的,自变量和因变量不同,得出的分析结果是不相同的。

（2）在回归分析中,如果变量的因果关系不明显,可依据研究目的分别建立 y 对于 x 的回归方程或 x 对于 y 的回归方程。而相关分析中,只能计算出反映两个变量之间相关关系密切程度的一个相关系数。

2. 回归分析与相关分析的联系

（1）相关分析是回归分析的基础。如果没有对现象进行相关分析,不知道现象间是否有相关关系以及关系的密切程度如何,就不能进行回归分析。否则,没有实际意义。

（2）回归分析是相关分析的深入与继续。仅仅说明现象间具有密切的相关关系是不够的,只有在此基础上拟合回归方程,进行回归预测才有意义。

二、直线回归方程的建立与应用

（一）直线回归方程的建立

直线回归方程的建立,应具备两个条件:一是现象之间存在密切（显著及以上）的直线相关关系;二是要具备一定数量的变量观察值。

直线回归方程又称为一元一次线性回归方程,若以 x 表示自变量的实际值,y_c 表示因变量的估计值,则 y_c 依 x 的直线回归方程的一般形式是:

$$y_c = a + bx$$

其中,a,b 是待定参数,根据实际资料计算而得出。很显然,一旦得到 a 和 b 的参数值,能够表明变量之间数量关系的回归直线就被确定下来了。

a,b 为参数时的确定方法很多,但经济领域最常见的是用最小二乘法原理求得,即使 $\sum (y - y_c)^2$ 为最小值。因 $y_c = a + bx$,将其代入,问题变为求 a、b,使 $\sum [y - (a + bx)]^2$ 取最小值。由高等数学知识,将其对 a,b 求偏导,并令为零,整理得:

$$\begin{cases} \sum y = na + b \sum x \\ \sum xy = a \sum x + b \sum x^2 \end{cases}$$

求解上面的联立方程组,得到

$$\begin{cases} b = \dfrac{n \sum xy - \sum x \sum y}{n \sum x^2 - (\sum x)^2} \\ a = \dfrac{\sum y}{n} - b \dfrac{\sum x}{n} \end{cases} \tag{7.4}$$

用上式求出的 a,b 值,代入 $y_c = a + bx$,就得到所求回归直线方程,这样两个变量之间的一般的数量关系就确定了。

在进行回归分析中,应注意以下几点:

（1）在回归分析中,必须先确定自变量 x 和因变量 y。自变量 x 是确定的,因变量 y 是随机的,哪个是决定因素,哪个是被决定因素,决不能因果颠倒。如父母的身高决定了儿女的身高,则父母的身高是确定的,孩子未来的身高是不完全确定的(随机的)。

(2) 直线回归方程的计算过程中的数字与计量单位无关,但在分析的过程中,一定要将其与计量单位联系起来进行分析才有经济意义。

(3) 对于参数 a,b 的涵义,其几何意义是: a 是直线方程的截距, b 是斜率;其经济意义是: a 是当 x 为零时 y 的估计值,也叫起始值(基础水平), b 是当 x 每变动一个单位时平均增减数量。

b 也叫回归系数,回归系数 b 的符号与相关系数 r 的符号一致并且意义相同。当 b 的符号为正时,自变量与因变量同方向变动;当 b 的符号为负时,自变量与因变量反方向变动。回归系数 b 与相关系数 r 的区别是,相关系数 r 的取值范围是确定的,即 -1 至 1 之间;而回归系数 b 的取值并没有一个确定的范围,其大小是依据的计量单位而确定。

(二) 直线回归方程的应用

在【例 7.3】中,已经确定该公司各企业的产品产量和单位成本之间具有高度相关关系,则可以建立回归直线方程,设直线方程为: $y_c = a + bx$

将相关数据代入公式(7.4) 即可得到 a,b 两个参数值:

$$b = \frac{n \sum xy - \sum x \sum y}{n \sum x^2 - \left(\sum x \right)^2} = \frac{5 \times 3\,099 - 210 \times 76.2}{5 \times 10\,300 - 210^2} = -0.068\,5$$

$$a = \frac{\sum y}{n} - b \frac{\sum x}{n} = \frac{76.2}{5} - \left(-0.068\,5 \times \frac{210}{5} \right) = 18.117$$

所建立的直线方程为: $y_c = 18.117 - 0.068\,5x$

建立的直线方程说明,企业的规模越大,产品的单位成本会越低。具体是:产品产量每增加 1 万件,产品成本每件平均降低 0.068 5 元。

由此也可以预测,当企业的规模达到产品产量为 100 万件时,单位成本为:

$$y_c = 18.117 - 0.068\,5x = 18.117 - 0.068\,5 \times 100 = 11.267(元)$$

【例 7.4】某市所属的七个区县,在 2017 年的国内生产总值与其财政收入资料如表 7-6 所示。

表 7-6　　　　　　2017 年某市的七个区县国内生产总值与财政收入资料

序号	国内生产总值(亿元) x	财政收入(亿元) y
1	20	8
2	22	9
3	25	10
4	27	12
5	29	12
6	30	14
7	32	15
合计	185	80

要求:① 计算相关系数,确定国内生产总值与财政收入的关系密切程度;

② 建立直线回归方程,说明回归系数的意义;

③ 当某区县的国内生产总值达到 50 亿元时,请估计其财政收入。

解:要计算相关系数和建立直线回归方程,首先要计算三个数值,即自变量的平方、因变量的平方,以及自变量与因变量的乘积。具体计算数值如表 7-7 所示。

表 7-7　　　　　　　　　七个区县国内生产总值与财政收入相关分析计算表

序号	国内生产总值(亿元)x	财政收入(亿元)y	x^2	y^2	xy
1	20	8	400	64	160
2	22	9	484	81	198
3	25	10	625	100	250
4	27	12	729	144	324
5	29	12	841	144	348
6	30	14	900	196	420
7	32	15	1 024	225	480
合计	185	80	5 003	954	2 180

(1) 依据表中的数据代入公式计算相关系数:

$$r = \frac{n\sum xy - \sum x \sum y}{\sqrt{n\sum x^2 - (\sum x)^2}\sqrt{n\sum y^2 - (\sum y)^2}}$$

$$= \frac{7 \times 2\,180 - 185 \times 80}{\sqrt{7 \times 5\,003 - 185^2}\sqrt{7 \times 954 - 80^2}} = 0.978$$

计算结果表明,七个区县的国内生产总值与财政收入之间存在高度直线正相关关系。

(2) 建立直线回归方程:

设直线回归方程为:$y_c = a + bx$

将表中数据代入公式计算 a,b 两个参数值:

$$b = \frac{n\sum xy - \sum x \sum y}{n\sum x^2 - (\sum x)^2} = \frac{7 \times 2\,180 - 185 \times 80}{7 \times 5\,003 - 185^2} = 0.578$$

$$a = \frac{\sum y}{n} - b\frac{\sum x}{n} = \frac{80}{7} - 0.578 \times \frac{185}{7} = -3.844$$

所建立的直线方程为:$y_c = -3.844 + 0.578x$

建立的直线方程说明,地区的国内生产总值越高,当年财政收入越多。具体是:国内生产总值每增加 1 亿元,当年财政收入平均增加 0.578 亿元。

(3) 根据所建立的直线方程可以预测,当某地区的国内生产总值达到 50 亿元时,估计财政收入为:

$$y_c = -3.844 + 0.578x = -3.844 + 0.578 \times 50 = 25.056(\text{亿元})$$

直线回归方程是在直线密切相关条件下,反映两个变量之间一般数量关系的数学模型。我们可以根据建立的直线回归方程,由给定的一个自变量的数值来推算对应的因变量的值,但这个数值只是一个估计值,它与实际值之间存在误差。误差越大,说明拟合的直线方程越不精确;误差越小,说明拟合的直线方程越精确。因此,在建立直线回归方程后,有必要对其拟合的精确程度进行检测,这就是要测定回归标准误差。

三、回归标准误差

由于变量 x 和 y 不是完全的相关关系,估计值 y_c 与实际值 y 是有差异的。回归标准误差就是实际值 y 与估计值 y_c 离差的一般水平,反映估计值 y_c 对实际值 y 的代表性大小。

回归标准误差越小,说明因变量的实际值与估计值之间的差异小,估计值对实际值的代表性就大;回归标准误差越大,说明因变量的实际值与估计值之间的差异大,估计值对实际值的代表性就小。

回归标准误差的计算公式为:

$$S_{yx} = \sqrt{\frac{\sum (y - y_c)^2}{n - 2}} = \sqrt{\frac{\sum y^2 - a \sum y - b \sum xy}{n - 2}} \tag{7.5}$$

式中:$n - 2$ 是自由度;S_{yx} 是 y 倚 x 的回归标准误差。

实际应用中所获得的资料一般是大样本($n \geqslant 30$),在 n 很大的条件下,为了计算上的方便,用 n 代替 $n - 2$,回归标准误差的公式可改为:

$$S_{yx} = \sqrt{\frac{\sum (y - y_c)^2}{n}} = \sqrt{\frac{\sum y^2 - a \sum y - b \sum xy}{n}} \tag{7.6}$$

将【例 7.4】的回归直线方程按照公式(7.6)计算回归误差则有:

$$S_{yx} = \sqrt{\frac{\sum y^2 - a \sum y - b \sum xy}{n}} = \sqrt{\frac{954 - (-3.844) \times 80 - 0.578 \times 2\ 180}{7 - 2}} = 0.54$$

计算结果表明,财政收入实际值与估计值的误差平均值为 0.54 亿元。

本章小结

本章的主要内容是研究现象之间的相互关系,也是统计分析的重要方法之一。主要解决以下几个问题:

(1) 相关分析和回归分析是研究变量间相关关系的两种基本方法。所谓相关分析,就是用一个指标(相关系数)来反映变量之间相关关系的方向和密切程度。回归分析则是研究变量之间相互关系的具体形式,它对具有紧密相关关系变量之间的数量联系进行测定,确定一个相关的数学方程式。根据这个数学方程式可以从一个变量的变化来推测另一个变量的变化,从已知量来推测未知量,从而为估算和预测提供了可能。

(2) 当一个或几个相互联系的变量取一定数值时,与之相对应的另一个变量的值虽然不确定,但它仍按某一规律在一定的范围内变化。变量之间的这种相互关系,称为具有不确定性的相关关系。函数关系是一种特殊的相关关系,当相关系数 $r = \pm 1$ 时,说明两现象之间完全相关,即函数关系。本章主要研究两个变量之间的线性相关关系,即单相关的直线相关关系。

(3) 回归分析主要是研究具有显著或高度相关关系的现象之间的数量关系,配合回归方程由一个变量的变化解释另一变量的变化。进行回归分析时,首先,要根据有关理论确定自变量和因变量;并分析它们之间的数学形式(本章只研究直线形式),建立回归模型;其次,利用样本数据,对回归模型进行估计,估计的方法通常采用最小二乘法,即通过计算 a、b 两个参数,建立直线回归方程;最后,计算回归标准误差,对直线回归方程进行检验,确定估计值 y_c 对实际值 y 的代表性大小。另外,还可以利用直线回归方程进行预测。

案例分析

海立电冰箱厂产品成本分析

最近几年来,海立电冰箱厂狠抓成本管理,提高经济效益,在降低原材料和能源消耗,提高劳动生产率以及增收节支等方面,都取得了较为显著的成绩,单位成本明显下降,基本扭转了亏损的局面。但是各月单位成本起伏仍然很大,为了控制成本波动并指导今后的生产经营,该厂有关部门专门进行了产品成本分析。

一、资料的搜集、整理与分析

首先收集了企业最近 15 个月的产量、单位成本和出厂价格的有关资料(见表 7 - 8)。

表 7 - 8 　　　　　　　　　　海立电冰箱厂近 15 个月的生产经营有关资料

时间	电冰箱产量(台)	单位成本(元)	出厂价格(元)
2017 年 1 月	810	670	750
2 月	547	780	750
3 月	900	620	750
4 月	530	800	750
5 月	540	780	750
6 月	800	675	750
7 月	820	650	730
8 月	850	720	730
9 月	600	735	730
10 月	690	720	730
11 月	700	715	730
12 月	860	610	730
2018 年 1 月	920	580	720
2 月	840	630	720
3 月	1 000	570	720

从以上资料可以看出,该产品单位成本波动很大,在近 15 个月中,最高的上年 4 月份单位成本达到 800 元,最低的今年 3 月份单位成本为 570 元,差距达 230 元,2、4、5、9 等月份产品成本均高于出厂价,而 2018 年 3 月毛利率又达到 20.8% (720 - 570/720)。

为什么成本的波动如此之大呢？从以上资料可以看出，单位成本的波动与产量有关，2017年4月份产量最低而成本最高，而2018年3月份产量最高而成本最低，亏损的各个月中产量普遍偏低，这显然是个数据效益问题。成本可分为固定成本和变动成本，就目前情况看在成本的构成中，固定成本所占的比重较大。每月产量大，分在单位成本产品中的固定成本就小，如果产量小，分在单位产品成本中的固定成本就高。而变动成本是原材料和人工工资，它们对该产品成本的影响不是很大。明白了这个道理，我们就应该做好前期的管理工作，使产品的单位成本得到有效的控制。

为了寻找其内在的规律，以指导今后的工作，现进行相关分析，并建立相应的模型。

现将表7-8中15个月产量资料排序(从小到大)，见表7-9。

表7-9 电冰箱产量和单位成本的分析计算表

序号	产量(台)x	单位成本(元)y	x^2	y^2	xy
1	530	800	280 900	640 000	424 000
2	540	780	291 600	608 400	421 200
3	547	780	299 209	608 400	426 660
4	600	735	360 000	540 225	441 000
5	690	720	476 100	518 400	496 800
6	700	715	490 000	511 225	500 500
7	800	675	640 000	455 625	540 000
8	810	670	656 100	448 900	542 700
9	820	650	672 400	422 500	533 000
10	840	630	705 600	396 900	529 200
11	850	620	722 500	384 400	527 000
12	860	610	739 600	372 400	527 000
13	900	620	810 000	384 400	524 600
14	920	580	846 400	336 400	558 000
15	1 000	570	1 000 000	324 900	570 000
合计	11 407	10 155	8 990 409	6 952 775	7 568 260

(1)根据产量和单位成本计算相关系数 r

$$r = \frac{n\sum xy - \sum x \sum y}{\sqrt{n\sum x^2 - (\sum x)^2}\sqrt{n\sum y^2 - (\sum y)^2}}$$

$$= \frac{15 \times 7\,568\,260 - 11\,407 \times 10\,155}{\sqrt{15 \times 8\,990\,409 - 11\,407^2}\sqrt{15 \times 6\,952\,775 - 10\,155^2}} = -0.98$$

计算结果表明，单位成本和产量之间存在高度负的线性相关关系。

(2)建立产品产量和单位成本之间的回归模型(直线回归方程)

设方程为：$y_c = a + bx$

用最小平方法确定 a,b 两个参数,即

$$\begin{cases} b = \dfrac{\sum xy - \dfrac{1}{n}\sum x\sum y}{\sum x^2 - \dfrac{1}{n}(\sum x)^2} = \dfrac{7\,568\,260 - \dfrac{1}{15} \times 11\,407 \times 10\,155}{8\,990\,409 - \dfrac{1}{15} \times 11\,407^2} = -0.49 \\[4mm] a = \dfrac{\sum y}{n} - b\dfrac{\sum x}{n} = \dfrac{10\,155}{15} - (-0.49 \times \dfrac{11\,407}{15}) = 1\,049 \end{cases}$$

其回归直线方程为:

$$y_c = 1\,049 - 0.49x$$

以上计算结果表明,电冰箱的产量每增加一台,单位成本平均可下降 0.49 元。

若电冰箱产量为 600 台时,单位成本平均可达到

$$y_c = 1\,049 - 0.49 \times 600 = 755(元)$$

若电冰箱产量为 1 000 台时,单位成本平均可达到

$$y_c = 1\,049 - 0.49 \times 1\,000 = 510(元)$$

二、分析报告:扩大生产规模是降低成本的重要途径

最近几年来该厂狠抓成本管理,提高经济效益,基本上扭转了亏损局面,特别是变动成本部分(原材料、工资、各种销售费用、税金等)都控制得非常到位,但是各月单位成本波动仍然很大,有的月份出现亏损,自 2017 年 1 月到 2018 年 3 月的 15 个月份中,有 4 个月的单位成本超过了出厂价,出现亏损。更多的月份由于单位成本低,可获得 10% ~ 20% 的利润率。

各月单位成本产生波动的原因是什么呢?从资料可以看出,单位成本与产量的高低呈高度相关,其相关系数达到了 -0.98。产量和单位成本之间的关系又是如何依存的呢?根据部分情况建立了回归方程 $y_c = 1\,049 - 0.49x$,回归方程表明,电冰箱产量每增加 1 台,单位成本可下降 0.49 元。

从资料可以看出,以目前的价格 720 元,如果产量小于 700 台,那么单位成本多半高于了出厂价格,当产量为 700 台时,则单位成本为:

$$y_c = 1\,049 - 0.49 \times 700 = 706(元)$$

其单位成本小于出厂价,应该有利可图,由此可见电冰箱产量以 700 台为分水岭,即月产量达到 700 台以上的规模,按目前的出厂价 720 元,可以保持较好的经济效益。

 问题思考

1. 什么是相关关系?它有哪些种类?

2. 谈谈相关分析的内容。

3. 什么是"回归"?试叙述回归分析与相关分析的区别与联系。

4. 试解释直线回归方程 $y_c = a + bx$ 中 a,b 两个参数值的意义。

5. 回归系数 b 与相关系数 r 有何区别与联系?

项目八　抽样推断技术

本章教学要点概览

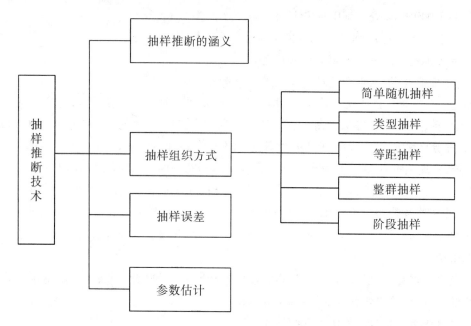

抽样推断技术
- 抽样推断的涵义
- 抽样组织方式
  - 简单随机抽样
  - 类型抽样
  - 等距抽样
  - 整群抽样
  - 阶段抽样
- 抽样误差
- 参数估计

【情境导入】

什么是抽样推断?抽样推断在日常生活中有哪些应用?

案例 1 某大型企业准备对公司职工收入状况进行研究,该公司有职工 56 320 名,其中男职工 36 210 名,女职工 20 110 名,随机抽取 2 000 名职工进行调查,他们的年平均收入为 105 200 元,据此可以推断该公司职工年收入为 80 000 ~ 120 000 元之间。

分析:2 000 名职工应该如何抽取?以什么为依据推断该公司职工年收入为 80 000 ~ 120 000 元之间?这就是抽样推断技术要解决的问题。

案例 2 某年春节联欢晚会正在播放中,主持人宣布该节目的收视率达到了 12.8% 。

　　分析：电视节目的收视率是采用一定的抽样推断技术，对全国电视观众在一定概率保证程度下做出的估计值，它并不是以 100% 的把握给出的估计值。当然，概率保证程度的大小，是可以根据实际情况中的需要而变动的。

本章教学内容提示

　　抽样推断技术是推断统计的重要内容之一，也是非全面调查方法中最科学的方法。本章的学习目标在于探讨抽样推断的原理及相关内容，重点掌握抽样推断技术在一些统计调查领域的应用。

任务一　　抽样推断

一、对抽样推断的一般认识

　　统计认识的对象是现象总体的数量方面，我们应该对总体各单位进行全面调查，而获得对总体的本质及其规律性的认识。但在统计实务中往往不可能或不必要进行全面调查，只能利用抽样调查的样本资料来推断总体指标，这就是抽样推断。

　　（一）抽样推断的涵义和特点

　　抽样推断是统计分析方法的重要组成部分，它比其他统计调查方法有更多的优越性。抽样推断技术广泛用于社会、经济、科技、自然等各个领域，成为现代统计学中发展最快且最活跃的一个分支。

　　把握现象总体数量特征的方法主要有两种：一种是通过全面调查获取全面资料，计算出总体指标；另一种就是抽样推断，它是按照一定的程序，从研究对象（总体）中随机抽取一部分单位（样本）进行调查，以抽样调查获取的样本资料为依据，对总体数量特征做出拥有一定概率保证程度推断的科学方法。例如，随机调查部分家庭电视节目收视情况，据以推断全部家庭电视节目的收视率；随机调查部分居民的选择意向，据以推断某一候选人在未来大选中的得票情况；随机调查部分农田的亩产量，推断出全部农田的亩产量等。

　　抽样推断包括抽样和推断两个方面。抽样即抽样调查，是一种非全面调查，它是根据随机原则从所研究的总体中随机抽取一部分单位（样本）进行调查。推断是在抽样调查的基础上，利用样本数据，根据概率论和大数法则的理论指导，来估计总体相应数据的统计方法。

　　通过以上内容可以看出，抽样技术有如下特点：

　　（1）在调查的功能上，抽样推断是以样本数据推断总体数据。抽样推断要达到的目的是要获取总体数量特征值，其方法是通过抽样调查获取样本资料，计算相应样本指标，然后推断出总体数量。当然样本来自于总体，总体的信息会在样本中反映，样本是总体的缩影，所以用样本信息估计总体的数量特征是符合客观实际的。

　　（2）样本的取得要遵循随机原则。所谓随机原则，是指在抽取样本单位时，完全排除人们的主观意愿，使被研究总体中的每个单位都有同等机会被抽中，即每个单位被抽中的机会均等。抽样调查的样本只有按随机原则产生,抽样推断才具有科学性。

(3) 抽样推断是以概率估计的方法对总体进行推断。用样本来推断总体的相应数据,是以概率论为基础的,即估计的可靠性只用一定的概率保证程度来证明,而不能完全肯定。例如,用城市居民样本计算的某电视节目收视率,估计城市居民总体的收视率,只有在一定概率保证程度下,比如在90%的概率保证下做出的估计值,而不能以100%的把握给出唯一肯定的估计值。当然,概率保证程度的大小,是可以根据实际情况中的需要而变动的。

(4) 抽样估计的理论是以大数定律的中心极限定理为基础。大数定律的中心极限定理表明,随样本单位数的增加,样本变量分布趋向正态分布,样本平均数接近总体平均数,样本方差接近总体方差,从而为用样本数据估计总体相应数据提供了科学的理论依据。

(5) 抽样估计的结果上,出现的抽样误差可以计算并加以控制。尽管样本能够反映总体的信息,但样本的信息结构一般不同于总体的信息结构,即一般认为样本不能完全代表总体,所以用样本推断总体时,误差是不能避免的,即抽样推断是一种有误差的估计。但是抽样误差是有规律可循的,通过误差规律的研究,可以对抽样推断中的误差得以了解和控制。抽样推断仍然是一种具有广泛用途而且行之有效的统计方法。

(二) 抽样推断技术的应用

抽样推断是一种费用低、时效强、准确性高、应用范围广的统计分析方法,因此抽样推断技术在今天被广泛用于各个领域。

(1) 用于认识那些不能或不宜采取全面调查的总体数量特征。这样的总体有无限总体,如宇宙探测、大气污染情况调查;动态总体,如连续生产的产品性能检测;范围过大的有限总体,如城市居民收入情况调查,江河湖泊水库中鱼苗数量调查;破坏性或消耗性的产品质量检测,如灯泡,电子元件等产品的耐用时间调查等。对以上这些调查,只能用抽样推断技术来取得有关数据资料。

(2) 用于不必进行全面调查或时效性强的数据采集。有些总体虽然可以进行全面调查,但耗费人力、物力、财力很大,时效性不能保证,可采用抽样推断技术来解决。例如,对农产品全面调查的统计数据要等到农产品收割完毕之后一段时间才能取得,而抽样调查的统计数据在收割的同时就可以取得,这样就有利于安排农产品的收购、储存、运输等工作;又如,在激烈的市场竞争中市场信息的灵敏度和时效性,决定我们应该通过抽样调查来取得相关数据占领市场先机。

(3) 在修正全面调查资料中的运用。全面调查尽管收集的资料全面、完整,但是,由于调查对象庞大,参与调查的人员繁多,全面调查获得的资料往往难以保证质量。此时,需要应用抽样推断技术,用样本资料去修正全面调查的资料。

二、抽样推断的几个基本概念

(一) 全及总体与样本总体

在抽样调查中,我们要面临两个总体,即全及总体和样本总体。

(1) 全及总体。全及总体简称为总体,是指所研究现象全部单位所构成的整体。总体往往很庞大,单位数很多(通常用 N 表示),正因为如此,才需要应用抽样推断技术。

(2) 样本总体。样本总体简称为样本或子样,是指抽样调查中随机抽取的单位所构成的小整体。比起总体来样本要小很多,单位数要少得多(通常用 n 表示),正因为样本单位数大大少于总体单位数,才能将大调查变成小调查,大大减少工作量,节省时间和费用。

在统计实务中,总体是唯一确定的,而一个总体可以抽取多个样本,样本是随机的。全部样本的可能数目 (M) 既与样本容量有关,也与抽样的方法有关。统计推断就是用随机抽取的一个样本来对总体数量特征作出推断。由此可见,要提高对总体数量特征推断的准确程度,必须对样本容量的大小、抽样方法、样本的可能数目、样本的分布等加以认真研究。

(二)总体指标与样本指标

总体指标是反映总体数量特征的综合指标,又称总体参数。在一个总体中,总体指标是唯一确定的量,而且是一个未知的量,需要通过样本指标进行推算。常用的总体指标有总体平均数及总体标准差(方差),总体成数及总体成数的标准差(方差)。

样本指标是反映样本数量特征的综合指标,又称样本统计量。样本指标是随机变量,将作为推断总体指标的依据。常用的样本指标有样本平均数及样本标准差(方差),样本成数及样本成数的标准差(方差)。

抽样推断技术中通常涉及的四种指标为:

1. 平均数

平均数的推断是一种常见的估计方式,比如平均收入的推断,平均住房面积的推断等。平均数的推断自然要涉及平均数指标。平均数量是由各单位数量标志统计而成,用 X 和 x 分别表示总体和样本的变量,则有:

总体平均数 $\bar{X} = \dfrac{\sum X}{N}$　或　$\bar{X} = \dfrac{\sum XF}{\sum F}$

样本平均数 $\bar{x} = \dfrac{\sum x}{n}$　或　$\bar{x} = \dfrac{\sum xf}{\sum f}$

2. 平均数方差

方差是标准差的平方,各用 σ 和 S 分别表示总体和样本的标准差,则有:

总体方差 $\sigma^2 = \dfrac{\sum (X - \bar{X})^2}{N}$　或　$\sigma^2 = \dfrac{\sum (X - \bar{X})^2 F}{\sum F}$

样本方差 $s^2 = \dfrac{\sum (x - \bar{x})^2}{n}$　或　$s^2 = \dfrac{\sum (x - \bar{x})^2 f}{\sum f}$

3. 成数

成数即成数平均数,它是针对"是非指标"而形成的一个指标。成数是指总体中拥有某种特征的单位数占总体单位数的比重。成数的推断也是一种常见的推断,如合格率的估计,男女比重的估计等。作成数推断时就要涉及成数指标。用符号 P、p 分别表示总体和样本成数,符号 N_1、n_1 分别表示总体和样本中拥有某种特征的单位数,则有:

总体成数　$P = \dfrac{N_1}{N}$

样本成数　$p = \dfrac{n_1}{n}$

4. 成数方差

成数方差是与成数指标对应的概念,它的计算与平均数方差的计算有所不同,其公式推导如下:

常对"是非标志"用1表示"是",0表示"非",即对应"是"的单位数为 $N_1(n_1)$、"非"的单位数为 $N_0(n_0)$。

则平均数为:

$$\bar{x} = \frac{\sum xf}{\sum f} = \frac{1 \times n_1 + 0 \times n_0}{n} = \frac{n_1}{n} = p$$

代入方差公式,可得到成数的方差为:

$$\sigma^2 = \frac{\sum (x - \bar{x})^2 f}{\sum f} = \frac{(1 - p)^2 \times n_1 + (0 - p)^2 \times n_0}{n}$$

$$= (1 - p)^2 \times \frac{n_1}{n} + p^2 \times \frac{n_0}{n}$$

$$= (1 - p)^2 \times p + p^2 \times (1 - p)$$

$$= p(1 - p) \times (1 - p + p)$$

$$= p(1 - p)$$

因此,成数的方差公式为:

总体成数方差 $\quad \sigma_p^2 = P(1 - P)$ $\qquad\qquad\qquad\qquad\qquad$ (8.1)

样本成数方差 $\quad s_p^2 = p(1 - p)$ $\qquad\qquad\qquad\qquad\qquad\quad$ (8.2)

(三)重复抽样与不重复抽样

1. 重复抽样

重复抽样也称回置抽样。它是从总体 N 个单位中随机抽取一个容量为 n 的样本,每次从总体中随机抽取一个单位,连续抽取 n 次就构成一个样本。每次抽取并登记结果后把抽中的单位放回,重新参加下次抽取。这样,总体单位数不变,每个单位在每次抽取中被抽中几率相等,同一单位可能被重复抽中。

2. 不重复抽样

不重复抽样也称不回置抽样。它是按照随机原则,从总体 N 个单位中随机抽取一个容量为 n 的样本,每次从总体中随机抽取一个单位,连续进行 n 次抽取,每次抽取一个样本单位进行调查登记后,被抽取的单位不再放回,而是继续从总体中余下的单位抽取。故每一次抽取后,总体单位就减少一个,每个单位只能有一次被抽中的机会,不会被重复抽中。因此,在 n 次抽样中,每个单位在各次抽样中被抽取的概率不同。实质是一次同时从总体中抽出 n 个单位构成一个样本。

上述两种方法的区别在于:第一,可能抽到的样本总数不同;第二,抽样误差的计算公式和抽样误差的大小不同。第二点将在后面讲述,我们先研究第一点内容。当我们从 N 个总体单位中随机抽取 n 个单位组成样本时,样本的可能抽样数目如表 8 - 1 所示。

表8－1　　　　　　　重复和不重复抽样情况下样本可能的抽样数目的计算公式

抽样方式	考虑顺序	不考虑顺序
重复抽样	N^n	$\dfrac{(N+n-1)!}{n!(N-1)!}$
不重复抽样	$\dfrac{N!}{(N-n)!}$	$\dfrac{N!}{n!(N-n)!}$

【例8.1】若有一个总体,总体单位数为 $N=4$,样本单位数为 $n=2$,若用 A、B、C、D 分别代表4个总体单位,从中抽取2个单位的可能样本数是多少?

解:计算可能样本数有四种情况,分别是:

(1)重复抽样

考虑顺序　　$N^n = 4^2 = 16$

不考虑顺序 $\dfrac{(N+n-1)!}{n!(N-1)!} = \dfrac{(4+2-1)!}{2!(4-1)!} = \dfrac{5 \times 4 \times 3 \times 2 \times 1}{2 \times 1 \times 3 \times 2 \times 1} = 10$

(2)不重复抽样

考虑顺序　　$\dfrac{N!}{(N-n)!} = \dfrac{4!}{(4-2)!} = \dfrac{4 \times 3 \times 2 \times 1}{2 \times 1} = 12$

不考虑顺序 $\dfrac{N!}{n!(N-n)!} = \dfrac{4!}{2!(4-2)!} = \dfrac{4 \times 3 \times 2 \times 1}{2 \times 1 \times 2 \times 1} = 6$

具体抽样情况见表8－2所示。

表8－2　　　　　　　重复和不重复抽样情况下样本可能的抽样情况

抽样方式	考虑顺序	不考虑顺序
重复抽样	AA、AB、AC、AD BA、BB、BC、BD CA、CB、CC、CD DA、DB、DC、DD	AA、AB、AC、AD BB、BC、BD CC、CD DD
不重复抽样	AB、AC、AD BA、BC、BD CA、CB、CD DA、DB、DC	AB、AD、AC BC、BD CD

三、抽样组织方式的选择

在进行抽样调查工作时,必须根据所研究总体本身的特点和抽样调查的目的要求,对抽取样本的操作程序和工作方式做出周密的设计和安排,这在抽样推断技术上称作抽样调查的组织方式,即抽样的实际工作方法。

由于抽样调查有不同的目的,而调查对象和特点也各不相同。所以,抽样调查的组织方式也是不同的,在统计实务中,常用的抽样调查组织方式有简单随机抽样、分层抽样、等距抽样、整群抽样和阶段抽样等。

（一）简单随机抽样

简单随机抽样又称为纯随机抽样，它是对总体不做任何加工整理，直接按随机原则从总体 N 个单位中抽取 n 个单位作为样本的抽样调查方式。前面介绍的抽样推断技术的基本原理都是以简单随机抽样为基础，它是抽样理论中最基本、最单纯的抽样组织方式。其他抽样方式都是以它的原则为依据，采取分类、排队或分群等形式，来安排操作程序所形成的不同抽样组织方式。

简单随机抽样一般适用于以下几种情况：

（1）总体单位分布比较均匀，各单位变量值差异不大；

（2）总体单位数较少，各单位排列无次序；

（3）抽到的样本单位数分散时，不影响调查效果。

在具体应用时，为了保证样本的随机性和代表性，在抽取样本时可采用抽签法和随机数字法。

抽签法就是将总体容量全部加以编号，并编成相应的号签，然后将号签充分混合后逐个抽取，直到抽到预定需要的样本容量为止。然而，如果总体容量很多，这时编制号签的工作量很大，并且很难掺和均匀。因此，当总体容量很多时采用这种方法是不合适的。

随机数字法是最简便易行又符合随机原则的方法。统计学家设计的抽样方式在某种程度上都依赖于随机数表。使用随机数表的目的是为了消除抽取样本时的人为偏差。许多电子计算机程序及统计书籍都提供了随机数表（附表1）。下面我们再现其中的一部分，并用例子说明其运用过程：

【例8.2】某公司由97名职员组成，从中随机抽取5名职员进行采访，以了解对工作职位的满意情况。利用上述随机数表在1个含有97个数的总体中抽取样本容量为5的随机样本。其抽取过程如下：

表8-3   由电子计算机产生的随机数表

```
8 9 8 6 3 1 8 5 8 1 8 8 4 9 1 9 6 6 9 9
7 8 5 9 5 3 7 1 7 9 6 9 3 1 9 3 2 3 3 7
9 4 3 2 4 5 6 3 4 9 4 0 3 2 1 9 2 3 6 2
7 3 1 2 1 7 5 3 4 1 1 5 3 3 3 0 0 9
0 2 1 2 8 7 2 6 6 6 5 5 4 2 1 5 5 9 1 9
```

（1）可用字母顺序，或用职员的工龄、身份证号等任何方便的办法将职员从1到97进行编号，而究竟采用哪一种办法是无所谓的。

（2）利用该随机数表从1到97中随机抽取5个数。由于指定给某个职员的最大编号含有2位数，因此，可把此随机数表看作2位数即从00到99来处理。为了便于说明，以该随机数表中第一排第四个位置的6作为起点，这就得到了下列2位数的集合，即：

63,18,58,18,84,91,96,69,…

因此，抽取编号为63、18、58、84和91的职员作为采访对象，而对那些不在职员编号里的数字只需跳过就行。

（二）类型抽样

类型抽样又叫分层抽样或分类抽样。它是对总体各单位按一定的标志加以分组，然后再从各组中按随机原则抽取一定单位构成样本的抽样组织方式。类型抽样是应用于总体各单位在被研究标志上存在明显差异（总体内部客观存在不同类型）的抽样。例如在农产品产量调查中按地势分为山区、丘陵、平原三类；在职工生活调查中按部门分为工业、商业、交通、文教等部门，然后在分类基础上随机抽取样本单位。

类型抽样是先按一定标志分组，再按各组频数占总体频数的比重来分配抽样数目，可使样本变量值的分布结构与总体变量值的分布结构完全一致，提高样本的代表性，使抽样误差进一步缩小。因此，类型抽样的优点是代表性高，抽样误差小。

（三）等距抽样

等距抽样又称为机械抽样或系统抽样。它是事先把总体的全部单位按某一标志排列，然后按固定的顺序和相同的间隔来抽取调查单位的一种抽样组织方式。按等距抽样方式来抽取调查单位，能够使抽出的调查单位分布更均匀。因此，等距抽样的误差一般较简单随机抽样小，特别是当研究现象的变量差异程度大，而在实际工作中，又不可抽取更多的单位进行调查时，采用等距抽样是极好的选择。

等距抽样可以分为无关标志顺序抽样和有关标志顺序抽样两类。无关标志顺序抽样是指等距抽样时，所选择的排序标志与单位变量值的大小无关或不起主要影响作用。如观察学生考试成绩，按姓氏笔画排序；观察产品质量，按生产的先后顺序排序等。无关标志顺序抽样可以保证抽样的随机性。它实质相当于简单随机抽样，而且是不重复抽样。

【例8.3】一个学校有3 000名学生，需要抽出120人进行生活费支出的调查，可利用学生名册进行排序。

从1号排到3 000号，抽选的间隔是：3 000/120 = 25（人）。

先从第1组25人中随机确定第1抽选人，若假定是第15号，然后每隔25人抽出1个，即有15号，40号，65号……2 990号，共120人。

等距抽样也是统计实务中常用的一种方法，这种抽取样本单位的工作可以由计算机完成。

（四）整群抽样

整群随机也称分群抽样或集团抽样。它是将总体各单位划分成若干群，然后以群为单位从中随机取部分群，对中选群的所有单位进行全面调查的抽样组织方式。在前面三种抽样方式所抽取的样本单位都是个体的，而整群抽样所抽取的样本是由若干样本组成的群体。例如，对冷库中的箱装鲜蛋进行抽样调查时，就是以箱为单位抽出后，对中选箱进行全面调查。又如，在第五次人口普查后，对调查质量进行的抽样调查中，是在某些地区随机抽取一些居民小组或村民小组，将它们作为一个组群来观察的。

整群抽样是随机抽样的一种特殊组织方式，多用于研究对象较广，总体单位众多的抽样调查。

（五）阶段抽样

当总体很大时，抽样调查直接抽选总体单位在技术上有一定的难度，一般可以分阶段进行抽样。例如，对我国粮食产量进行的抽样调查就是采用阶段调查。它的第一阶段是从省抽县,第二阶段是从中选县抽乡,第三阶段是中选乡抽村,第四阶段是从中选村抽地块,最后还可以从地块抽具体的样本点,并以样本点资料推算平均亩产和总产量。

任务二 抽样误差及其影响因素

抽样推断技术应用的目的,就是以样本统计量来对总体参数进行估计。抽样推断中抽样误差是客观存在无法消除的,然而,抽样理论已经能有效地解决抽样误差问题。抽样误差问题的解决可以极大地提高抽样推断技术的使用价值。

一、抽样误差的涵义及影响因素

(一)抽样误差的涵义

抽样调查是用随机抽取的样本所计算的样本指标来推断总体指标,由于样本只是总体中的部分单位,样本所含的信息量及其结构一般与总体有区别,则所计算的样本指标也就不等于总体指标,两者存在差异,这就是抽样误差。抽样误差是指在随机取样条件下,由于样本对总体的代表性不够而造成的样本指标与总体指标之间的差异。包括平均数和成数两种:

平均数抽样误差:$|\bar{x} - \bar{X}|$

成数抽样误差: $|p - P|$

必须指出,抽样调查与推断工作中的实际误差是比较复杂的,除了样本对总体的代表性不够而造成的误差外,还有工作失误而造成的误差。如调查登记、计算错误造成的误差,破坏随机原则而有意识去选择较好或较差单位造成的系统性误差等。我们在抽样推断中所研究的误差问题,是假定没有工作失误造成的误差,而且严格遵守了随机原则,只是由于样本的代表性不够而造成的随机误差,即抽样误差。

抽样误差包括实际误差、抽样平均误差和抽样极限误差三种。由于可能的样本很多,抽到某个样本即某个抽样误差的出现完全是偶然的,所以抽到的样本所产生的实际误差(个别误差)是无法确定的。因实际工作中,对抽样误差的把握,不是寻找抽到的样本造成的个别误差,而是要计算所有可能样本的抽样平均误差,以及抽样极限误差。

(二)抽样误差的影响因素

为了计算和控制抽样误差,需要分析影响抽样误差的因素。抽样误差大小主要受以下三个因素的影响:

(1)全及总体被研究标志的变动程度。一般而言,在其他条件不变的情况下,全及总体的标志变动程度越大,抽样误差就越大;全及总体的标志变动程度越小,则抽样误差越小。抽样误差与总体变异程度两者成正比关系的变化,这是因为总体变异度小,表示总体各单位标志值之间的差异很小,则样本指标与全及指标之间的差异也可能很小。如果总体变异度为0,总体各单位标志值都相等,那么样本指标就等于全及指标,抽样误差也就不存在了。

(2)抽样单位数的多少。在其他条件不变的情况下,抽取的单位数越多,抽样误差越小;样本单位数越少,抽样误差越大。抽样误差的大小和样本单位数呈相反关系的变化,这是因为抽样单位数越多,样本单位数在全及总体中的比例越高,样本总体会越接近全及总体的基本特征,总体特征就越能在样本总体中得到真实的反映。假定抽样单位数扩大到与总体单位数相等时,抽样调查就变成全面调查,样本指标等于全及指标,实际上就不存在抽样误差。

(3)抽样方法和抽样组织方式。抽样误差除了受上述两个主要因素的影响外,还受到抽样方法和抽样组织方式的影响(如前所述)。

二、抽样平均误差

(一)抽样平均误差的涵义

应用抽样推断技术,可能样本是很多的,而每一个样本对应着一个抽样误差,每一次抽样的样本是随机的,即一次抽样得到的抽样误差可能有时要大一些,有时要小一些,只有用抽样平均误差来衡量才是唯一的标准。所谓抽样平均误差是指所有可能样本的抽样误差绝对水平的平均数,它对整个统计推断分析都有很重要的意义。下面讨论平均误差的计算。

(二)抽样平均误差的计算

抽样平均误差用样本指标对总体指标的标准差表示。若符号 μ 表示抽样平均误差,m 表示可能样本个数,则有:

平均数的抽样平均误差　　$\mu_{\bar{x}} = \sqrt{\dfrac{\sum (\bar{x} - \bar{X})^2}{m}}$

成数的抽样平均误差　　$\mu_p = \sqrt{\dfrac{\sum (p - P)^2}{m}}$

当全部样本作为整体来看,被认为是确定的条件,指对全部样本而言的样本指标的标准差,即抽样平均误差是唯一确定的量。一次抽样调查与推断,抽样平均误差是唯一确定而且可以计算的。但是,上述公式进行计算是不可行的,原因有二:一是抽样推断是用样本指标推断总体指标,总体指标 $\bar{X}$ 和 P 事先不知道;二是一次抽样的可能样本数很多。

因此,要将上述理论公式应用中心极限定理的原理,得到可以在实际中应用的公式:

1. 重复抽样

① 平均数的抽样平均误差:$\mu_{\bar{x}} = \sqrt{\dfrac{\sigma_{\bar{x}}^2}{n}} = \dfrac{\sigma_{\bar{x}}}{\sqrt{n}}$ 　　　　　　　　　　(8.3)

② 成数的抽样平均误差:$\mu_p = \sqrt{\dfrac{\sigma_p^2}{n}} = \sqrt{\dfrac{P(1-P)}{n}}$ 　　　　　　　　(8.4)

式中:$\mu_{\bar{x}}$ 表示平均数抽样平均误差;μ_p 表示成数抽样平均误差;$\sigma_{\bar{x}}^2$ 表示平均数方差;σ_p^2 表示成数方差。

由上式可以看出,抽样平均误差 μ 与总体方差 σ^2 成正比,与样本容量 n 成反比。所研究总体的差异情况是客观存在的,不能改变,而样本容量的大小是可以安排的,所以要减少抽样误差可以通过增大样本容量来实现。

【例8.4】某市随机抽取 2 500 个家庭构成样本进行家庭货币收入的调查与推断,假定家庭收入的标准差为 500 元,则抽样平均误差为:

$$\mu_{\bar{x}} = \sqrt{\frac{\sigma_{\bar{x}}^2}{n}} = \sqrt{\frac{500^2}{2\,500}} = 10(元)$$

2. 不重复抽样

① 平均数的抽样平均误差：$\mu_{\bar{x}} = \sqrt{\frac{\sigma_{\bar{x}}^2}{n}\left(1 - \frac{n}{N}\right)}$ (8.5)

② 成数的抽样平均误差：$\mu_p = \sqrt{\frac{\sigma_p^2}{n}\left(1 - \frac{n}{N}\right)} = \sqrt{\frac{P(1-P)}{n}\left(1 - \frac{n}{N}\right)}$ (8.6)

按上述例子，如该市家庭总户数为 50 万户，则不重复抽样条件下的抽样平均误差为：

$$\mu_{\bar{x}} = \sqrt{\frac{\sigma_{\bar{x}}^2}{n}\left(1 - \frac{n}{N}\right)} = \sqrt{\frac{500^2}{2\,500} \times \left(1 - \frac{2\,500}{500\,000}\right)} = 9.95(元)$$

由于 $\left(1 - \frac{n}{N}\right) < 1$。所以，相同条件下，不重复抽样的抽样平均误差总是小于重复抽样的抽样平均误差。不过，通常情况下，样本容量 n 总是总体单位数 N 中极少的部分，即 n/N 很小，则 $\left(1 - \frac{n}{N}\right)$ 接近于 1，所以上述两种情况的抽样平均误差是很接近的。在实际工作中，出于对推断结果更加保险的考虑，也为了计算方便，抽样平均误差都可以采用重复抽样的公式计算。

应该指出，抽样平均误差的计算公式中用到了总体方差 σ^2，而总体是被估计的对象，不可能事先有相关资料。解决问题的办法是用其他方差资料来代替，有三种资料可以替代总体方差：一是所研究现象过去资料计算的方差；二是所研究现象在其他空间的资料计算的方差；三是样本资料。

【例 8.5】要估计某地区 10 000 名适龄儿童的入学率，随机从这一地区抽取 400 名儿童，检查有 320 名儿童入学，求入学率的抽样平均误差。

根据已知条件：$p = \frac{n_1}{n} = \frac{320}{400} = 80\%$

$s_p^2 = p(1-p) = 80\% \times (1 - 80\%) = 16\%$

本例用 S_p 代替 σ_p，p 代替 P。则：

$$\mu_{\bar{x}} = \sqrt{\frac{\sigma_{\bar{x}}^2}{n}} = \sqrt{\frac{P(1-P)}{n}} = \sqrt{\frac{0.16}{400}} = 2\%$$

三、抽样极限误差

以样本指标来推断总体指标，要达到完全准确，毫无误差，这几乎是不可能的事情。因而在抽样推断中，需要控制抽样误差。控制抽样误差就是给出误差的最大值，即允许误差的范围，我们把这一误差的最大值叫抽样极限误差，用 Δ 表示，则有：

$\Delta_{\bar{x}} = |\bar{x} - \bar{X}|$ 或 $\Delta_p = |pP|$

将上面等式进行变换，可以得到下列不等式：

$\bar{X} - \Delta_{\bar{x}} \leqslant \bar{x} \leqslant \bar{X} + \Delta_{\bar{x}}$

$P - \Delta_p \leqslant p \leqslant P + \Delta_p$

以上不等式表示,抽样平均数 $\bar{x}$ 是以总体平均数 $\bar{X}$ 为中心,在 $(\bar{X} - \Delta_{\bar{x}}, \bar{X} + \Delta_{\bar{x}})$ 之间变动;抽样成数 p 是以总体成数 P 为中心,在 $(P - \Delta_p, P + \Delta_p)$ 之间变动。由于总体指标 $\bar{X}$ 和 P 是未知数,而抽样指标 $\bar{x}$ 和 p 是可以计算得到的。因此,误差范围的实际意义应该是被估计的总体指标 $\bar{X}$ 和 P,落在由抽样指标所确定的范围内,即落在 $(\bar{x} - \Delta_{\bar{x}}, \bar{x} + \Delta_{\bar{x}})$ 或 $(p - \Delta_p, p + \Delta_p)$ 范围内。

所以,总体指标 $\bar{X}$ 和 P 的范围估计(区间估计)按以下公式计算:

$$\bar{x} - \Delta_{\bar{x}} \leq \bar{X} \leq \bar{x} + \Delta_{\bar{x}} \tag{8.7}$$

$$p - \Delta_p \leq P \leq p + \Delta_p \tag{8.8}$$

容易验证后面两个不等式与前面两个不等式是完全等价的。

对极限误差 Δ 的计算,是用抽样平均误差的若干倍来表示的,即 $\Delta = t\mu$。倍数 t 的取值,理论上说是很宽的,但实际工作常在 $1 \sim 3$ 之间,它与概率水平有关,后面我们再作介绍。抽样极限误差的计算公式为:

$$\Delta_{\bar{x}} = t\mu_{\bar{x}} \tag{8.9}$$

$$\Delta_p = t\mu_p \tag{8.10}$$

抽样极限误差又称为允许误差,它的大小决定着抽样估计的精确度。允许误差越小,说明估计结果的精确度高,效果要好些;允许误差越大,说明估计结果的精确度低,效果要差些。极限误差 Δ 大小的确定是人们事先根据所研究现象的特点和精度要求确定的。如药物调查,要求估计结果有很高精确度,常给出较小的极限误差。又如,一般产品合格率调查,不要求较高精度,就可给出较大的极限误差。这种事先给出极限误差,实际上是对抽样估计提出的误差要求,要求产生的误差必须控制在允许误差范围内,要达到这一要求,可以通过样本容量的调整来实现。

四、抽样误差的概率度

抽样估计是概率估计,估计的结果不可能是绝对正确的,只是没有较大的概率水平保证它的正确性。概率度与概率水平不是同一概念,前面所提到的抽样极限误差是抽样平均误差的倍数,即 $\Delta = t\mu$,变形后得到另一重要式子:

$$t = \frac{\Delta_{\bar{x}}}{\mu_{\bar{x}}} \quad 或 \quad t = \frac{\Delta_p}{\mu_p}$$

这里形成的比值 t 就是概率度,它是衡量概率水平高低的尺度。

如果认为抽样平均误差 μ 是唯一确定的,则概率度 t 会与极限误差 Δ 有一一对应关系。如果把极限误差看作是一般的抽样误差,则极限误差就具有正态分布性质,也就决定了概率度 t 也是正态分布,而且数理统计理论还进一步指出概率度 t 是接近标准正态分布的,即 t 值是以 0 为中心左右对称分布,如图 $8 - 1$ 所示。

标准正态分布是一个确定的概率分布,当变量 t 给出以 0 为中心的某个对称区间时,就有确定概率水平与之对应。比如,区间 $[-1, 1]$ 的概率为 68.27%,区间 $[-1.96, 1.96]$ 的概率为 95%,这种 t 值区间与概率的关系,就是 t 与概率的关系。常用的有:

$t = 1$ 时,概率为 68.27%

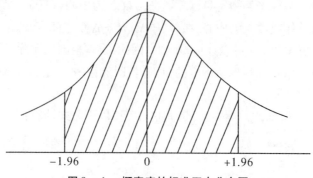

图 8 - 1　概率度的标准正态分布图

t = 1.96 时,概率为 95%

t = 2 时,概率为 95.45%

t = 3 时,概率为 99.73%

为了工作方便,这种 t 值与概率之间的关系列成了一个表,叫标准正态分布概率表(见附表 2),已知了 t 值,就可以通过查表得出概率,当然,也可以在已知概率后查出 t 值。上述讨论我们可以看到,t 值越大,概率越大,t 值越小,概率越小,t 值是衡量概率大小的尺度,这也是我们把变量 t 叫概率度的原因。

五、估计的置信度

对估计置信度的理解需要与抽样极限误差联系起来。抽样极限误差是抽样估计的允许误差,即要求抽样估计的误差不超过 Δ,但是样本是随机确定的,其产生的抽样误差小于或等于 Δ 不是必然的,只是一种可能。不过,这一事实发生的概率水平是可以计算的,我们把这种抽到样本产生的误差不大于抽样极限误差的概率水平叫估计的置信度。

因为 $t = \dfrac{\Delta}{\mu}$,抽样误差 μ 是唯一的,极限误差 Δ 与概率度 t 有一一对应关系,而每个 t 值都有与之对应的概率水平,并且可以通过查表得到。这样一旦给出极限误差 Δ,就可以通过概率度 t 来确定能满足抽样极限误差要求的概率水平,即估计置信度。

【例 8.6】某次抽样调查估计的抽样平均误差为 8,若允许的抽样误差为 16,确定这次抽样估计的置信度。

解:先计算抽样估计的概率度,查表即可得到估计的置信度。

$$t = \frac{\Delta_{\bar{x}}}{\mu_{\bar{x}}} = \frac{16}{8} = 2 \quad 查表得到置信度为 95.45\%。$$

若本次调查允许的抽样误差为 8,则:

$$t = \frac{\Delta_{\bar{x}}}{\mu_{\bar{x}}} = \frac{8}{8} = 1 \quad 查表得到置信度为 68.27\%。$$

可见,在抽样估计中,允许误差 Δ 越大(精确度低),置信度较大;允许误差 Δ 越小(精确度高),置信度较小。还必须指出的是,根据给定的极限误差推导出的估计置信度有可能不能满足抽样估计的要求,这时,要调整样本的容量来提高样本的代表性,从而提高置信度。

任务三　　参数估计

一、总体参数的估计方法

总体参数的估计是指利用实际调查计算的样本指标来估计相应总体指标的数值。由于总体指标是表明总体数量特征的未知参数,因而叫参数估计。参数估计的方法有点估计和区间估计两种方法。

(一)点估计

点估计的做法很简单,它不考虑抽样误差,直接用样本指标作为总体指标的估计值。

【例8.7】在某一城市,随机抽取5 000户居民,调查在晚间观看新闻节目家庭的比例,在调查过程中,发现有1 750户家庭在收看新闻节目,占5 000户样本总体的35%。按点估计的要求,我们直接将样本指标作为总体指标的估计值,可以得出:该城市的全体居民收看晚间新闻节目的户数大约占35%。

除了将样本指标作为总体指标的估计值外,还可以将样本指标作为总体指标进行计算。

【例8.8】从1 000棵树苗中随机抽取100棵,其成活率是96%。用点估计的方法估计1 000棵树苗的成活率。

我们直接将样本指标——成活率96%作为总体指标,即这1 000棵树苗成活率也为96%,则1 000棵树苗中约有1 000 × 96% = 960棵成活。

这种参数估计只使用了一个指标值,即直接用样本指标作为估计值,它是一种非常粗略的估计方法,它仅仅告诉人们总体指标的一个可能趋势值,总体指标可能在该数值附近,至于"附近"是一个多大的范围却没有确定。

针对前面的内容,我们一直在讲抽样推断技术是用样本指标来估计总体指标,即总体指标的估计量是样本指标,这不是随意确定的,而是有根据的选择。因为判断一个估计量是否优良,其标准有三条,只有与总体指标同结构的样本指标能满足这三条要求。

(1)无偏性。就是要求估计量的平均数等于总体指标。数理统计已经证明,与总体指标同结构的样本指标能满足这一点要求。也证明了个别样本指标与总体指标有误差,但样本指标的整体水平与总体指标没有偏差。

(2)一致性。就是要求当样本容量充分大或趋向总体单位数时,估计量等于总体指标。这一点样本指标也能满足,很显然,当样本单位数趋向于总体单位数时,抽样调查几乎成为全面调查,样本指标几乎就是总体指标。

(3)有效性。就是要求估计量对总体指标的标准差取得最小值。这一点样本指标同样是满足的,即下式成立:

$$\sqrt{\frac{\sum (\bar{x} - \bar{X})^2}{m}} \quad \text{或} \quad \sqrt{\frac{\sum (p - P)^2}{m}} \text{ 取得最小值。}$$

有效性的关系反映,相比其他指标而言,样本指标作为估计值,产生的误差整体上说是最小的,所以样本指标作为估计值,其效果是最好的。

以上三个标准并不是孤立的,只有同时满足这三个标准的估计量才是总体参数的最佳估计量。

(二)区间估计

区间估计是在一定概率保证下,用样本统计量和抽样平均误差,推断总体指标可能范围的一种估计方法。区间估计在用样本统计量估计总体指标时,用某一个区间范围作为总体指标的估计值,并说明总体指标落入这个区间的可能性(概率),我们称这个区间为置信区间。它是以样本指标为中心,极限误差为半径的封闭区间。当然,一个确定的置信区间就有一个与之对应的概率水平,置信区间越大,概率水平越高,估计的精确度会越低,反之,置信区间越小,概率水平会越低,估计的精确度会较高。

由此可见,区间估计比点估计考虑的问题更多,设计的方案更完整,而且更加科学。

区间估计的要点是在一定置信度下确定置信区间,或者是给出置信区间后确定置信度。区间估计必须是以样本指标、极限误差和概率三项资料为基础,因此,它们也称为区间估计的三要素。

平均数估计的置信度区间为:$\bar{x} - \Delta_{\bar{x}} \leqslant \bar{X} \leqslant \bar{x} + \Delta_{\bar{x}}$

成数估计的置信区间为:$p - \Delta_p \leqslant P \leqslant P + \Delta_p$

区间估计就是三个要素中,在已知样本指标的前提下,通过极限误差来计算概率,即确定估计的置信度;或是由概率来计算极限误差,即确定总体指标的置信区间。下面举例进行说明:

【例8.9】某批彩色电视机的显像管在出厂前,随机抽取 36 台,测得它们的平均使用寿命为 21 400 小时。已知总体标准差为 150 小时,试以 95% 的概率保证确定这批显像管平均寿命的置信区间。

已知　　$n = 36$　　$\bar{x} = 21\ 400$ 小时　　$\sigma_{\bar{x}} = 150$ 小时　　概率 95%　　查表得 $t = 1.96$

$$\mu_{\bar{x}} = \sqrt{\frac{\sigma_{\bar{x}}^2}{n}} = \sqrt{\frac{150^2}{36}} = 25$$

$$\Delta_{\bar{x}} = t\mu_{\bar{x}} = 1.96 \times 25 = 49(\text{小时})$$

则有:

置信区间下限:$\bar{x} - \Delta_{\bar{x}} = 21\ 400 - 49 = 21\ 351(\text{小时})$

置信区间上限:$\bar{x} + \Delta_{\bar{x}} = 21\ 400 + 49 = 21\ 449(\text{小时})$

计算结果表明,该批显像管平均使用寿命的置信区间为 [21 351, 21 449],概率为 95%。

【例8.10】某高校在做一项关于学生旷课原因的课题研究中,从全校学生中随机抽取 200 人进行问卷调查,有 60 人说他们旷课是由于任课教师讲课枯燥。试对由于这种原因而旷课的学生比例构造 95% 的置信区间。

已知:$n = 200$,$p = \dfrac{60}{200} = 30\%$,概率 95%,查表得 $t = 1.96$

$$\mu_{\bar{x}} = \sqrt{\frac{\sigma_{\bar{x}}^2}{n}} = \sqrt{\frac{P(1-P)}{n}} = \sqrt{\frac{30\% \times (1 - 30\%)}{200}} = 3.24\%$$

$\Delta_p = t\mu_p = 1.96 \times 3.24\% = 6.35\%$

则有：

置信区间下限：$p - \Delta_p = 30\% - 6.35\% = 23.65\%$

置信区间上限：$P + \Delta_p = 30\% + 6.35\% = 36.65\%$

计算结果表明，该校学生由于任课教师讲课枯燥而旷课的比例大约在 23.65% ~ 36.65% 之间,概率为 95%。

【例 8.11】某高职学院为了解学生月生活费支出情况,随机抽取 100 人,了解到他们每月平均生活费支出 500 元,标准差 200 元。试问能以多大的概率水平保证该校学生生活费月平均在 460 ~ 540 元之间。

如认为样本方差是总体方差的无偏估计,则 $\sigma_{\bar{x}} = 200$ 元。

还已知：$n = 200, \bar{x} = 500$ 元,$\Delta_{\bar{x}} = \dfrac{540 - 460}{2} = 40$ 元

而且：

$$\mu_{\bar{x}} = \sqrt{\dfrac{\sigma_{\bar{x}}^2}{n}} = \sqrt{\dfrac{200^2}{100}} = 20(元)$$

$$t = \dfrac{\Delta_{\bar{x}}}{\mu_{\bar{x}}} = \dfrac{40}{20} = 2$$

则通过查表得到概率为 95.45%

可见,该校学生的月平均生活费在 460 ~ 540 元之间的概率为 95.45%。

二、样本容量的确定

样本容量指一个样本所包含的单位数,确定必要的样本单位数也是抽样调查的一个重要问题。样本容量的确定是个两难的选择：一方面,样本容量越大,样本的代表性就越高,抽样误差就越小,抽样估计的可信度也会越高,但抽样调查的费用也越高,而且还会影响抽样调查的时效性；另一方面,样本容量越小,越能显示出抽样调查与估计的优越性,即能减少工作量,节约时间和费用,但抽样误差较大,不能保证抽样的精确度。因此,确定样本容量要考虑的是：既要满足抽样估计效果的要求,又要考虑时间和费用的节约。

(一) 影响样本容量大小的因素

1. 总体标志变动度

如果总体被研究标志的变异程度大,则应抽取较多的样本单位；如果总体被研究标志的变异程度小,则可以抽取较少的样本单位。

2. 推断的精确程度

推断的精确程度与抽样误差范围有关。如果允许误差范围小,即要求的精度高,必须抽取较多的样本单位；反之,则可以抽取较少的样本单位。

3. 推断的可靠程度

抽样推断要求的可靠程度越高,即估计的置信度越大,必须抽取较多的样本单位；如果抽样推断要求的可靠程度越低,即估计的置信度越小,则可以抽取较少的样本单位。

4. 抽样方法和抽样组织形式

样本容量决定于不同的抽样方法和抽样组织形式。一般来说，类型抽样和等距抽样比简单随机抽样需要的样本单位数少，单个抽样比整群抽样需要的抽样单位数少，不重复抽样比重复抽样需要的抽样单位数少。

由此可见，上述几个方面都是确定抽样单位数的依据，在应用时要综合考虑。同时，还要结合调查的人力、物力和财力的许可情况加以适当调整，然后作出最后的确定。

（二）样本容量的确定方法

根据上面确定样本容量的影响因素，可以由抽样极限误差的公式来反映它们之间的联系。因此，将极限误差的公式加以推演，并结合抽样平均误差的公式，就可以推导出不同抽样方法条件下计算必要样本单位数的公式。

在重复抽样条件下：

由于 $\mu = \sqrt{\dfrac{\sigma^2}{n}}$，又有 $\mu = \dfrac{\Delta}{t}$，则 $\sqrt{\dfrac{\sigma^2}{n}} = \dfrac{\Delta}{t}$，可以推出 $n = \dfrac{t^2\sigma^2}{\Delta^2}$。

在不重复抽样条件下：

由于 $\mu = \sqrt{\dfrac{\sigma^2}{n}\left(1 - \dfrac{n}{N}\right)}$，可以推出 $n = \dfrac{Nt^2\sigma^2}{N\Delta^2 + t^2\sigma^2}$。

由以上基本公式，可以得出平均数和成数估计的公式：

1. 推算总体平均数所需样本容量的计算公式

（1）重复抽样　　$n_{\bar{x}} = \dfrac{t^2\sigma_{\bar{x}}^2}{\Delta_{\bar{x}}^2}$　　　　　　　　　　　　　　　　　　　　（8.11）

（2）不重复抽样　　$n_{\bar{x}} = \dfrac{Nt^2\sigma_{\bar{x}}^2}{N\Delta_{\bar{x}}^2 + t^2\sigma_{\bar{x}}^2}$　　　　　　　　　　　　　　（8.12）

2. 推算总体成数所需样本容量的计算公式

（1）重复抽样　　$n_p = \dfrac{t^2P(1-P)}{\Delta_p^2}$　　　　　　　　　　　　　　　　　（8.13）

（2）不重复抽样　　$n_p = \dfrac{Nt^2P(1-P)}{N\Delta_p^2 + t^2P(1-P)}$　　　　　　　　　　　（8.14）

在上面公式里，σ 和 P 这两个指标一般都是未知的，通常可以采用以下方法解决：

第一，用过去调查资料。如果有几个不同的数据，则应该用最大的数值。注意：当 $P = 50\%$ 时，成数方差 $\sigma_p^2 = P(1-P) = 50\% \times (1-50\%) = 25\%$ 为最大值。因此，成数应选择最接近 50% 的值。

第二，用小规模调查资料。如果既没有过去的资料，又需要在调查前就估计出抽样误差，实在不得已时，可以在大规模调查前，组织一次小规模的试验性调查。

另外还要注意，由于上述公式计算的样本单位数是满足推断要求的必要数量，只有达到这个数量才能保证抽样推断的精确度。所以，在计算结果出现小数时，不能四舍五入，而应全部入整。

【例8.12】对某型号电子元件 10 000 只进行耐用性能检查。根据以往抽样测定，求得耐用时数的标准差为 600 小时，概率保证程度为 68.27%，元件平均耐用时数的误差范围不超过 150 小时,要抽取多少元件做检查?

解:已知:$N = 10\ 000$　$\Delta_{\bar{x}} = 150, S = 600$

概率 68.27%　查表得 $t = 1$

重复抽样条件下样本容量为:

$$n_{\bar{x}} = \frac{t^2 \sigma_{\bar{x}}^2}{\Delta_{\bar{x}}^2} = \frac{1^2 \times 600^2}{150^2} = \frac{360\ 000}{22\ 500} = 16(只)$$

不重复抽样条件下样本容量为:

$$n_{\bar{x}} = \frac{Nt^2 \sigma_{\bar{x}}^2}{N\Delta_{\bar{x}}^2 + t^2 \sigma_{\bar{x}}^2} = \frac{10\ 000 \times 1^2 \times 600^2}{10\ 000 \times 150^2 + 1^2 \times 600^2} = \frac{3\ 600\ 000\ 000}{225\ 360\ 000} \approx 16(只)$$

【例 8.13】某调查公司接受市电视台的委托,为一个电视节目调查收视率。在一个有 1 050 户居民的小区进行抽样调查,希望估计置信度要达到 95%,允许误差 5%,已知在类似小区进行调查时,有 28% 的家庭收看该节目。试问在该小区应抽多少家庭为样本进行调查。

解:已知:$N = 1\ 050$　概率 95%　查表得 $t = 1.96, \Delta_p = 5\%, p = 28\%$

重复抽样条件下样本容量为:

$$n_p = \frac{t^2 P(1 - P)}{\Delta_p^2} = \frac{1.96^2 \times 28\% \times (1 - 28\%)}{5\%^2} = 310(户)$$

不重复抽样条件下样本容量为:

$$n_p = \frac{Nt^2 P(1 - P)}{N\Delta_p^2 + t^2 P(1 - P)} = \frac{1\ 050 \times 1.96^2 \times 28\% \times (1 - 28\%)}{1\ 050 \times 5\%^2 + 1.96^2 \times 28\% \times (1 - 28\%)} = 239(户)$$

本章小结

抽样推断技术包括抽样调查和抽样推断两个方面。它是根据随机原则,从所研究的总体中抽取一部分单位组成样本进行调查,并由样本数据推算总体数据的统计方法。它主要用于不能够、不适应和不必要进行全面调查,以及对全面调查资料的修正。在抽样推断技术的运用中,要明确总体与样本,总体指标与样本指标,重复抽样和不重复抽样的概念。另外还要注意抽样方式的选择,抽样的组织方式有简单随机抽样、分类抽样、等距抽样、整群抽样和阶段抽样等,简单随机抽样是基础,其他方式都是以它的原理为依据形成的。

抽样推断有三个要素:

(1) 样本指标。它是总体指标的统计值,必须组织好抽样调查,获得的样本指标,才是总体指标的最佳估计量。

(2) 抽样误差。它的可知性和可控性极大地提高了抽样推断的使用价值。它包括实际误差、平均误差和极限误差。实际误差一般没有现实意义,统计实务中常应用的是平均误差和极限误差。

(3) 估计的置信度。它是估计的概率保证程度,是事先提出,构成抽样调查的限制条件,它可以通过样本单位数的改变而调整。

参数估计包括总体参数的估计和样本容量的确定。总体参数的估计又分为点估计和区间估计,区间估计是以样本指标、极限误差和概率三项资料为基础,它比点估计考虑问题更多，当然，也更加完整和科学。样本容量的确定，既要满足抽样估计效果的要求，又要考虑时间和费用的节约。

案例分析

光明电灯泡厂对新产品的检验

光明电灯泡厂新研制一种节能电灯泡即将投入生产，为检验其耐用时数，随机抽取了100 只电灯泡进行调查，按规定灯泡耐用时数在 950 小时以上为合格品，有关抽样结果和整理数据如下表。

表 8 - 4　　　　　　　　　　　　　　　抽样结果

耐用时数（小时）	组中值 x	灯泡数 f	xf	$x - \bar{x}$	$(x - \bar{x})^2 f$
950 以下	900	3	2 700	-157	73 947
950 ~ 1 050	1 000	41	41 000	-57	133 209
1 050 ~ 1 150	1 100	52	57 200	43	96 148
1 150 以上	1 200	4	4 800	143	81 796
合计	—	100	105 700	—	385 100

根据有关要求，确定概率保证程度为 92%，以此对该种产品的平均耐用时数和合格率进行估计。

（一）平均数估计

1. 样本的平均耐用时数

$$\bar{x} = \frac{\sum xf}{\sum f} = \frac{105\ 700}{100} = 1\ 057（小时）$$

2. 样本耐用时数的标准差

$$S_{\bar{x}} = \sqrt{\frac{\sum (x - \bar{x})^2 f}{\sum f}} = \sqrt{\frac{385\ 100}{100}} = 62.1（小时）$$

3. 耐用时数的抽样平均误差（用样本指标代替，并按重复抽样计算）

$$\mu_{\bar{x}} = \sqrt{\frac{\sigma_{\bar{x}}^2}{n}} = \sqrt{\frac{62.1^2}{100}} = 6.21（小时）$$

4. 抽样极限误差

$$\Delta_{\bar{x}} = t\mu_{\bar{x}}$$

已知概率 92%，即 0.92，在概率表（见附表 2）中没有，但与概率表中的 0.919 9 最接近，可使用 $t = 1.75$。

则 $\Delta_{\bar{x}} = 1.75 \times 6.21 = 10.867\ 5（小时）$

5. 区间估计：

置信下限：$\bar{x} - \Delta_{\bar{x}} = 1\ 057 - 10.867\ 5 = 1\ 046.132\ 5$（小时）

置信上限：$\bar{x} + \Delta_{\bar{x}} = 1\ 057 + 10.867\ 5 = 1\ 067.867\ 5$（小时）

即以 92% 的概率保证程度（可靠程度），可以确定，该种产品的耐用时数在 1 046.132 5 ～ 1 067.867 5 小时之间。

（二）成数的估计

1. 样本合格率

$$p = \frac{n_1}{n} = \frac{100 - 3}{100} = 0.97 = 97\%$$

2. 样本合格率标准差

$$S_p = \sqrt{p(1 - p)} = \sqrt{97\% \times (1 - 97\%)} = 17.1\%$$

3. 合格品率的抽样平均误差（用样本指标代替总体指标）

$$\mu_p = \sqrt{\frac{\sigma_p^{\,2}}{n}} = \sqrt{\frac{P(1 - P)}{n}} = \frac{17.1\%}{\sqrt{100}} = 1.71\%$$

4. 合格品率的允许误差

$\Delta_p = t\mu_p = 1.75 \times 0.017\ 1 = 0.029\ 75$ 即 2.975%

5. 合格率的区间估计

置信下限：$p - \Delta_p = 97\% - 2.975\% = 94.025\%$（小时）

置信上限：$P + \Delta_p = 97\% + 2.975\% = 99.975\%$（小时）

即该产量的合格率在 94.025% ～ 99.975% 之间，概率保证程度（可靠程度）为 92%。

 问题思考

1. 抽样推断技术包括哪两方面的内容？它有什么特点？

2. 抽样推断技术主要有哪些应用？

3. 谈谈什么是重复抽样和不重复抽样？

4. 抽样推断技术常涉及哪几种指标？抽样成数是什么？

5. 什么是抽样误差？有哪几种？如何理解平均误差和极限误差？

6. 抽样单位数目的多少受哪些因素影响？

项目九 国民经济统计概述

本章教学要点概览

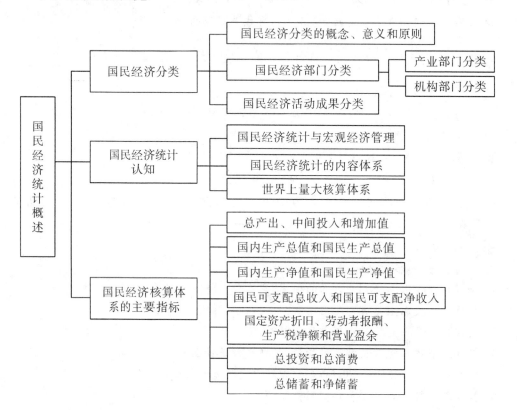

【情境导入】

国家统计局于 2018 年 3 月 1 日发布《中华人民共和国 2017 年国民经济和社会发展统计公报》(以下简称《公报》)。

《公报》显示,初步核算,全年国内生产总值 827 122 亿元,比上年增长 6.9%。其中,第一产业增加值 65 468 亿元,增长 3.9%;第二产业增加值 334 623 亿元,增长 6.1%;第三产业增加值 427 032 亿元,增长 8.0%。第一产业增加值占国内生产总值的比重为 7.9%,第二产业增加值比重为 40.5%,第三产业增加值比重为 51.6%。

《公报》显示，全年最终消费支出对国内生产总值增长的贡献率为58.8%，资本形成总额贡献率为32.1%，货物和服务净出口贡献率为9.1%。全年人均国内生产总值59 660元，比上年增长6.3%。全年国民总收入825 016亿元，比上年增长7.0%。

《公报》强调，2017年，供给侧结构性改革扎实推进。全年全国工业产能利用率为77.0%，比上年提高3.7个百分点。年末商品房待售面积58 923万平方米，比上年末减少10 616万平方米。其中，商品住宅待售面积30 163万平方米，减少10 094万平方米。年末规模以上工业企业资产负债率为55.5%，比上年末下降0.6个百分点。

《公报》显示，2017年，新动能新产业新业态加快成长。全年规模以上工业战略性新兴产业增加值比上年增长11.0%。其中，高技术制造业增加值增长13.4%，占规模以上工业增加值的比重为12.7%；装备制造业增加值增长11.3%，占规模以上工业增加值的比重为32.7%。全年高技术产业投资42 912亿元，比上年增长15.9%，占固定资产投资（不含农户）的比重为6.8%。全年网上零售额71 751亿元，比上年增长32.2%。

本章教学内容提示

国民经济是一个国家或地区纵横交错的各种经济活动组成的有机整体。本章的学习目标是认知国民经济统计，就是要以国民经济为研究对象，通过国民经济核算体系，从数量角度来认知国民经济运行的条件、过程、结果及其内在联系。

任务一　　国民经济分类

一、国民经济分类的概念、意义和原则

（一）国民经济分类的概念

国民经济的概念通常包括两个互有联系的方面：从横向来看，国民经济是指从事各种经济活动的经济单位分门别类后形成的不同的国民经济部门。据此，我们可以说，国民经济就是各单位、各部门的总和。从纵向来看，国民经济又可以是指上述各经济单位和部门所从事的各种各样的经济活动——生产经营活动、市场交易活动、收支分配活动等。这些活动彼此依存、相互衔接、不断循环，就形成国民经济的运行或社会再生产过程。据此，我们也可以说，国民经济就是社会再生产各环节的总和，是一个不断循环的宏观经济运行过程。

国民经济分类是统计分组法在国民经济统计中的应用，它是按一定标志把国民经济整体划分为若干部分或类别。

国民经济是一个复杂的有机整体。从国民经济的主体看,它包括许许多多的企业、事业、行政单位;从国民经济客体看,它包括各种各样的经济活动。因此,国民经济分类既包括对国民经济主体分类——国民经济部门分类,也包括对国民经济客体分类——国民经济活动及其成果分类。

(二)国民经济分类的意义

国民经济分类的意义主要表现在:

(1)正确进行国民经济分类是研究国民经济部门内部及部门之间比例关系的基础;

(2)科学地进行国民经济分类是研究社会再生产各环节比例关系的前提;

(3)科学地进行国民经济分类是研究地区经济比例关系的基本条件。

(三)国民经济分类的原则

在进行国民经济分类时,应注意以下原则:

(1)从实际出发的原则。即国民经济分类要从我国的实际情况出发,有利于反映我国经济体制改革和核算制度改革的要求。

(2)系统性的原则。即从系统思想出发,使国民经济分类能够全面反映社会再生产各个环节的活动及其联系。

(3)国际对比原则。即在进行国民经济分类时,要增强与国外的衔接和转换,进一步适应对外经济交往的要求。

二、国民经济部门分类

(一)产业部门分类

1. 物质生产部门与非物质生产部门分类

物质生产部门和非物质生产部门的划分是以各个部门提供的生产成果是否有"形"为依据的。

凡是有"形"的生产成果称为物质产品或货物,生产物质产品的部门是物质生产部门。有"形"的产品包括工业产品、农业产品和建筑业产品。在我国,把为物质产品的运送、购销、通讯等直接服务的交通、邮电通信、商业部门也列为物质生产部门。

凡无"形"的生产成果称为服务或劳务,提供服务的部门是非物质生产部门。非物质生产部门包括客运和非生产性邮电业,房地产管理和公用事业,居民服务和咨询业,卫生、体育和社会福利事业,教育、文化和广播电视业,科学研究和综合技术服务业,金融、保险业,党政机关和社会团体,军队,警察等。

2. 国民经济行业分类

我国在物质生产部门与非物质生产部门划分的基础上,按照经济活动性质的一致性,进行了国民经济行业分类。

我国现行的行业分类是将国民经济分为 19 个大行业,设 98 个大类,数百个中类和小类。这 19 个行业是:

(1)农、林、牧、渔业;

(2)采矿业;

(3)制造业;

（4）电力、燃气及水的生产和供应业；

（5）建筑业；

（6）交通运输、仓储和邮政业；

（7）信息传输、计算机服务和软件业；

（8）批发和零售业；

（9）住宿和餐饮业；

（10）金融业；

（11）房地产业；

（12）租赁和商务服务业；

（13）科学研究、技术服务和地质勘查业；

（14）水利、环境和公共设施管理业；

（15）居民服务和其他服务业；

（16）教育；

（17）卫生；

（18）文化、体育和娱乐业；

（19）公共管理和社会组织。

我国目前在编制投入产出表、国内生产总值及其使用表、劳动力平衡表等,都是按国民经济行业来搜集、整理统计资料。

3. 三次产业分类

三次产业的划分是以产业发生的时序为依据的。它是20世纪30年代由西方经济学家首先提出的。他们认为从产业发展的时序上看世界经济史,可以发现人类生产活动有三个阶段:在初级生产阶段上,生产活动以农业和畜牧业为主;在第二阶段上,生产活动以工业生产大规模迅速发展为标志,纺织、钢铁以及其他制造业为就业和投资提供了广泛的机会;第三阶段始于20世纪初,其特征是以提供各种服务为主。三次产业分类是世界上许多国家普遍使用的一种产业结构划分方法。1985年4月,经国务院同意,由国务院办公厅转发了国家统计局《关于建立第三产业统计的报告》中,正式提出我国三次产业的划分办法和标准。

三次产业分类应当遵循以下原则:第一,以生产过程与消费过程是否同时进行为原则,两个过程同时发生的为第三次产业,不同时进行的为第一、二次产业;第二,以生产者同消费者的距离远近为原则,生产者距离消费者近的为第三次产业,远的为第一、二次产业;第三,以生产的产品是否有形为原则,无形的为第三次产业,有形的为第一、二次产业;第四,以与自然界和人的关系为原则,产品直接取自自然界的部门划为第一次产业,对初级产品进行再加工的部门划为第二次产业,提供服务的部门是第三次产业。

具体划分标准是:

第一次产业:农业(包括种植业、林业及狩猎业、畜牧业、渔业);

第二次产业:工业(包括采掘业、制造业、自来水、电力、蒸汽、热水、煤气)和建筑业;

第三次产业:广义的服务业,即除上述第一、第二次产业以外的其他各业。由于第三次产业包括的行业多、范围广,根据我国的实际情况,第三次产业又可以分为两大部分:一是流通部门,二是服务部门。第三次产业具体又分为四个层次:

第一层次:流通部门,包括交通运输业、邮电通信业、商业饮食业、物资供销和仓储业。

第二层次:为生产和生活服务的部门,包括金融、保险业、地质普查业、房地产、公用事业、居民服务业、旅游业、咨询信息服务业和各类技术服务业等。

第三层次:为提高科学文化水平和居民素质服务的部门,包括教育、文化、广播电视事业、科学研究事业、卫生、体育和社会福利事业。

第四层次:为社会公共需要服务的部门,包括国家机关、党政机关、社会团体、军队和警察。

4. 三种产业部门分类的关系

以上三种产业部门分类都是从生产角度对整个国民经济的划分,只是具体的分类标准有所不同,它们之间的关系如图 10 - 2。

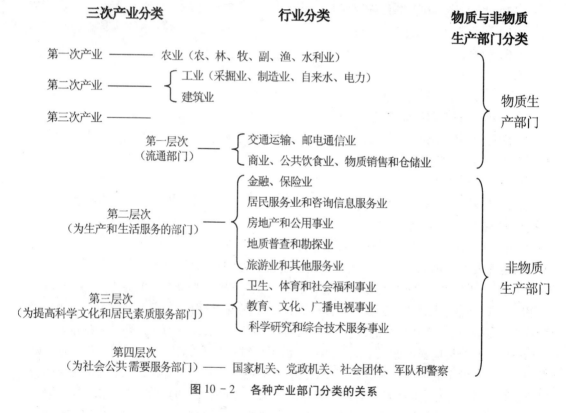

图 10 - 2　各种产业部门分类的关系

(二) 机构部门分类

一切经济活动都是社会产品实物(物质产品和服务) 运动和资金运动的有机结合,社会产品实物运动是资金运动的基础,资金运动是社会产品实物运动的货币表现,二者同时发生,方向相反。社会产品实物运动与资金运动有时会呈现不同的特点,主要表现在一些大中型企业和公司的经济活动中。这些企业、公司分别由若干分厂组成,这些分厂有生产决策权,但是它们往往不具有支配资金的权利,这些权利由公司、总厂所拥有。为了反映社会资金运动,反映只能由价值表现的分配活动,就必须进行机构部门分类。

我国将国民经济分成以下 4 个国内机构部门和"国外":

（1）居民。由所有常住居民组成,包括为家庭所拥有的个体经营单位。目前我国个体经营单位的规模还不大,其资产负债及财务收支等还不能完全独立于其所属的家庭户,因此将它们划入居民部门中。

（2）非金融企业。简称企业,由金融机构以外从事盈利活动的独立核算单位构成,包括国有、集体、各种形式的合资、合作经营、外商独资的常住工商企业、建筑企业、运输邮电企业及盈利性(或称为营业性)服务企业,如旅馆、理发店、浴室、影剧院等。

（3）行政事业部门。从社会活动看,主要指第三次产业中第三、四层次的部门,即为提高科学文化水平和居民素质服务的部门、为社会公共需要服务的部门;从资金管理和收入渠道上看,指非物质生产部门中实行财政预算管理(包括全额管理和差额管理)的单位。

（4）金融机构。由从事金融活动的所有常住独立核算单位构成。

金融机构具体包括:① 银行系统:人民银行、工商银行、农业银行、建设银行、中国银行、交通银行和其他银行;② 其他金融机构:各行的信托投资公司、国际信托公司、保险公司、证券公司、财务公司、金融租赁公司等。

（5）国外。是所有与我国常住单位发生经济往来的非常住单位的集合。需要指出的是,"国外"不是国内的一个机构部门,而是我们将所有非常住机构单位放在一起组成一个国外部门并视同机构部门统一处理,其目的就是为了反映与国外发生的各种经济往来活动。

以上机构部门的划分是粗线条的,实际统计工作中,每一个部门都可以作若干层次的细分。

三、国民经济活动成果分类

国民经济活动成果即为社会产品(或社会总产品)。社会产品是经过人类劳动并能进行交换和使用的产品,故社会产品就是商品。社会产品可以作如下的划分:

（一）货物和服务

货物是有形物体,它的生产过程和使用过程是分离的,因而它可以库存起来,并进行多次交换。货物包括农产品、工业品和建筑产品(如房屋、桥梁、水塔、烟囱、道路、码头、运河、高炉等)。

服务是直接用于满足使用者某种需要的无形产品,它的生产和使用不能分离,生产的完成就是使用的结束,所以它不能贮存起来,也只能进行一次交换。服务的范围很广,例如有对应于前边所述第三次产业四个层次的流通服务、为生产和生活的服务、为提高科学文化和居民素质的服务、为社会公共需要的服务等。

（二）物质产品和服务

物质产品是物质生产部门的活动成果,它包括的范围是货物和货物性服务。所谓货物性服务也称为物质性服务,是指与货物的流通直接有关的服务,即商业流通服务和运输邮电服务。这里的服务是非物质性服务,指除货物性服务以外的各种服务,它的范围比"货物和服务"中的服务要小一些。

货物和服务与物质产品和服务在总体范围上是一致的,即都是社会产品的分类,它们中有一些交叉,这个关系可以由表 10 - 1 表示:

表 10 - 1 社会产品分类的关系

社会产品	货物	货物(有形物)	物质产品服务	社会产品
	服务	货物性服务(物质性服务)		
		非货物性服务(非物质性服务)		

任务二 国民经济统计

一、国民经济统计与宏观经济管理

国民经济统计也称国民经济核算。它是以国民经济为整体而进行的一种统计核算,并从数量角度研究国民经济运行的条件过程、结果及其内在联系。

依前所述,国民经济包括国民经济部门和国民经济活动及其成果,按照系统论的观点来看,国民经济是一个庞大、复杂的系统。国民经济的两个构成方面总是紧密联系、纵横交错的。在国民经济系统内部,必然存在着一定的结构比例关系和相互作用的机制机理,具体来说,就是各单位、各部门、各环节、各要素之间的相互依存和相互作用关系。这些内部关系的具体状况,将会对整个国民经济系统的实际运行效果直接产生或有利或不利的影响。用系统论的语言来说,就是有可能使系统的整体功能大于(当然也可能小于)系统各组成部分功能的简单总和。

研究国民经济系统的运行状况,就是要考察各单位、各部门以及各地区所从事的各种经济活动,考察这些经济活动的条件、过程、结果和影响,考察国民经济各部门、各环节之间错综复杂的经济联系。宏观经济正常运行要求各部门比例协调,各环节相互适应,这就需要经由国民经济核算取得大量、丰富的统计资料,据此进行分析、判断,实施科学的管理与调控。因此,国民经济核算是宏观经济管理与调控的重要基础之一。

国民经济作为一个完整的大系统,不仅规模庞大、结构复杂,而且功能多样。这些功能既有一致性,又有差异性,互相制约,互为条件,共同决定了国民经济的整体运行情况。宏观经济管理要抓住根本,兼顾全局,使这些功能适当发挥、相互配合,达到整体最优,保证宏观经济的正常运行和健康发展。因此,在宏观经济管理中,通常必须全面考虑以下几个基本目标:① 经济增长;② 物价稳定;③ 充分就业;④ 供需平衡。

科学的宏观经济管理离不开基本的经济数据和可靠的数量分析。为此,首先,必须确定切实可行的量化目标,这些目标应该可以实际操作;其次,还需要掌握大量翔实的客观资料严密监测国民经济的运行情况,并运用各种杠杆进行宏观经济调控。显然,只有通过国民经济统计来收集、整理并科学地组织大量丰富的数据资料,对其进行全面、深入地分析研究,才能合理地制定宏观经济管理的目标,正确地把握国民经济运行的基本状况和发展趋势,发现问题,提出对策,做到目标可行,判断有据,调控有度。正因如此,国民经济统计作为宏观经济管理和分析的必要手段之一受到了世界各国的高度重视,并已成为各国政府统计的一项重要内容。

二、国民经济统计的内容体系

现代国民经济统计不同于传统的国民收入统计,这主要表现在其核算内容的完整性、核算结构的复杂性、核算方法的多样性和核算理论的严密性。它已经远远不只限于计算少数几个宏观经济总量指标,而是以国民经济为整体,从数量上把握宏观经济运行的条件、过程和结果等情况。这就需要借助于一套有效的方法将大量丰富的核算资料结合在一个完整、统一的核算框架之中,形成完整的国民经济核算体系。

(一)国民经济统计的要求

为了充分发挥其作为宏观经济管理工具的重要职能,国民经济统计必须遵循系统分析的原则来组织进行。具体表现为满足以下三个方面的要求:

(1)"整体性"要求。国民经济是一个有机整体,相应地,国民经济统计就必须从整体上考虑问题,形成一个相对完整的核算体系。这一体系的内容应该能够全面反映国民经济循环的主要数量方面。

(2)"层次性"要求。国民经济是一个多部门、多环节、多层次的有序整体,相应地,国民经济核算就必须对其进行分门别类的研究。为此,需要充分运用各种统计分类和统计指标方法去组织大量、丰富的核算资料,形成不同层次的核算子系统。在此基础上,构造出层次井然、组织有序的完整的国民经济核算体系。

(3)"关联性"要求。国民经济是一个内部联系错综复杂的整体,相应地,国民经济核算就必须充分考虑这些联系,通过具体的核算反映国民经济各部门、各环节、各要素、各方面的数量关系。同时,还要适当地反映出国民经济系统与社会人口、资源环境以及科技教育等系统的交叉关系和相互影响。

(二)国民经济统计的基本原则

在以国民经济作为整体进行核算时,必须遵循三个基本原则:

1. 统计范围的平衡原则

统计范围的平衡原则也称为整体原则、一致性原则。所谓平衡原则是指:生产范围划在哪里,生产成果就算到哪里,中间消耗和最终使用也算到哪里,原始收入与派生收入、初次分配与再分配也就在哪里分界。这是指社会产品的生产、分配和使用是国民经济活动的三个环节,这三个环节的活动总量应当是相等的。也就是生产多少,分配和使用也是多少,既不能多,也不能少。这种从不同环节统计的总量应该相等的原则,就是平衡原则。根据这一原则,从整个国民经济看,做到了不重复计算,也无遗漏计算。

2. 统计对象的主体原则

国民经济的一切活动总是在一定的空间范围内,由一定的生产经营者进行的。因此在统计生产总量、分配总量和使用总量时,就应该将空间范围和生产经营者有机地结合起来,形成一个统计的主体,这样的主体就是"常住单位"。

这个原则的提出是为了克服"国土原则"和"国民原则"的不足。所谓"国土原则",指以本国(或本地区)领土作为国民经济活动的统计主体。凡是在本国(或本地区)领土范围内的经济活动成果,不论是本国(或本地区)人员从事的,还是外国(或外地区)人员从事的,一律都由本国(或本地区)统计。所谓"国民原则",指以本国国民或本地区常住居民作为国民经济活动的统计主体。按照国民原则,凡是本国(或本地区)的常住居民从事的经济活动,不论发生在本国(或本地区),还是发生在外国(或外地区),其成果由本国(或本地区)统计。

如果只按空间范围即国土原则统计,会漏掉很多具有流动性的活动,例如一国生产单位在国际水域或空间从事的生产活动;又会增加一些与本国无关的活动,例如外国驻中国的领使馆的活动。如果按国籍,即按国民原则统计,有些活动就分不清其"国籍"所属,例如各种外商投资企业,其投资者的国籍往往与其长期从事经济活动的国家不一致,而其国籍所在国不可能也没有必要去统计这部分活动。

常住单位是指在一国经济领土上具有经济利益中心的单位。"一国经济领土"是指该国政府拥有并能控制的领土;"经济利益中心"指时间超过 1 年,有一定的活动场所,从事一定规模的经济活动。因此,常住单位相当于领土范围加上该国驻外国的领使馆、科研机构、援助机构、新闻机构等,减去外国驻本国的领使馆、科研机构、援助机构、新闻机构等。国内生产总值是常住单位生产的,进出口是常住单位与非常住单位之间的商品买卖,例如外国旅游者在中国消费商品,应算作中国的出口。

3. 统计时间的权责发生制原则

统计时间的权责发生制原则是指国民经济一切经济活动时间,以权利和责任发生为准,而不是以经济活动的收支实现为准。按照这个原则,物质产品按制成的时间进行统计,而不论是否销售,是否收到货款;服务按提供的时间统计;收入支出项目按所有权的获得或义务发生时间进行统计。

(三)国民经济统计的内容

根据以上原则和要求,国民经济统计应该以社会再生产各环节为主线,分别组织再生产条件的核算、产品生产过程的核算、商品流通过程的核算、价值分配过程的核算以及产品使用过程的核算等。它既要反映国民经济的总量状况,也要反映其内部联系;既要反映一国的经济活动,也要反映对外的经济往来;既要反映一定时期内各种经济流量的流向和水平,也要反映期初和期末相应经济存量的规模与成因。从经济分析的角度,将国民经济统计各方面的内容归纳起来,有五个主要领域的核算显得尤其突出,它们构成了国民经济核算体系的基本内容,通常称之为"国民经济五大核算"这具体是指:

(1)国内生产与国民收入核算。它围绕着国内生产总值、国民生产总值、国民可支配收入、总消费和总投资等关键性的宏观经济指标,组织社会再生产全过程的总量核算。

(2)投入产出核算。它围绕着国民经济各部门在生产过程中相互提供产品、相互消耗产品的技术经济联系,考察客观存在的国民经济内部结构和比例关系,借以把握投入与产出之间的数量依存规律。

(3)资金流量核算。它围绕着社会资金在国民经济各部门之间以及国际间的流动情况,研究国民经济总体和各部门的收支关系和收入水平、储蓄与投资的关系、资金余缺状况及其调节过程。资金流量核算和投入产出核算都属于部门间的流量核算,它们是对国民经济总量核算的重要补充。

(4)国际收支核算。它全面考察一国的所有对外经济往来,反映其国际收支的规模、结构和平衡状况,以及国际收支状况对整个国民经济运行和国际经济地位的影响,也是国民经济统计的一个重要方面。

（5）资产负债核算。与上述各种流量核算不同,这是针对国民经济总体及其各部门的实物资产、金融资产、金融负债以及国民财富存量来组织的核算,或者说,是关于社会再生产的财力和物力条件的核算。资产负债核算同人口、劳动力统计结合起来,就可以全面反映出再生产的人力、财力、物力资源的规模、结构、分布和开发利用等重要情况。

除了五大核算之外,国民经济统计的内容还包括财政信贷收支平衡统计、主要商品来源与使用平衡统计、国民经济价格统计等,这些内容有机地结合起来,就组成相对完备的国民经济核算体系。

三、世界上两大核算体系

国民经济核算是近几十年来随着国家经济管理职能的加强而逐步发展起来的。它是在社会生产总量指标统计的基础上,发展成为了以总量指标为核心的社会再生产全过程的核算。由于各国经济运行机制和管理体制不同,因而形成了两种不同的核算体系。

（一）物质产品平衡表体系

物质产品平衡表体系(The System of Material Product Balances,简称 MPS) 起源于苏联。为适应国家对国民经济实行高度集中的计划管理的需要,苏联中央统计局从 20 世纪 20 年代开始编制国民经济平衡表,反映社会总产品(物质产品) 的生产和分配使用的平衡关系,到 30 年代初逐步形成了一套平衡表体系,50 年代末已基本定型,以后逐渐为东欧各国、古巴、蒙古等国所采用,一般称为东方体系。物质产品平衡表体系是以物质产品的生产、分配、交换和使用为主线,侧重反映物质产品再生产过程的主要方面。核算范围主要包括农业、工业、建筑业、货物运输业及邮电业、商业等物质生产部门。核算方法主要采用平衡表法,由一系列平衡表所组成。物质产品平衡表体系的主要总量指标有社会总产品(社会总产值)、物质消耗和国民收入等。近年来,俄罗斯和东欧各国为适应向市场经济过渡,已放弃继续使用物质产品平衡表体系。

（二）国民账户体系

国民账户体系(System of National Accounts,简称 SNA) 是适用于市场经济条件下的国民经济核算体系,首创于英国,继而在经济发达国家推行,现已为世界上绝大多数国家和地区所采用,由于最早是由西方国家使用,也称为西方体系。国民账户体系以全面生产的概念为基础,把整个国民经济的各行各业都纳入核算范围,将社会产品分为货物和服务两种表现形态,完整地反映全社会生产活动成果及其分配和使用的过程,并注重社会再生产过程中的投入产出核算、资金流量核算和资产负债核算。SNA 的核算方法是运用复式记账法的原理,建立一系列宏观经济循环账户和核算表式,组成结构严谨、逻辑严密的体系。SNA 的主要总量指标有总产出、国内生产总值、国民生产总值等。

（三）两大核算体系的比较

MPS 和 SNA 都是适应国家宏观经济管理需要而建立和发展起来的国民经济核算标准,但它们是不同的经济体制和经济运行机制下的产物。MPS 是与苏联和东欧等国高度集中的计划经济体制相适应的,SNA 则与市场经济条件下的国家宏观管理要求相适应。因此,两种核算体系在核算的范围、内容和方法上都存在较大的区别,主要表现在:

（1）在核算范围上,MPS 主要限于物质产品的核算,把非物质生产性质的服务活动排除在生产领域之外,把这些服务活动的收入视为物质生产部门创造的国民收入再分配的结果,即 MPS 采用了限制性生产概念。因而,这种核算体系影响国民经济总量核算的完整性和再生产各环节核算的协调一致。SNA 把国民经济各部门的经济活动都纳入核算范围之内,即采用了全面生产概念,或叫综合性生产的概念。SNA 能完整反映全社会生产活动的成果及其分配和使用的过程,它将社会产品分为货物和服务两种形态,但不区分物质生产领域和非物质生产领域。实行 SNA 的国家通常采用三次产业分类。

（2）在核算内容上,MPS 实质上是一种实物核算体系,主要描述社会再生产实物运动,对资金运动缺乏完整而系统的反映。SNA 也是着重于国民收入的生产及其分配与使用的,但新 SNA 增加了有关收入支出以及资金的流量和存量方面的核算内容,并与其他部分核算结合起来,全面反映了国民经济的运行过程,这是新 SNA 一个显著特点。在反映人力、财力、物力方面,MPS 中的劳动力平衡表、综合财政平衡表、生产资料供求平衡表和消费品供求表等对于社会主义国家研究财政、信贷、物资平衡及人口、劳动力再生产都有重要作用,这些内容为新 SNA 所不具有。

（3）在核算方法上,MPS 采用横向或纵向平衡法,设置一系列平衡表,比较简便和直观,但平衡表之间缺乏有机的联系,整个结构不够严密。SNA 采用复式记账法,应用账户、矩阵等核算形式,把社会再生产不同阶段、不同侧面的经济流量以及期初、期末存量联系起来,组成了结构严谨、逻辑严密的体系。

✡ 知识链接

> 我国 20 世纪 50 年代学习苏联编制平衡表的经验,采用了 MPS 核算体系,着重反映物质产品的运动,是与过去高度集中的计划管理体制相适应。改革开放以后,我国逐步建立的"中国国民经济核算体系",在生产范围的界定、核算内容的确定上,都很接近 SNA 核算体系,这是与我国今天建立的社会主义市场经济相适应的。

任务三　国民经济核算体系的主要指标

国民经济核算体系中的指标,是按照社会再生产过程来设置的,包括社会生产、分配、交换和使用等流量指标,以及资产负债等存量指标。这些指标分布在有关的社会再生产核算表和各经济循环账户中。下面分别介绍我国新核算体系中的几个主要指标:

一、总产出、中间投入和增加值

(一)总产出

1. 总产出的概念

总产出是指核算期内常住单位全部生产活动的总成果,包括本期生产的已出售和可供出售的物质产品和服务、在建工程以及自产自用消费品和自制固定资产的价值。总产出是新核算体系中反映社会总产品价值量的指标。

在掌握总产出的概念时,必须先明确生产活动的涵义。新核算体系定义的生产活动包括货物生产和服务生产,即不仅包括物质生产部门的生产活动,而且包括非物质生产部门的生产活动。货物生产的基本特点是:具有一定的实物形态,可以用实物量单位进行计量,生产过程从制作到使用可以分阶段独立进行,并可以在不同单位之间进行移动,如汽车、粮食的生产是属于货物生产。服务生产的基本特点是:成果不具有实物形态,提供服务与使用服务一般在同一时间内完成。

总产出的价值形态既包括劳动者新创造的价值,又包括生产物质产品和服务的转移价值,即 $C+V+M$。其中 C 是转移价值,$V+M$ 是新创造的价值,V 是劳动者为自己创造的价值,M 是劳动者为社会创造的价值。在明确了上述生产活动的基础上,就可理解总产出是反映国民经济各个部门在一定时期内生产的物质产品和服务价值的总量,它反映国民经济各部门生产活动的总规模。

2. 总产出的计算

(1)一般公式:

总产出 = 中间投入 + 增加值　　　　　　　　　　　　　　　　　(10.1)

(2)国民经济各部门根据本部门的特点有具体的计算公式:

农业总产出 $= \sum$(农产品产量 × 单位产品价格)= 农业总产值

工业总产出 = 工业中间投入 + 工业增加值 = 工业总产值

居民服务业总产出 = 营业收入

金融业总产出 = 各项利息收入 + 手续费收入 + 信托业务收入 + 融资租赁业务收入 + 外汇业务收入 + 投资分红收入 − 各项利息支出

(3)从对生产的定义引出的公式:

总产出 = 物质生产部门总产出 + 非物质生产部门总产出

上式中,总产出是全社会的总产出,也就是整个国民经济的总产出,其中物质生产部门总产出等于物质生产部门的社会总产值。

(二)中间投入

中间投入是指在生产经营过程中消耗或转换的物质产品和服务价值。中间投入也称为中间消耗、中间使用和中间产品。计入中间投入必须具备两个条件:一是与总产出相对应的生产过程所消耗或转换的物质产品和服务;二是本期消耗的不属于固定资产的非耐用品。

中间投入分为物质产品投入和服务投入。物质产品投入指生产过程中消耗或转换的物质产品,包括货物和物质性服务(货运、邮电通信、商业和饮食服务业等)的消耗,但不包括固定资产的损耗。服务投入指在生产过程中消耗的除物质性服务以外的各种服务,包括金融保险、文化教育、科学研究、医疗卫生、行政管理等。由公式 10.1 可以得到:

中间投入 = 总产出 − 增加值　　　　　　　　　　　　　　　　　(10.2)

或:中间投入 = 物质产品投入 + 服务投入

中间消耗 = 中间物质产品消耗 + 中间服务消耗

（三）增加值

增加值是指总产出的价值扣除中间投入价值后的余额,反映生产单位或部门生产活动的最终成果,也是本单位或部门对国内生产总值的贡献。增加值由固定资产损耗、劳动者报酬,生产税净额、营业盈余四个项目构成。各部门增加值之和就是国内生产总值。增加值计算的一般公式为:

$$增加值 = 总产出 - 中间投入 \tag{10.3}$$

二、国内生产总值和国民生产总值

（一）国内生产总值

1. 国内生产总值的概念

国内生产总值(Gross Domestic Product,简称 GDP),是指一国所有常住单位在核算期内生产活动的最终成果。从生产角度来看,它等于各部门增加值之和;从收入角度看,它等于固定资产折旧、劳动者报酬、生产税净额和营业盈余之和;从支出角度看,它等于总消费、总投资和净出口之和。三个角度揭示了国内生产总值的三种计算方法。

2. 国内生产总值指标的作用

计算国内生产总值指标的作用,主要表现在:它能综合国民经济活动的最终成果;是衡量国民经济发展规模、速度的基本指标;是分析经济结构和宏观经济效益的基础数据;有利于分析研究社会最终产品的生产、分配和最终使用情况;有利于进行国际间的经济对比。

3. 国内生产总值的计算方法

国内生产总值有三种计算方法,即生产法、收入法和支出法。

（1）生产法,又称部门法或增加值法。生产法是从生产的角度计算国内生产总值。其计算公式为:

国内生产总值 = 国民经济各部门增加值之和

$$增加值 = 总产出 - 中间消耗 \tag{10.4}$$

（2）收入法,又称分配法或成本法。收入法是从分配或收入的角度来计算国内生产总值。按这种方法计算,首先是各个部门根据生产要素在初次分配中应得到的收入份额来计算增加值,然后再加总各部门的增加值而得到国内生产总值。增加值的计算公式为:

$$增加值 = 固定资产折旧 + 劳动者报酬 + 生产税净额 + 营业盈余 \tag{10.5}$$

式中的营业盈余是营业利润与其他盈余。

（3）支出法,又称最终产品法或使用法。支出法是从最终使用的角度来计算国内生产总值。一定时期的国内生产总值在本期内的最终使用具体包括总消费、总投资和净出口三部分。计算公式为:

$$国内生产总值 = 总消费 + 总投资 + 净出口 \tag{10.6}$$

式中的净出口为货物和服务出口价值减去其进口价值的差额。

以上三种方法计算出的国内生产总值,从理论上讲应当相等,称为"三面等值"。但是由于资料来源不同,实际上三种结果往往会出现差异,在统计实务中一般是以生产方为主,调整使用方,这个差异属于统计误差。

【例10.1】某市 2017 年国内生产总值计算及使用如表 10 - 2 所示。

表 10 - 2		某市 2017 年国内生产总值表	单位:亿元
生产		使用	
一、总产出	23 400	一、总支出	23 400
二、中间投入	12 895	二、中间使用	12 895
1. 货物投入	10 460	1. 货物部门使用	10 338
2. 服务投入	2 435	2. 服务部门使用	2 557
三、国内生产总值	10 505	三、最终使用	10 505
1. 固定资产折旧	1 820	1. 最终消费	5 164
2. 劳动者报酬	5 105	(1) 居民消费	3 932
3. 生产税净额	6 96	(2) 社会消费	1 232
4. 营业盈余	2 884	2. 资本形成总额	5 020
		(1) 固定资本形成	4 112
		(2) 存货增加	908
		3. 出口	2 269
		4. 进口	1 946
		5. 统计误差	- 2

试根据表中资料,用三种方法计算该市当年的国内生产总值。

解:① 生产法

国内生产总值 = 总产出 - 中间投入

= 23 400 - 12 895 = 10 505(亿元)

② 收入法

国内生产总值 = 固定资产折旧 + 劳动者报酬 + 生产税净额 + 营业盈余

= 1 820 + 5 105 + 696 + 2 884 = 10 505(亿元)

③ 支出法

国内生产总值 = 总消费 + 总投资 + 净出口

= 最终消费 + 资本形成总额 + (出口 - 进口)

= 5 164 + 5 020 + (2 269 - 1 946)

= 10 507(亿元)

应以生产方为主,调整使用方,调整后应"三面等值"。即:

国内生产总值 = 10 507 - 2 = 10 505(亿元)

☆知识链接

2007 年 GDP 世界排名:第一,美国 138 438.25 亿美元,占全球 25.49%;第二,日本 43 837.62 亿美元,占全球 8.07%;第三,德国 33 221.47 亿美元,占全球 6.12%;第四,中国 32 508.27 亿美元,占全球 5.99%。(欧盟为 168 301.00 亿美元,占全球 30.99%。)

2007 年中国人均 GDP 世界排名第 104,为 2 460 美元。排名前三的为:卢森堡 102 284 美元、挪威 79 154 美元、卡塔尔 70 754 美元。

2012 年中国全年国内生产总值已经达到 76 058.62 亿美元,比 2007 年增长 133.9%,成为仅次于美国的世界第二大经济体。

（二）国民生产总值

1. 国民生产总值的概念

它是指一定时期内，国内生产总值与来自国外的要素净收入之和。来自国外的要素净收入，就是本国从国外（非常住单位）获得的劳动报酬和财产收入（如利息、红利、租金等），减去国外（非常住单位）从本国获得的劳动报酬和财产收入的净额。国民生产总值简写成 GNP。

国民生产总值反映了本国常住单位原始收入的总和，因此，国民生产总值不是一个生产概念，而是一个收入概念。在联合国新修订的 SNA 核算体系中，已将国民生产总值改称为国民总收入（GNI）。

2. 国民生产总值的计算方法

国民生产总值可以通过其与国内生产总值的关系来计算，具体公式如下：

国民生产总值 = 国内生产总值 + 来自国外的劳动者报酬和财产收入 − 国外从本国获得的劳动者报酬和财产收入

或：　　　　　 = 国内生产总值 + 国外要素收入净额　　　　　　　　　　（10.7）

国外要素收入净额 = 来自国外的劳动者报酬和财产收入 − 国外从本国获得的劳动者报酬和财产收入

或：　　　　　 = 来自国外的劳动者报酬净额 + 来自国外的财产收入净额

式中，来自国外的劳动者报酬净额指常住居民从非常住单位获得的劳动者报酬与非常住居民从常住居民单位获得的劳动者报酬相抵后的差额，来自国外的财产收入净额是指常住单位从非常住单位获得的财产收入与非常住单位从常住单位获得的财产收入相抵后的差额。

三、国内生产净值和国民生产净值

国内生产净值和国民生产净值是通过国内生产总值与国民生产总值来计算的。其具体公式为；

国内生产净值（NDP） = 国内生产总值 − 固定资产折旧　　　　　　　　（10.8）

国民生产净值（NNP） = 国民生产总值 − 固定资产折旧　　　　　　　　（10.9）

国内生产净值反映一定时期内全社会新创造的价值；国民生产净值反映一定时期内本国获得的原始净收入。在联合国新修订的 SNA 中，将国民生产净值改称为国民净收入（NNI）。

四、国民可支配总收入和国民可支配净收入

国民可支配总收入是指本国在一定时期内获得的原始收入基础上，经过与国外的经常转移收支后最终用于消费和投资的收入。

经常转移包括国外的经常转移和国内部门之间的经常转移。国外的经常转移如与国际组织间的往来、无偿援助和捐赠、侨汇以及向国外征收或交纳的收入税等。国内部门之间的经常转移包括以现金和实物方式互相转移收入，如社会保险、社会补助等。这种转移在汇总国内各部门资料时将被相互抵消，所以，国民可支配总收入只包括与国外的经常转移。

国民可支配收入可按总额计算,也可按净额计算。其计算公式如下:

国民可支配总收入 = 国民生产总值(国民总收入) + 来自国外的经常转移净额

(10.10)

国民可支配净收入 = 国民生产净值(国民净收入) + 来自国外的经常转移净额

(10.11)

来自国外的经常转移净额 = 来自国外的经常转移 − 支付国外的经常转移　　(10.12)

五、固定资产折旧、劳动者报酬、生产税净额和营业盈余

(一)固定资产折旧

固定资产折旧是指核算期内,生产中因使用固定资产而磨损的价值。按 SNA 的核算要求,应按固定资产重估价的价值和使用年限计算。在统计实务中,应该是使用固定资产损耗,我国限于条件,一般都以固定资产折旧代替。固定资产损耗是社会最终产品价值的组成部分,不是中间投入。

(二)劳动者报酬

劳动者报酬指劳动者从事生产活动而从生产单位得到的各种形式的报酬。它包括企业、事业单位以工资、福利及其他形式从成本、费用或利润中支付给劳动者个人的报酬。个体劳动者和其他劳动者通过生产经营活动所获得的货币纯收入也属于劳动者报酬。

(三)生产税净额

生产税净额指各部门向政府缴纳的生产税与政府向各部门支付的生产补贴相抵后的差额。生产税是政府向各部门征收的有关生产、销售、购买、使用货物和服务的税金,包括各种利前税。生产补贴是政府为控制价格又要扶持生产而支付给生产部门的补贴,包括价格补贴和亏损补贴。

(四)营业盈余

营业盈余是从总产出中扣除中间投入、固定资产折旧、劳动者报酬、生产税净额后的余额。营业盈余实质上是企业、事业单位所创造的增加值在除去对固定资产损耗进行价值补偿、对劳动者进行分配、上缴国家生产税和经费以后的所余份额。

六、总投资和总消费

(一)总投资

总投资又称为资本形成,是指常住单位在核算期内,固定资产投资和库存增加价值的总和。它反映本期最终产品中用于扩大再生产所增加固定资产的价值和增加存货的价值,属于积累的范畴。总投资的计算公式为:

总投资 = 固定资产投资 + 库存增加　　　　　　　　　　　　　　　　(10.13)

固定资产投资是各单位在核算期内用于购置和建造固定资产的投资。它包括各种房屋、建筑物的建造和购置,机器设备、工具、器具的购买和安装及其他费用。库存增加是各单位在核算期内增加的各种存货的价值。其计算公式为:

库存增加价值 = 期末库存价值 − 期初库存价值　　　　　　　　　　　(10.14)

若差额为正数,表示库存增加;若差额为负数,表示库存减少。

（二）总消费

总消费是指常住单位在一定时期内用于最终消费的产品（含服务）的价值，也就是最终消费支出。总消费也称为最终消费，分为居民消费和社会消费两部分。其计算公式为：

总消费 = 居民消费 + 社会消费   （10.15）

居民消费是常住居民在核算期内为个人最终消费需求而购买的物质产品和服务的全部支出。它包括商品性消费、自给性消费、生产服务性消费、住房及水电气消费、医疗保健费、教育费、对所获实物性报酬的消费等。社会消费包括政府消费支出和集体消费支出。政府消费支出指政府部门对物质产品和服务的最终消费支出；集体消费支出指行政、事业、企业单位和农村集体对物质产品和服务的最终消费支出。

七、总储蓄和净储蓄

（一）总储蓄

总储蓄是指国民可支配总收入减去总消费后的余额，是各机构部门的现期收入与现期支出的差额。它具体表现为城乡居民收入再消费后的结余及企业与行政事业单位分配后的所得。总储蓄分为净储蓄和固定资产损耗，后者是用于补偿资产损耗的，前者在企业可理解为经营盈余。总储蓄的计算公式为：

总储蓄 = 国民可支配总收入 - 总消费   （10.16）

总储蓄 = 净储蓄 + 固定资产损耗   （10.17）

（二）净储蓄

净储蓄是指国民可支配净收入减去总消费后的余额或总储蓄扣除固定资产损耗后的余额。其计算公式为：

净储蓄 = 国民可支配净收入 - 总消费   （10.18）

净储蓄 = 总储蓄 - 固定资产损耗   （10.19）

 知识链接

GNP 比 GDP 更能反映地区竞争实力

国内生产总值与国民生产总值之间的主要区别在于，GDP 强调的是创造的增加值，它是"生产"的概念，GNP 则强调的是获得的原始收入。一般而言，各国的国民生产总值与国内生产总值两者相差数额不大，但如果某国在国外有大量投资和大批劳工的话，则该国的国民生产总值往往会大于国内生产总值。

以 GDP 或者 GNP 作为经济政策的主要追求目标，在一定的 GDP 水平下，会导致本国人民的富裕程度不同。如果强调 GDP，就会出现诸如四川民工在深圳打工，把 GDP 留在了深圳，把利润带回了四川；在深圳设厂的企业，也把 GDP 留在了深圳，把利润带回了本国或者本地区。如果强调 GNP 则意味着本国企业公民在国内或国外都实实在在地给自己挣了钱。这一方面的典型案例是新苏南模式和温州模式的比较。据《第一财经日报》报道，2004 年随着苏州经济一路高歌，GDP 总量首超深圳，新苏南模式似乎达到了中国经济发展样板的制高点。但这些掩盖不了新苏南模式的缺陷，被比喻为"只长骨头不长肉"，GDP 上去了，政府的财政收入上去了，可老百姓的口袋仍鼓不起来，利润的大头被外企拿走，本地人拿的只是一点打工钱。2004 年苏州的 GDP 是温州的两倍，但苏州老百姓的人均收入几乎只及温州的一半。看来，更能反映一个国家、一个地区竞争实力的是 GNP，而不是 GDP。

本章小结

(1) 国民经济是一个复杂的有机整体。从国民经济的主体看,它包括许许多多的企业、事业、行政单位;从国民经济客体看,它包括各种各样的经济活动。

国民经济分类是国民经济核算的前提。包括国民经济部门分类和国民经济活动及成果分类。国民经济部门分类是国民经济的主体分类,又分为产业部门和机构部门分类。在产业部门分类中按照物质与非物质部门、行业和三次产业进行分类。

(2) 国民经济核算体系是对国民经济运行或社会再生产过程进行全面、系统的计算、测定和描述的宏观经济信息系统,是整个经济信息系统的核心。它有两层涵义:一是指为进行国民经济核算而制定的标准和规范;二是指全面系统反映国民经济运行的核算资料。

世界上两大核算体系:物质产品平衡表体系(MPS)和国民账户体系(SNA),两者在核算范围上、核算内容上、核算方法上存在较大差异。当今世界绝大多数国家采用 SNA 体系。

我国新国民经济核算体系的建立,其主要特点有:在核算范围上,既核算物质生产,也核算各类服务生产;在核算内容上,包括了五大核算,形成完整的国民经济核算体系;在核算方法上,广泛吸收 SNA 的长处,建立适合中国国情的国民经济账户体系,具有较强的国际对比功能。

(3) 国民经济核算体系的主要指标有总产出、中间投入和增加值;国内生产总值和国民生产总值;国内生产净值和国民生产净值;国民可支配总收入与国民可支配净收入;固定资产损耗、劳动者报酬、生产税净额和营业盈余;总投资和总消费;总储蓄和净储蓄。

国内生产总值,是指一国所有常住单位在核算期内生产活动的最终成果。从生产角度来看,它等于各部门增加值之和;从收入角度看,它等于固定资产折旧、劳动者报酬、生产税净额和营业盈余之和;从支出角度看,它等于总消费、总投资和净出口之和。三个角度揭示了国内生产总值的三种计算方法。

 问题思考

1. 什么是国民经济分类?有何意义?
2. 简述各种产业部门分类的关系。
3. 谈谈你对世界上两大核算体系的认识,它们的差别有哪些?
4. 我国新国民经济核算体系的主要特点是什么?
5. 什么是国内生产总值? 它的计算方法有哪几种?

项目十　SPSS 应用与统计分析

本章教学要点概览

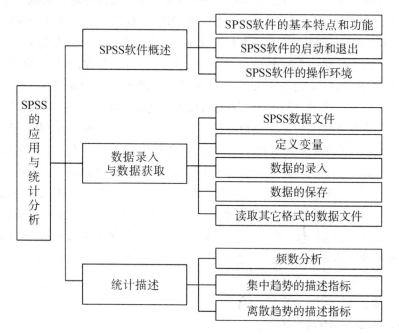

【情境导入】

　　我国是一个农业大国,全国有近 6 亿农村人口,占全国总人口数的41.48%,农村消费能力的提升直接关系到国民经济的全局。收入是影响农村居民消费的主要因素,随着经济的发展,农民收入水平和消费水平的结构发生着很大的改变。可借助 SPSS 统计分析软件结合前面已经学习过的统计分析方法,对近几年我国农村居民人均收入和人均消费支出的关系进行分析。

表1	农村居民人均收支情况			单位:元
指标	2013 年	2014 年	2015 年	2016 年
可支配收入	9 429.6	10 488.9	11 421.7	12 363.4
现金可支配收入	8 747.1	9 698.2	10 577.8	11 600.6

表1（续）

指标	2013 年	2014 年	2015 年	2016 年
1. 工资性收入	3 639. 7	4 137. 5	4 583. 9	5 000. 8
2. 经营净收入	3 378. 0	3 620. 1	3 861. 3	4 203. 9
3. 财产净收入	194. 2	224. 7	251. 5	272. 1

表 2　　　　　　　　　　　　农村居民人均收支情况　　　　　　　　单位:元

指标	2013 年	2014 年	2015 年	2016 年
消费支出	7 485. 1	8 382. 6	9 222. 6	10 129. 8
现金消费支出	5 978. 7	6 716. 7	7 392. 1	8 127. 3
1. 食品烟酒	2 038. 8	2 301. 3	2 540. 0	2 763. 4
2. 农着	453. 1	509. 7	549. 9	575. 0
3. 居住	692. 4	758. 5	779. 0	832. 8

本章教学内容提示

　　本章是运用 SPSS 统计分析软件对数据进行分析。教学目标是掌握 SPSS 的基本操作,并能够运用 SPSS 软件对变量进行频数分析、描述性分析、相关分析等,反应变量的分布特点及相互间的关系。

任务一　SPSS 软件概述

　　社会科学统计软件包(SPSS) 是世界著名的统计分析软件之一。20 世纪60 年代末,美国斯坦福大学的三位研究生研制开发了统计分析软件 SPSS,并于 1975 年在芝加哥成立了专门研发和经营 SPSS 软件的 SPSS 公司。1994 年到 1998 年间,SPSS 公司陆续并购了一系列的软件公司,并将其各自的主打产品收购于 SPSS 麾下,从而使 SPSS 由原来单一的统计分析软件发展为一种综合性产品,为此,SPSS 公司已将原英文名称更改为 Statistical Product and Service Solutions ,即统计产品与服务解决方案。目前,SPSS 已广泛应用于通讯、医疗、银行、证券、保险、制造、商业、市场研究、科研教育等多个行业和领域,成为世界上最流行、应用最广泛的专业统计分析软件。

　　SPSS 适合于多种操作系统,国内常用的是适用于 DOS 和 Windows 的版本。SPSS for Windows 引起界面友好、功能强大而受到越来越多使用者的喜爱。

　　本章以 SPSS 13. 0 for Windows 为例,在以下的叙述中简称为 SPSS。

一、SPSS 软件的基本特点和功能

SPSS 使用 Windows 的窗口方式展示各种管理和分析数据的方法,使用对话框展示出各种功能选择项,只要掌握一定的 Windows 操作技能,并了解统计分析原理,而无需通晓统计分析的各种具体算法,即可得到统计分析结果,为特定的科研工作服务。

SPSS 的基本功能包括数据管理、统计分析、图表分析、输出管理等。SPSS 具有强大的图形功能,不但可以得到数字结果,还可以根据数据的分析,通过各种直观、漂亮的统计图,形象的显示分析结果。

SPSS 可将自身的数据保存成多种格式的数据文件,常见的格式有 SPSS 格式文件、Excel 格式文件、dbf 格式文件、文本格式文件等。另外,SPSS 能够直接打开各种类型的数据文件,常见的格式有 SPSS 格式文件、Excel 格式文件、ASC II 码数据格式文件等。

二、SPSS 软件的启动和退出

作为 Windows 操作系统的应用软件产品,SPSS 安装的基本步骤与其他常用软件是基本相同的。

安装成功后,只需按以下顺序操作即可启动运行 SPSS 软件:

【开始】→【程序】→【SPSS 13.0 for Windows】

退出 SPSS 的方法与退出一般常用软件的方法基本相同,有以下两种常用的退出方法:

(1)【File】→【Exit】

(2)直接单击 SPSS 窗口右上角的"关闭"按钮

在退出 SPSS 之前,一般会提示用户以下两个问题:

(1)是否将 Data Editor 窗口中的数据存到磁盘上,文件扩展名为 .sav ;

(2)是否将 Viewer 窗口中的分析结果存到磁盘上,文件扩展名为 .spo。

这时,用户应根据实际情况,制定将 SPSS 数据文件或结果文件存放到选定的磁盘上,并输入用户名。

三、SPSS 软件的操作环境

SPSS 软件在运行时有多个窗口,各窗口有各自的作用。初学者需要熟悉其中两个主要的窗口,它们是数据编辑窗口和结果输出窗口。

1. 数据编辑窗口

启动 SPSS 后,屏幕首先显示的就是数据编辑窗口,如图 10 - 1 所示。

数据编辑窗口在软件启动时自动打开,关闭数据编辑窗口意味着退出 SPSS。

数据编辑窗口的窗口标题为 SPSS Data Edoter,该窗口的主要功能是:SPSS 数据的录入、编辑,变量属性的定义、编辑。这些数据通常以 SPSS 数据文件的形式保存在计算机磁盘上,其文件扩展名为 .sav。

sav 文件格式是 SPSS 独有的,一般无法通过其他常用软件如 Word ,Excel 等打开。

数据编辑窗口由主菜单栏、工具栏、当前数据栏、数据编辑区、系统状态显示栏组成。

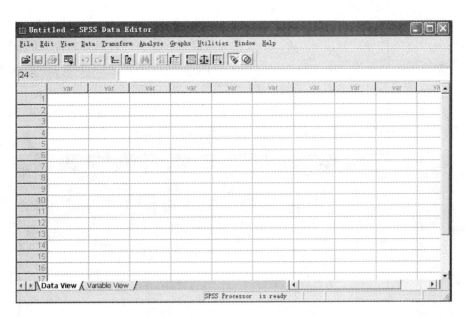

图 10 -1　SPSS 数据编辑窗口

（1）主菜单栏

菜单项对应的功能见表 10 -1。

表 10 -1　　　　　　　　　　　　**主窗口菜单及功能**

菜单名	功能	注释
File	文件操作	对 SPSS 相关文件进行基本管理（如打开、保存等）
Edit	数据编辑	对数据编辑窗口中数据进行基本编辑（如剪切、复制等）
View	窗口外观状态管理	对 SPSS 窗口外观等进行设置
Data	数据的操作和管理	对数据编辑窗口中的数据进行加工整理
Transform	数据基本处理	对数据编辑窗口中的数据进行基本处理
Analyze	统计分析	对数据编辑窗口中的数据进行统计分析和建模
Graphs	制作统计图形	对数据编辑窗口中的数据生成各种统计图形
Utilities	实用程序	SPSS 的辅助功能
Windows	窗口管理	对 SPSS 的多个窗口进行管理
Help	帮助	实现 SPSS 的联机帮助

（2）工具栏

为使操作更加快捷和方便，SPSS 将主菜单栏中一些常用的功能以图形按钮的形式组织在工具栏中，用户可以直接点击工具栏上的某个按钮完成其相应的功能。

（3）当前数据栏

当前数据栏的左边部分显示了当前活动单元格对应的观测序号和变量名，右边部分显示了当前活动单元格中的数据值。

（4）数据编辑区

数据编辑区也可称为数据显示区,是数据编辑窗口的主体部分,用以显示和管理 SPSS 数据内容和数据结构。在数据编辑区中有两个视图界面,分别是 Data View（数据视图）和 Variable View（变量视图）,变量视图如图 10－2 所示。通过数据编辑区最下一栏中的 Data View 标签和 Variable View 标签在两个视图界面之间进行切换。数据视图界面用以录入和编辑管理 SPSS 数据,变量视图界面用以定义和编辑 SPSS 数据的结构。

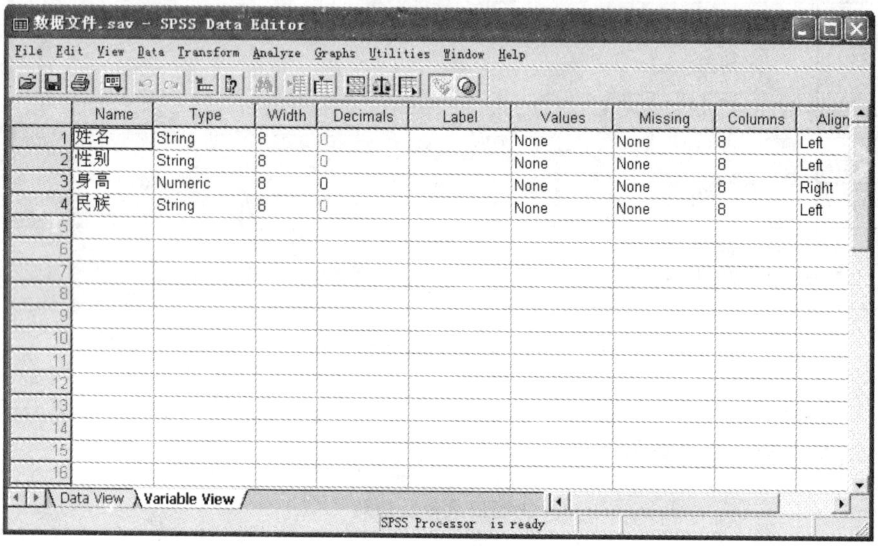

图 10－2　变量视图界面

（5）系统状态显示栏

系统状态显示区用来显示系统的当前运行状态。"SPSS processor is resdy"是系统正等待用户操作的意思。通过 View 主菜单栏下的 Status Bar 选项可将系统状态区设置成显示和不显示两种状态。

2. 结果输出窗口

结果输出窗口如图 10－3 所示。结果输出窗口的窗口标题为 SPSS Viewer,该窗口的主要功能是:显示 SPSS 统计分析结果、报表及图形。SPSS 统计分析的所有输出结果都显示在该窗口中,并且大多数 SPSS 统计分析结果都以表格或图形的形式显示出来。输出结果通常以 SPSS 输出文件的形式保存在计算机磁盘上,其文件扩展名为 . spo。

Spo 文件格式是 SPSS 独有的,一般无法通过其他如 Word , Excel 等软件打开。

结果输出窗口的右边部分显示 SPSS 统计分析结果,左边部分是导航窗口,用来显示输出结果的目录,可以通过单击目录来展开右边窗口的分析结果。

结果输出窗口通常有以下两种创建及打开方式:第一,在进行第一次统计分析时,由 SPSS 自动创建并打开;第二,在 SPSS 运行过程中由用户手工创建或打开,所选择的菜单为:

【File】→【New】→【Output】

【File】→【Open】→【Output】

SPSS 的数据编辑窗口是专门负责输入和管理待分析数据的,而输出窗口则负责接收和

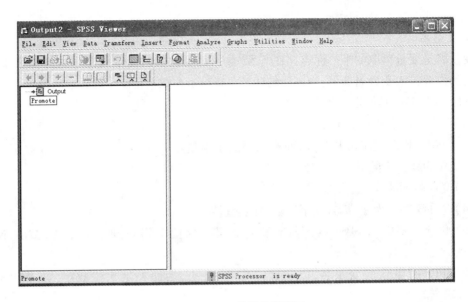

图 10-3　SPSS 结果输出窗口

管理统计分析结果。数据的输入和结果的输出是在不同窗口中进行的,这点与 Excel 等其他有统计分析功能的软件有较大不同。

任务二　数据录入与数据或获取

一、SPSS 数据文件

建立 SPSS 数据文件是利用 SPSS 软件进行数据分析的首要工作。SPSS 数据文件是一种有别于其他文件如 Word 文档、文本文档的有特殊性的文件,这样特殊性主要表现在它是一种包含了结构的数据文件,即 SPSS 数据文件由数据的结构和数据的内容两部分组成,其中数据的结构记录了数据类型、数据长度等必要情况,数据的内容则记录了那些待分析的具体数据。因此,SPSS 数据文件不能像一般文本文件那样可以直接被大多数编辑软件读取,而只能在 SPSS 软件中打开。

建立 SPSS 数据文件时应完成两项任务,第一,首先在数据编辑窗口的变量视图中描述 SPSS 数据的结构;第二,在数据编辑窗口的数据视图中录入并编辑 SPSS 数据的内容。

二、定义变量

SPSS 数据的结构是对 SPSS 每列变量及其相关属性的描述。

SPSS 中的变量共有 10 个属性,分别是变量名(Name)、变量类型(Type)、长度(Width)、小数位宽(Decimals)、变量名标签(Label)、变量值标签(Values)、缺失值(Missing)、列显示宽度(Columns)、对齐方式(Align)、计量尺度(Measure)。其中,变量名和变量类型是用户必须要定义的两个属性,其他的属性可以暂时采用系统默认值。下面仅就变量名和变量类型的定义加以说明。

1. 变量名

变量名是变量存取的唯一标志。在 SPSS 数据编辑窗口的变量视图中,在【Name】列下相应行的位置输入变量名即可,输入后的变量名将显示在数据视图中列标题的位置上。

SPSS 变量名有其特定的起名规则:

(1)变量名的字符个数不多于 8 个;

(2)首字符以英文字母开头,后面可以跟除了空格及!、?、* 之外的字母或数字,且下划线不能作为变量名的最后一个字母;

(3)变量名不区分大小写字母;

(4)允许汉字作为变量名,汉字总数不能超过 4 个;

(5)变量名不能与 SPSS 内部具有特定含义的保留字相同,如 ALL,BY,AND,NOT,OR 等;

(6)SPPS 有默认的变量名,以字母:"VAR"开头,后面补足 5 位数字,如 VAR0003,VAR00120 等。

为方便记忆,变量名最好与其代表的数据含义相对应。如果变量名不符合 SPSS 的起名规则,系统会自动给出错误提示信息。

2. 变量类型

数据类型(Type)是指每个变量取值的类型。SPSS 中有三种基本数据类型,分别为数值型、字符型和日期型。相应的类型会有系统默认的长度、小数位宽等。

(1)数值型

SPSS 中数值型有以下五种不同的表示方法:

①标准型(Numeric)

标准型是 SPSS 最常用的类型,也是默认的数据类型,默认的长度为 8 位,包括正负符号位、小数点和小数位在内,小数位宽默认为 2 位。

②逗号型(Comma)

逗号型用圆点来分隔整数部分和小数部分,整数部分从个位开始每 3 位以一个逗号相隔,且逗号型默认的长度为 8 位,小数位宽为 2,如 1,234.56。用户在输入逗号型数据时,可以不输入逗号,SPSS 将自动在相应位置上添加逗号。

③圆点型(Dot)

圆点型用逗号来分隔整数部分和小数部分,整数部分从个位开始每 3 位以一个圆点相隔,且圆点型默认的长度为 8 位,小数位宽为 2,如 1.234,56。用户在输入圆点型数据时,可以不输入圆点,SPSS 将自动在相应位置上添加圆点。

④科学计数法型(Scientific Notation)

科学计数法型的默认长度为 8 位,包括正负符号位、字母 E 和两位幂次数字。例如,0.0008 用科学计数法记为 8.0E-04。

⑤美元符号型(Dollar)

美元符号型主要用来表示货币数据,它在数据前加美元符号 $。美元符号型数据的显示格式有很多,SPSS 会以菜单方式将其显示出来供用户选择。

⑥自定义类型(Custom Currency)

自定义类型可供用户根据需要自己定制数据的表现形式。

(2)字符型(String)

字符型变量由一个字符串组成,区分大小写,不能参加数学运算。字符型数据在SPSS命令处理过程中应用一对双引号引起来,但在输入数据时不应输入双引号,否则,双引号将会作为字符型数据的一部分。

(3)日期型(Data)

日期型数据用来表示日期或者时间。日期型的显示格式有很多种,SPSS将以菜单的方式列出来供用户选择。

三、SPSS 数据的录入

SPSS 数据的结构定义好后就可以将具体的数据输入到 SPSS 以最终形成 SPSS 数据文件。单击 Data View 标签,进入数据编辑窗口的数据视图界面,准备进行 SPSS 数据的录入操作。

数据编辑窗口中黑框框住的单元为当前数据单元,它是当前正在录入或者修改数据的单元。录入数据时应首先确定当前数据单元,即将鼠标指到某个数据单元上,然后单击鼠标左键。

数据的录入可以以个案为单位进行录入,即横向录入;也可以以变量为单位进行录入,即纵向录入。录入完一个数据之后按 Tab 键,使当前单元右边一个单元成为活动单元,这样就实现了横向录入;录入完一个数据之后按 Tab 键,则当前单元下方的单元成为活动单元格,从而可以实现纵向录入。

在 SPSS 数据中,每一行代表一个个案(Case)、一个观测、一个个体、一个样品,一个事件,例如,在进行问卷调查时,问卷上的每一个人就是一个个案;每一列代表一个变量,如问卷上的每一项、没一个问题就是一个变量。

四、SPSS 数据的保存

SPSS 数据整理好后,需要将数据编辑窗口中的数据以文件的形式保存到磁盘中。

SPSS 数据文件保存的操作步骤如下:

(1)选择菜单:

【File】→【Save】　 或　【File】→【Save as】

于是弹出如图 10 -4 所示的窗口。

(2)给出盘符、路径、文件名,并根据需要选择数据文件的格式。

在图 10 -3 所示的窗口中:

Variables 按钮的作用是允许用户指定保存哪些变量,不保存哪些变量,如图 10 -4 所示窗口。变量名前画叉的变量将被保存到磁盘中。

数据文件的格式通过"保存类型"后的下拉框选择。

如将数据保存为 Excel 文件格式,【Write variables names to spreadsheet】选项呈可选状态,它的作用在于指定是否将 SPSS 变量名写到 Excel 工作表的第一行上。

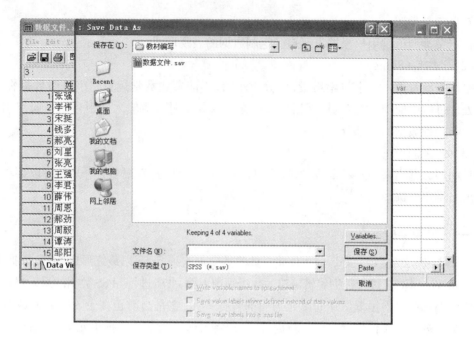

图 10 - 4　数据保存窗口

五、读取其他格式的数据文件

SPSS 可以读取和调用多种不同格式的数据文件,这里仅就 SPSS 对 Excel 文件的读取方法进行介绍。操作如下:

(1)选择菜单:【File】→【Open】→【Data】

出现"Open file"对话框,如图 10 - 5 所示窗口,并在文件类型下拉列表中选择"Excel(＊.xls)"。

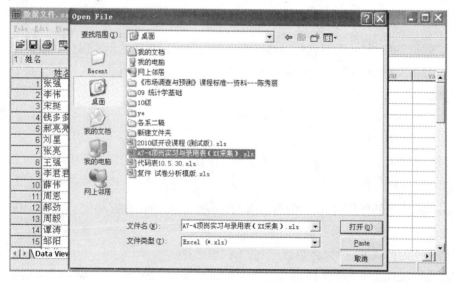

图 10 - 5　"Open file"对话框

（2）选择要打开的 Excel 文件，单击"打开"按钮，出现如图 10-6 所示的窗口。

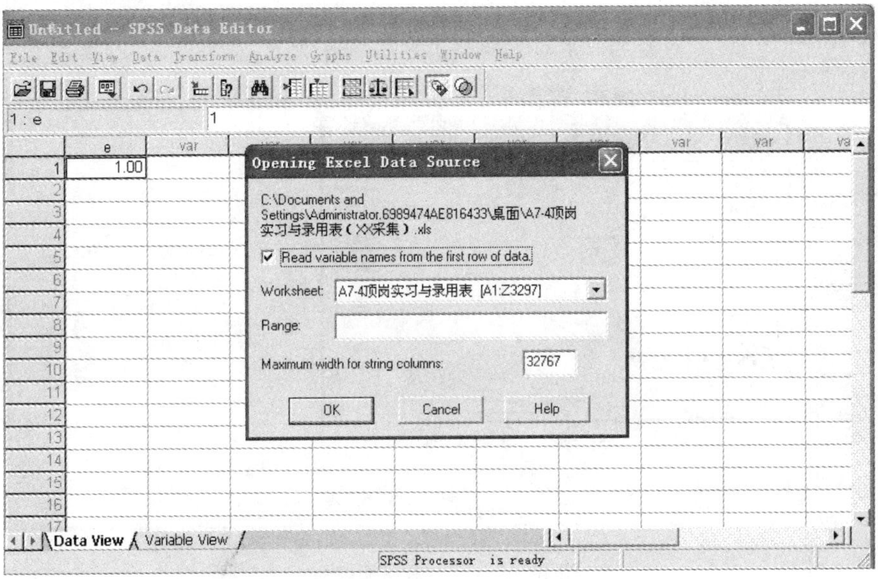

图 10-6 "Open Excel Data Source"对话框

若选中"Read variable name from the first row of data"复选框，表示将 Excel 数据表中第一行的有效字符作为 SPSS 变量名；

"Worksheet"下拉表的作用是选择被读取数据所在的 Excel 工作表；

"Range"输入框用于限制被读取数据在 Excel 工作表中的位置。

任务三　统计描述

一、频数分析

对数据的分析通常是从基本统计分析入手的，而基本统计分析往往是从频数分析开始的。

频数分析的第一个基本任务是编制频数分布表；

频数分析的第二个基本任务是绘制统计图。统计图是一种最为直接的数据刻画方式。

SPSS 频数分析的基本操作步骤如下：

（1）选择菜单：【Analyze】→【Descriptive Statistics】→【Frequencies】

出现如图 10-7 所示的窗口。

（2）选择待分析的变量到【Variable(s)】框中。这里选择身高。

（3）选择 Display frequency tables 项，SPSS 将编制频数分布表，否则，将不显示频数分布表。

（4）按 Charts 按钮，出现如图 10-8 所示的窗口，选择所需统计图形。

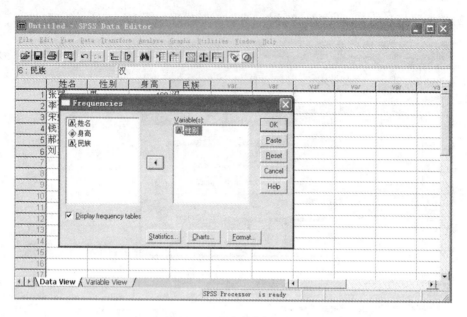

图 10 - 7　频数分析窗口

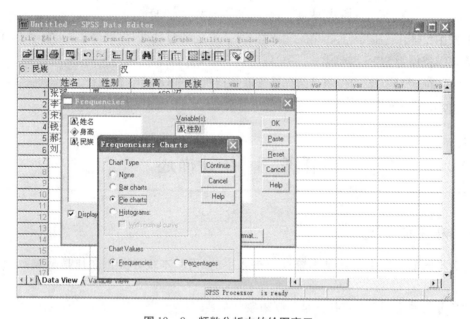

图 10 - 8　频数分析中的绘图窗口

（5）按 Format 按钮，出现如图 10 - 9 所示的窗口，调整频数分布表中数据的输出顺序。

至此，SPSS 将自动编制频数分布表并画出统计图，结果将输出到输出窗口中，分析结果如图 10 - 10 和表 10 - 11 所示。

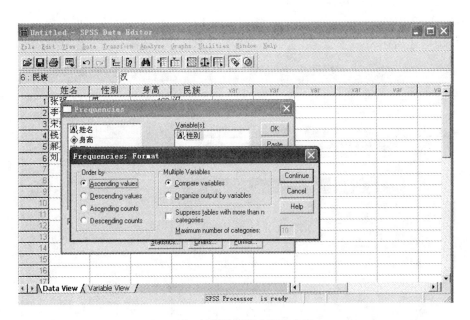

图 10 - 9　数据输出顺序调节窗口

表 10 - 10　　　　　　　　　　　　　民族情况频数分布表

		Frequency	Percent	Valid Percent	Cumulative Percent
85.0	汉	17	85.0	85.0
90.0	回	1	5.0	5.0
100.0	满	2	10.0	10.0
	Total	20	100.0	100.0

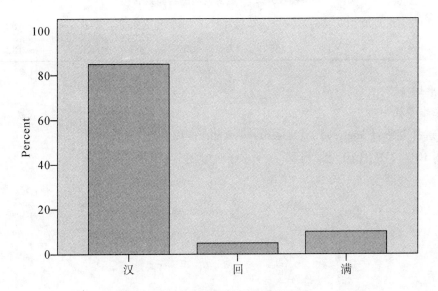

图 10 - 11　民族情况统计分析统计图

按图 10-7 中的 Statistics 按钮,出现如图 10-12 所示的窗口,该窗口中提供了一次列的基本统计描述指标。

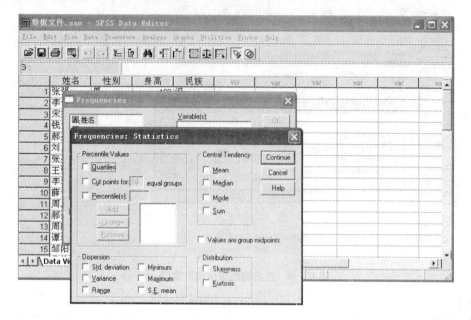

图 10-12　Frequencies Statistics 窗口

二、集中趋势的描述指标

平均数

【例 10-1】某高校某班 20 名男同学的身高数据如下所示:

某高校某班 20 名男同学的身高数据　　　　单位:厘米

168	172	170	166	175	171	169	168	172	180
166	169	174	172	168	175	172	167	166	182

求:平均身高。

操作步骤如下:

(1)选择菜单:【Analyze】→【Descriptive Statistics】→【Frequencies】

如图 10-13 及图 10-14 所示。

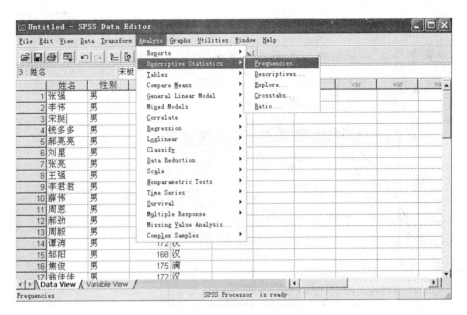

图 10 - 13　"Frequencies"选项

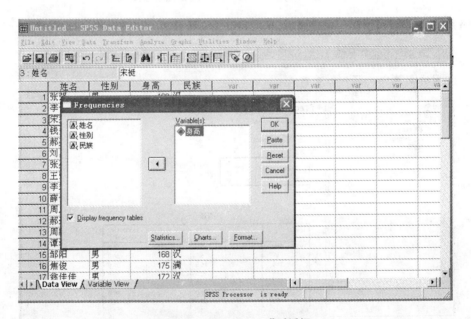

图 10 - 14　"Frequencies"对话框

(2) 欲求 20 名男同学的平均身高,在图 10 - 14 中,将对话框左侧变量列表中的"身高"选中,单击 按钮使之添加到右侧的 Variables(s) 框中。

(3) 单击图 10 - 14 下方的 Statistics 按钮,出现如图 10 - 15 所示的窗口,在 Central Tendency 框中选择 Mean,然后单击 Continue 按钮返回 Frequencies 对话框,单击 OK 按钮,SPSS 开始计算。

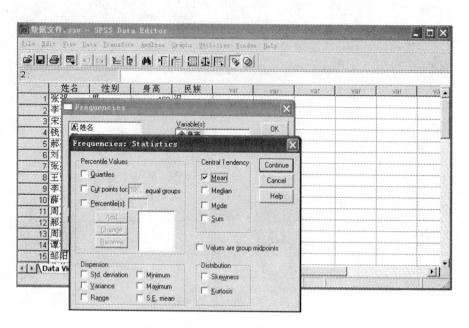

图 10 - 15　在"Frequencies Statistics"对话框中选择 Mean

(4)计算结果如图 10 - 16 所显示,平均身高为 171 厘米。

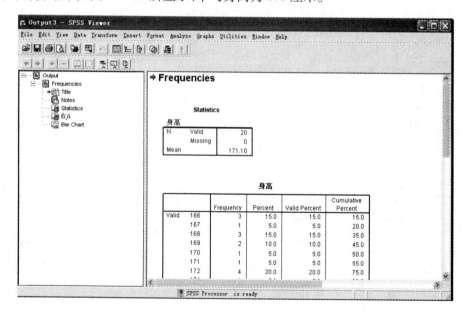

图 10 - 16　平均数计算结果

中位数、众数及求和等集中趋势描述指标的操作过程与平均数的操作过程基本相同,这里不再重复。

三、离散趋势的描述指标

全距

【例 10 - 2】数据如【例 10 - 1】中所示,求 20 名男同学身高的全距。

操作步骤如下:

(1)选择菜单:【Analyze】→【Descriptive Statistics】→【Frequencies】

如图 10 - 13 及图 10 - 14 所示。

(2)欲求 20 名男同学身高的全距,在图 10 - 14 中,将对话框左侧变量列表中的"身高"选中,单击 ▶ 按钮使之添加到右侧的 Variables(s)框中。

(3)单击图 10 - 14 下发的 Statistics 按钮,在 Dispersion 框中选择 Range,出现如图 10 - 17 所示的窗口,然后单击 Continue 按钮返回 Frequencies 对话框,单击 OK 按钮,SPSS 开始计算。

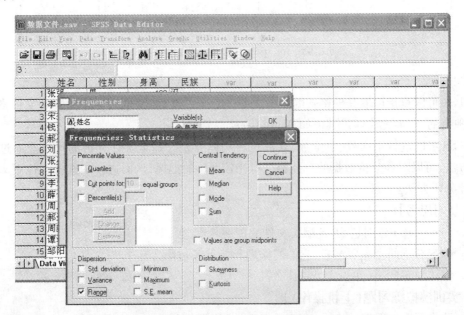

图 10 - 17　在 Dispersion 框中选择 Range

(4)计算结果如图 10 - 18 所显示,20 名男同学身高的全距为 16 厘米。

标准差等离散趋势描述指标的操作过程与全距的操作过程基本相同,这里不再重复。

【任务小结】

"易学,易用,易普及"已成为 SPSS 软件最大的竞争优势之一,也是广大数据分析人员对其偏爱有加的主要原因。而大量成熟的统计分析方法、完善的数据定义操作管理、开放的数据接口以及灵活的统计表格和统计图形,更是 SPSS 长盛不衰的重要法宝。

SPSS 软件运行时有多个窗口,各窗口有各自的作用。但作为初学者,只需先熟悉两个主要窗口即可,它们是数据编辑窗口和结果输出窗口。SPSS 数据编辑窗口是 SPSS 的主程序窗口,该窗口的主要功能是定义 SPSS 数据的结构、录入编辑和管理待分析的数据;SPSS 结果输出窗口是 SPSS 的另一个主要窗口,该窗口主要功能是显示管理 SPSS 统计分析结果、

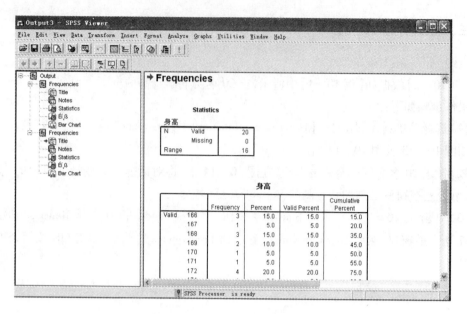

图 10-18　全距计算结果

报表和图形。

　　SPSS 可以直接读取其他格式的数据文件,如 Excel 文件、文本文件等;但 sav 文件格式是 SPSS 独有的,一般无法通过其他如 Word、Excel 等软件打开。

　　SPSS 可以进行平均数、中位数、众数、全距、标准差等基本统计分析的操作。通过基本统计方法,可以对药分析数据的总体特征有比较准确的把握,从而进一步选择其他更为深入的统计分析方法。

【复习思考】

1. . sav、. spo 分别是 SPSS 哪类文件的扩展名?

2. SPSS 有哪两个主要窗口,它们的作用和特点各是什么?

3. 你认为 SPSS 软件的优势是什么?

【实训模拟练习题(上机操作)】

1. 请将下面的数据转换成 SPSS 数据文件,并保存为 . sav 文件格式。

某厂某组工人的基本情况

编号	性别	年龄	月收入(元)
01001	男	28	2 500
01002	男	25	2 300
01003	女	23	2 300
01004	男	22	2 000
01005	女	22	2 000
01006	男	25	2 800

续表

编号	性别	年龄	月收入（元）
01007	男	29	3 000
01008	男	31	3 000
01009	男	32	3 000
010010	男	26	2 800
010011	女	28	2 800
010012	女	30	3 000
010013	男	28	2 500
010014	男	33	3 300
010015	女	32	3 000
010016	男	30	2 800
010017	男	35	3 500
010018	女	25	2 500
010019	女	29	2 800
010020	男	25	2 500

2. 请同学们针对当前学校或社会关心的热点问题,以小组形式设计一份调查问卷并进行调查。在 SPSS 中录入所获得的调查数据形成一份 SPSS 数据文件(变量的类型应包括字符型和数值型);对问卷中某一个问题的数据进行描述性统计分析(集中趋势描述指标和离中趋势描述指标);根据问卷中另一个问题的数据得到相应的统计分析表和并画出统计图。

附表

附表1　随机数表

8	9	8	6	3	1	8	5	8	1	8	8	4	9	1	9	6	6	9	5
7	8	5	9	5	3	7	1	7	9	6	9	3	1	9	3	2	3	3	7
9	4	3	2	4	5	6	3	4	9	4	0	3	2	1	9	2	3	6	2
7	3	1	2	1	7	5	3	4	1	7	9	0	5	3	3	3	0	0	9
0	2	1	2	8	7	2	6	6	6	5	5	4	2	1	5	5	9	1	9
1	4	6	4	5	8	5	5	1	6	4	0	7	7	4	9	9	7	2	5
6	5	4	9	7	4	9	9	4	0	8	5	6	0	5	1	3	4	6	1
2	0	1	8	9	0	9	8	7	0	7	5	2	8	5	6	6	4	5	7
0	7	9	2	0	6	5	4	4	6	9	9	4	9	0	2	3	2	1	9
8	1	6	0	3	3	3	2	8	8	3	9	6	7	6	9	1	6	7	7
0	9	5	0	7	9	3	5	2	3	9	7	2	7	2	8	3	3	0	4
1	3	7	3	9	8	4	8	6	0	7	6	2	3	7	9	8	8	0	9
7	3	5	8	7	1	5	8	2	1	7	4	2	7	1	6	5	1	7	3
1	2	0	9	2	8	7	6	1	2	2	1	0	9	9	9	1	9	9	1
4	9	7	0	5	7	6	5	4	9	6	7	2	3	1	2	1	8	8	3
9	1	7	1	9	7	4	8	4	5	5	4	3	3	5	2	5	3	4	0
7	6	6	8	3	1	1	3	8	2	9	2	5	6	9	3	9	3	8	5
7	3	9	9	9	1	9	9	5	8	8	6	3	9	2	0	2	7	3	6
9	4	5	2	9	2	7	2	7	6	9	4	2	8	1	7	9	3	7	7
7	8	5	4	7	9	6	9	7	8	9	5	5	0	6	1	3	0	0	3
2	5	0	8	7	1	2	7	8	7	1	5	3	4	0	9	2	1	2	5
7	5	1	6	1	7	3	7	0	9	6	3	8	4	3	9	3	7	5	2
6	0	4	6	1	3	5	9	0	3	2	9	1	1	9	2	5	4	5	6
4	5	9	6	1	9	1	0	5	7	4	6	4	2	1	8	9	0	6	2
1	5	3	1	8	0	1	8	3	2	4	8	2	0	8	3	3	7	6	8
4	1	7	3	0	1	2	4	3	2	5	6	2	4	4	2	1	3	9	6
7	5	6	4	3	9	9	8	8	4	5	4	3	0	8	7	8	3	3	7
3	9	2	6	2	8	2	9	6	1	2	0	7	2	4	5	3	6	4	7
9	7	8	2	3	0	1	5	0	2	1	9	1	8	0	0	1	7	8	4
8	9	0	3	9	4	1	8	4	6	2	8	4	0	5	4	6	2	9	5

附表 2 正态分布概率表

t	F(t)	t	F(t)	t	F(t)	t	F(t)
0.00	0.000 0	0.32	0.251 0	0.64	0.477 8	0.96	0.662 9
0.01	0.008 0	0.33	0.258 6	0.65	0.484 3	0.97	0.668 0
0.02	0.016 0	0.34	0.266 1	0.66	0.490 7	0.98	0.672 9
0.03	0.023 9	0.35	0.273 7	0.67	0.497 1	0.99	0.677 8
0.04	0.031 9	0.36	0.281 2	0.68	0.503 5	1.00	0.682 7
0.05	0.033 9	0.37	0.288 6	0.69	0.509 8	1.01	0.687 5
0.06	0.047 8	0.38	0.296 1	0.70	0.516 1	1.02	0.692 3
0.07	0.055 8	0.39	0.303 5	0.71	0.522 3	1.03	0.679 0
0.08	0.063 8	0.40	0.310 8	0.72	0.528 5	1.04	0.701 7
0.09	0.071 7	0.41	0.318 2	0.73	0.534 6	1.05	0.706 3
0.10	0.079 7	0.42	0.325 5	0.74	0.540 7	1.06	0.710 9
0.11	0.087 6	0.43	0.332 8	0.75	0.546 7	1.07	0.715 4
0.12	0.095 5	0.44	0.340 1	0.76	0.552 7	1.08	0.719 9
0.13	0.103 4	0.45	0.347 3	0.77	0.558 7	1.09	0.724 3
0.14	0.111 3	0.46	0.354 5	0.78	0.564 6	1.10	0.728 7
0.15	0.119 2	0.47	0.361 6	0.79	0.570 5	1.11	0.733 0
0.16	0.127 1	0.48	0.368 8	0.80	0.576 3	1.12	0.737 3
0.17	0.135 0	0.49	0.375 9	0.81	0.582 1	1.13	0.741 5
0.18	0.142 8	0.50	0.382 9	0.82	0.587 8	1.14	0.745 7
0.19	0.150 7	0.51	0.389 9	0.83	0.593 5	1.15	0.749 9
0.20	0.158 5	0.52	0.396 9	0.84	0.599 1	1.16	0.754 0
0.21	0.166 3	0.53	0.403 9	0.85	0.604 7	1.17	0.758 0
0.22	0.174 1	0.54	0.410 8	0.86	0.610 2	1.18	0.762 0
0.23	0.181 9	0.55	0.417 7	0.87	0.615 7	1.19	0.766 0
0.24	0.189 7	0.56	0.424 5	0.88	0.621 1	1.20	0.769 9
0.25	0.197 4	0.57	0.431 3	0.89	0.626 5	1.21	0.773 7
0.26	0.205 1	0.58	0.438 1	0.90	0.631 9	1.22	0.777 5
0.27	0.212 8	0.59	0.444 8	0.91	0.637 2	1.23	0.781 3
0.28	0.220 5	0.60	0.451 5	0.92	0.642 4	1.24	0.785 0
0.29	0.228 2	0.61	0.458 1	0.93	0.647 6	1.25	0.788 7
0.30	0.235 8	0.62	0.464 7	0.94	0.652 8	1.26	0.792 3
0.31	0.243 4	0.63	0.471 3	0.95	0.657 9	1.27	0.795 9

附表2（续）

t	$F(t)$	t	$F(t)$	t	$F(t)$	t	$F(t)$
1.28	0.799 5	1.61	0.892 6	1.94	0.947 6	2.54	0.988 9
1.29	0.803 0	1.62	0.894 8	1.95	0.948 8	2.56	0.989 5
1.30	0.806 4	1.63	0.896 9	1.96	0.950 0	2.58	0.990 1
1.31	0.809 8	1.64	0.899 0	1.97	0.951 2	2.60	0.990 7
1.32	0.813 2	1.65	0.901 1	1.98	0.952 3	2.62	0.991 2
1.33	0.816 5	1.66	0.903 1	1.99	0.953 4	2.64	0.991 7
1.34	0.819 8	1.67	0.905 1	2.00	0.954 5	2.66	0.992 2
1.35	0.823 0	1.68	0.907 0	2.02	0.956 6	2.68	0.992 6
1.36	0.826 2	1.69	0.909 0	2.04	0.958 7	2.70	0.993 1
1.37	0.829 3	1.70	0.910 9	2.06	0.960 6	2.72	0.993 5
1.38	0.832 4	1.71	0.912 7	2.08	0.962 5	2.74	0.993 9
1.39	0.835 5	1.72	0.914 6	2.10	0.964 3	2.76	0.994 2
1.40	0.838 5	1.73	0.916 4	2.12	0.966 0	2.78	0.994 6
1.41	0.841 5	1.74	0.918 1	2.14	0.967 6	2.80	0.994 9
1.42	0.844 4	1.75	0.919 9	2.16	0.969 2	2.82	0.995 2
1.43	0.847 3	1.76	0.921 6	2.18	0.970 7	2.84	0.995 5
1.44	0.850 1	1.77	0.923 3	2.20	0.972 2	2.86	0.995 8
1.45	0.852 9	1.78	0.924 9	2.22	0.973 6	2.88	0.996 0
1.46	0.855 7	1.79	0.926 5	2.24	0.974 9	2.90	0.996 2
1.47	0.858 4	1.80	0.928 1	2.26	0.976 2	2.92	0.996 5
1.48	0.861 1	1.81	0.929 7	2.28	0.977 4	2.94	0.996 7
1.49	0.863 8	1.82	0.931 2	2.30	0.978 6	2.96	0.996 9
1.50	0.866 4	1.83	0.932 8	2.32	0.979 7	2.98	0.997 1
1.51	0.869 0	1.84	0.934 2	2.34	0.980 7	3.00	0.997 3
1.52	0.871 5	1.85	0.935 7	2.36	0.981 7	3.20	0.998 6
1.53	0.874 0	1.86	0.937 1	2.38	0.982 7	3.40	0.999 3
1.54	0.876 4	1.87	0.938 5	2.40	0.983 6	3.60	0.999 68
1.55	0.878 9	1.88	0.939 9	2.42	0.984 5	3.80	0.999 86
1.56	0.881 2	1.89	0.941 2	2.44	0.985 3	4.00	0.999 94
1.57	0.883 6	1.90	0.942 6	2.46	0.986 1	4.50	0.999 993
1.58	0.885 9	1.91	0.943 9	2.48	0.986 9	5.00	0.999 999
1.59	0.888 2	1.92	0.945 1	2.50	0.987 6		
1.60	0.890 4	1.93	0.946 4	2.52	0.988 3		

附表3 *t* 分布表

df	单侧检验的显著水准(a)					
	.10	.05	.025	.01	.005	.0005
	双侧检验的显著水准(a)					
	.20	.10	.05	.02	.01	.001
1	3.078	6.314	12.706	31.821	63.657	936.619
2	1.886	2.920	4.303	6.965	9.925	31.598
3	1.638	2.353	3.182	4.541	5.841	12.941
4	1.533	2.132	2.776	3.747	4.604	8.610
5	1.476	2.015	2.571	3.365	4.032	6.859
6	1.440	1.943	2.447	3.143	3.707	5.959
7	1.415	1.895	2.365	2.998	3.499	5.405
8	1.397	1.860	2.306	2.896	3.355	5.041
9	1.383	1.833	2.262	2.821	3.250	4.781
10	1.372	1.812	2.228	2.764	3.169	4.587
11	1.363	1.796	2.201	2.718	3.106	4.437
12	1.356	1.782	2.179	2.681	3.055	4.318
13	1.350	1.771	2.160	2.650	3.012	4.221
14	1.345	1.761	2.145	2.624	2.977	4.140
15	1.341	1.753	2.131	2.602	2.947	4.073
16	1.337	1.746	2.120	2.583	2.921	4.015
17	1.333	1.740	2.110	2.567	2.898	3.965
18	1.330	1.734	2.101	2.552	2.878	3.922
19	1.328	1.729	2.093	2.539	2.861	3.883
20	1.325	1.725	2.086	2.528	2.845	3.850
21	1.323	1.721	2.080	2.518	2.831	3.819
22	1.321	1.717	2.074	2.508	2.819	3.792
23	1.319	1.714	2.069	2.500	2.807	3.767
24	1.318	1.711	2.064	2.492	2.797	3.745
25	1.316	1.708	2.060	2.485	2.787	3.725
26	1.315	1.706	2.056	2.479	2.779	3.707
27	1.314	1.703	2.052	2.473	2.771	3.690
28	1.313	1.701	2.048	2.467	2.763	3.674
29	1.311	1.699	2.045	2.462	2.756	3.659
30	1.310	1.697	2.042	2.457	2.750	3.646
40	1.303	1.684	2.021	2.423	2.704	3.551
60	1.296	1.671	2.000	2.390	2.660	3.460
120	1.289	1.658	1.980	2.358	2.617	3.373
∞	1.282	1.645	1.960	2.326	2.576	3.291

参考文献

[1]张伟.统计学[M].北京:经济科学出版社,2007.

[2]杨孝海,李培科.统计学原理[M].成都:西南财经大学出版社,2007.

[3]徐国祥.统计学[M].北京:高等教育出版社,2004.

[4]程跃秋.统计学原理[M].北京:经济科学出版社,2003.

[5]娄庆松,曹少华.统计基础知识[M].北京:高等教育出版社,2002.

[6]常莉.统计基础[M].重庆:重庆大学出版社,2010.

[7]袁加军.统计基础[M].杭州:浙江大学出版社,2010.

[8]张伟.统计基础与现代应用[M].沈阳:辽宁大学出版社,2008.

[9]贾俊平.统计学[M].北京:中国人民大学出版社,2003.

[10]李洁明,祁新娥.统计学原理[M].上海:复旦大学出版社,2003.

[11]徐淑华.统计学原理[M].南昌:江西高校出版社,2004.

[12]金勇进.统计学原理[M].北京:中国人民大学出版社,2004.